정서행동장애 학생을 위한

증거기반의 실제 가이드북

박지연 · 강하늘 · 김나경 · 김소연 · 박인선 · 위한영 · 정혜림 · 최미진 공저

학지사

저자 서문

두 해가 넘는 긴 시간 동안 전 세계는 코로나 바이러스 감염증 19(이하 코로나 19)와 사투를 벌여 왔습니다. 수많은 이가 아팠고, 그중에 많은 이가 사망했으며, 직장과 학교는 이전과 다른 방식으로 운영되어야 했지요. 육안으로는 보이지도 않는 이 바이러스가 혹여 상대방에게서 내게 전달될까 걱정하며 마스크로 입과 코를 막고, 만남을 최소화하며, 바이러스가 묻어 있을지 모를 손을 열심히 씻었습니다. 코로나 19를 겪은 우리에게 분명해진 한 가지 사실은 같은 공간에 함께 머무는 사람들은 같은 공기를 공유한다는 점입니다. 즉, 코로나 19 이전에는 공기를 누군가와 공유한다는 사실을 그리 중요한 문제라고 여기지 않았지만, 같은 공간에 있는 누군가에게서 나온 바이러스에 내가 감염될 수 있음을 명확히 자각하게 되면서 한 공간에 함께 있는 사람들이 명실상부한 '운명공동체'임을 확인하게 되었습니다.

교실과 학교, 가정과 지역사회에 함께 머무는 사람들도 일종의 '공기'를 공유합니다. 그 공기를 우리는 '분위기'라고 부르기도 하고, '문화'라고 부르기도 하지요. 코로나 19의 예방을 위해 환기도 자주 하고 개인적인 방역 지침도 잘 지켜야 하는 것처럼 아동과 청소년의 학업, 행동, 정서적 문제를 예방하기 위해서는 학교와 가정의 분위기를 안전하고 행복하게 만들기 위한 노력이 필요합니다. 사회정서적 '공기'는 물리적인 '공기'보다 환기하기가 더 어려울 수도 있습니다. 반복된 실험을 통해 효과가 입증된 양

질의 프로그램(즉, 증거기반의 실제)이 있어야 하고, 학교와 학급 차원에서 학생의 발달 단계와 필요를 고려하여 지속적으로 프로그램을 제공하기 위한 전달 체계가 필요합니다. 이를 위하여 미국의 학교들은 다층 지원 체계(Multi-Tiered Systems and Supports: MTSS) 모델을 적용하여 아동과 청소년의 문제가 뚜렷해진 후에 개입하는 것이 아니라 어려움의 신호를 보이는 학생들을 미리 선별하여 학습과 행동을 지원하는 데 주력하고 있습니다. 국내에서는 학교 차원의 긍정적 행동지원(Schoolwide Positive Behavior Support)이라는 용어가 더 많이 알려져 있으나, MTSS는 학교 차원에서 행동지원과 학습지원을 모두 제공하는 체계라는 점에서 좀 더 넓은 개념이라 할 수 있습니다. 이러한 모델을 통해 학업과 행동 면에서 어려움을 겪는 학생들이 시의적절한 도움을 받게 되어 학업 실패에서 벗어나고 자신의 정서 조절이나 관계 문제를 해결할 수 있다면 학교 분위기는 더욱 안전하고 행복하게 변화할 것입니다.

학교와 가정에서 안전하고 행복하다고 느끼지 못하는 아동과 청소년들이 예상보다 훨씬 많습니다. 우리 사회는 출산율의 급격한 저하가 가져올 미래 사회의 문제에 대해 다각적인 분석과 함께 수많은 부정적 결과를 우려하고 있습니다. 그러나 청소년의 사망 원인 중 1위가 '자살'이라는 점을 생각하면, 이미 태어난 아이들도 제대로 지키지 못하면서 출산율 제고를 논하는 것이 무슨 소용인가 하는 자괴감이 듭니다. 이러한 고민을 공유하는 많은 교육현장 전문가와 연구자들이 계실 것입니다. 학교 수업을 따라가지 못하고 자신의 감정을 다스리기 어려워하며 또래 및 성인과 긍정적으로 교감하지 못하는 많은 아동과 청소년을 걱정하며 무언가 해야 한다고 생각하시는 많은 분에게 이 책이 '시작하는 용기'를 드릴 수 있었으면 하는 바람입니다.

2022년 9월

저자 일동

차례

- <부록>에 제시되는 서식은 학지사 홈페이지 [정서행동장애 학생을 위한 증거기반 가이드북] 소개란에 탑재되어 있으니 자유롭게 내려받아 활용하시기 바랍니다.

https://www.hakjisa.co.kr
→ 정서행동장애 학생을 위한 증거기반 가이드북
→ PPT / 도서 자료

제 1 장

가이드북 소개

자신의 감정과 행동 양식을 인식하고 조절하는 능력, 다른 사람의 감정을 이해하고 적절하게 반응하는 능력, 사회관계를 맺고 적절하게 상호작용하는 능력은 문해력이나 사칙연산 못지않게 중요한 기술로, 학령기뿐 아니라 평생을 좌우하는 소중한 자산이 다. 이러한 기술은 발달 과정에서 자연스럽게 습득되기도 하고 공식적·비공식적 기회를 통해 학습되기도 하지만, 어떤 아동과 청소년들은 이러한 기술과 관련하여 지속적인 어려움을 겪기도 한다. 우리나라의 「장애인 등에 대한 특수교육법」에서는 이러한 어려움이 심각하여 특별한 지원이 필요한 아동과 청소년을 다음과 같이 정의하고 있다.

정서·행동장애를 지닌 특수교육대상자

장기간에 걸쳐 다음 각 목의 어느 하나에 해당하여, 특별한 교육적 조치가 필요한 사람
가. 지적, 감각적, 건강상의 이유로 설명할 수 없는 학습상의 어려움을 지닌 사람
나. 또래나 교사와의 대인관계에 어려움이 있어 학습에 어려움을 겪는 사람
다. 일반적인 상황에서 부적절한 행동이나 감정을 나타내어 학습에 어려움이 있는 사람
라. 전반적인 불행감이나 우울증을 나타내어 학습에 어려움이 있는 사람
마. 학교나 개인 문제에 관련된 신체적인 통증이나 공포를 나타내어 학습에 어려움이 있는 사람

출처: 「장애인 등에 대한 특수교육법 시행령」 별표.

이 정의에서 보는 바와 같이, 정서·행동장애를 가진 아동과 청소년들은 지적, 감각적, 건강상의 문제가 없는데도 학습에 어려움을 보이며 대인관계 문제, 감정과 행동 통제의 문제, 불안과 우울의 문제 등으로 인해 학습에 어려움을 보인다. 이러한 정서·행동 문제는 크게 외현화 정서행동 문제와 내재화 정서행동 문제로 나뉘는데, 전자의 예로는 충동적 행동, 공격성, 반항 행동을 들 수 있고 후자의 예로는 우울이나 불안을 들 수 있다. 다시 말해, 이 학생들은 정서나 행동의 문제를 타인이나 사물을 향해 외적으로 표출하기도 하고, 내적으로 괴로움을 느끼는 방식으로 경험하기도 한다.

『2021년 특수교육 연차보고서』(교육부, 2021)에 의하면 우리나라의 특수교육대상자는 98,154명이며, 이 중 정서·행동장애를 지닌 특수교육대상자는 1,874명으로 전체 특수교육대상자의 1.9%에 불과하다. 그러나 실제로 정서와 행동의 어려움을 가진 학

생은 이보다 훨씬 더 많으며, 이들은 특수교육대상자로 선정되지 않고 일반학급에서 생활하고 있거나 정서·행동장애가 아닌 다른 장애를 지닌 특수교육대상자로 선정되어 특수교육을 받고 있다. 일선 교육현장에서 일하는 교사들이 정서나 행동 문제를 가진 학생의 지도를 학급 운영의 가장 큰 어려움 중 하나로 지목하고 있음에도 불구하고 정서·행동장애를 지닌 특수교육대상자의 수가 2천 명이 채 되지 않는 데는 다양한 이유가 있지만 대표적인 원인은 다음과 같다.

첫째, 정서·행동장애를 지닌 특수교육대상자의 선정 기준이 명확하지 않기 때문이다. 앞에서 제시한 「장애인 등에 대한 특수교육법」 시행령 별표에 포함된 표현만으로는 특정 학생을 정서·행동장애를 지닌 특수교육대상자로 선정하기가 어려우며, 시행규칙에 제시된 진단 도구 역시 특수교육대상자를 선정하기에 적절하다고 보기는 어렵다(이성봉 외, 2021). 둘째, 「장애인 등에 대한 특수교육법」에 포함된 '학습상의 어려움'이라는 표현 때문에 학생의 학업성취가 심각하게 낮지 않다면 특수교육대상자로 선정되지 못하는 경우도 많기 때문이다(김수연 외, 2020). 그러나 실제로 심각한 학업상의 어려움을 보이는 학생들은 지적장애나 학습장애를 지닌 특수교육대상자로 선정될 가능성이 크기 때문에 이 학생들의 정서나 행동의 문제는 최우선순위로 다루어지지 못할 수도 있다. 셋째, 학부모와 학생 본인이 특수교육대상자가 되기를 거부하기 때문이다. 자녀가 학교 적응에 많은 어려움을 보이더라도, 지적인 문제가 아니라 정서나 행동의 문제 때문에 특수교육대상자로 선정되는 것을 원하지 않는 학부모가 많으며, 학생 본인이 이를 거부하기도 한다. 넷째, 특수교육대상자로 선정된 후 제공되는 서비스에 대한 기대가 다른 장애에 비해 부족하기 때문이다. 정서·행동장애 학생이 특수교육대상자 중에 차지하는 비율이 매우 작은 만큼 이들을 위한 지원이 별도의 프로그램이나 제도로 발표되는 빈도는 적을 수밖에 없으므로, 학부모의 시각에서는 특수교육시스템을 통해 받을 수 있는 지원이 별로 없다고 느낄 수 있다(이상훈, 2013).

정서·행동장애를 지닌 특수교육대상자로의 선정 여부를 떠나 정서와 행동의 문제를 보이는 학생의 수는 급증하고 있으며, 이들은 학교생활 적응과 또래와의 관계 맺기를 힘들어하면서도 적절한 지원을 받지 못한 채 학령기를 보내고 있다. 이 학생들은 일반학급에 완전히 통합되어 있기도 하고, 정서·행동장애 또는 다른 장애를 지닌 특수교육대상자로 선정되어 특수학급이나 특수학교에서 학창시절을 보내기도 하므로, 이 학생들을 지도하는 교원은 특수교사일 수도 있고 일반교사나 상담교사일 수도 있다. 정서나 행동의 문제를 보이는 학생을 지도하고 있는 일반교사와 특수교사 그리고 그 외 여러 교육 전문가들은 이 학생들에게 도움이 될 만한 프로그램이나 지원 체계를 항상 고민하고 있으며 서적, 웹사이트, 연수 등을 통해 새로운 중재를 배워서 자신이 지도 중인 학생에게 적용하고 싶어 한다. 여러 연구를 통해 정서·행동상의 어려움을 가진 학생들에게 효과적이라는 것이 입증된 증거기반의 실제가 만족스러울 만큼 많지는 않지만 어느 정도는 축적되어 있는데도, 정서·행동장애 학생의 출현율이 매우 낮은 우리나라에서는 그러한 실제가 출판물의 형태로든 연수의 형태로든 널리 알려질 기회가 많지 않다.

이에 정서나 행동의 문제를 보이는 학생들을 지원하고 싶어도 참고할 자료가 많지 않다는 현장의 어려움을 조금이라도 해소해 보자는 취지에서 이 책을 기획하게 되었다. 또한 정서나 행동의 문제를 가진 학생들이 치료실, 상담센터 등에서 일대일의 중재를 통해 많은 도움을 받고 있지만, 하루 중 많은 시간을 보낼 뿐 아니라 다양한 기질과 특성을 가진 또래들과 어울려서 생활해야 하는 학교 환경에서 학급 단위 또는 소집단 단위로 실시할 수 있는 프로그램에 대한 정보는 더욱 부족하다는 점도 이 책이 탄생하게 된 배경으로 작용하였다.

이 책은 특수교육대상자로의 선정 여부와 관계없이 정서나 행동의 어려움을 보이는 학생들을 위해 개발된 증거기반 실제를 일목요연하게 소개하고자 집필되었다. 정서나 행동의 어려움을 보이는 학생들을 위해서는 사회정서적인 지원과 행동지원뿐 아니라 학습지원도 중요하므로, 이 책은 이러한 다면적인 중재들을 고루 포함하고자 노력하였다. 많은 연구가 학습과 정서·행동 간의 높은 상관관계를 강조하고 있는데(Kauffman & Landrum, 2011), 이는 정서나 행동의 문제를 가진 학생이라고 해서 사회성, 행동, 정서 증진과 같은 프로그램만 필요한 것이 아니라 학습에 관련된 지원도 필요함을 뜻한다.

증거기반의 실제 중 상당수가 한 가지 중재 요소가 아닌 다중 요소로 이루어져 있기 때문에 어떤 중재는 사회정서적 지원과 함께 행동지원을 포함하기도 하고, 어떤 중재는 학습지원과 동시에 사회성 증진을 추구하기도 한다. 이러한 이유로 이 책에 소개된 여러 실제를 정확히 범주화하기는 어려우나 제2장~제6장은 사회정서적 지원의 성격이 강한 실제이고, 제7장~제10장은 행동지원 위주의 실제이며, 제11장~제15장은 학습을 위주로 한 중재다. 이 책에 제시된 실제 중 대상에 따른 여러 버전이 있는 경우(예: 부모가 실시하는 프로그램과 교사가 실시하는 프로그램), 교사가 학교에서 실시할 수 있는 실제를 좀 더 중점적으로 다루었다. 그러나 가정과의 연계가 중요한 실제(예: 제

10장 공동행동 자문)의 경우에는 가정 관련 요소를 함께 기술하여, 이 책을 참고하여 직접 중재를 실행하는 교사들이 학부모와의 연계도 고려할 수 있게 하였다.

이 책에서는 제2장부터 제15장까지 총 14가지의 중재가 소개되는데, 각 장은 다음과 같은 구조로 이루어져 있다.

첫째, '소개'에서는 그 장에서 다루는 중재의 기본 사항을 제시한다. 개발자와 개발 연도 및 프로그램이나 매뉴얼의 개정이 이루어진 시기, 그 중재를 적용할 수 있는 대상자의 연령이나 특성, 중재의 전반적 개요 등을 설명한다. 이 책에서는 중재 외에도 실제, 프로그램, 접근 등의 용어가 함께 쓰이고 있는데, 각 장에서 소개하는 중재에 가장 잘 맞는 용어를 선택하였다. 예를 들면, 〈제11장 이야기 지도〉는 학습을 위한 주요 전략이지만, 이 전략이 프로그램과 동일한 개념은 아니다. 그러나 제11장 후반부에 제시된 선행 연구와 같이 이 전략을 바탕으로 대상 학생의 특성을 고려하고 특정 목적과 내용에 따라 회기를 구성하여 프로그램을 설계할 수는 있을 것이다. 반면, 〈제5장 공격성 대체 훈련〉은 다중 중재 요소를 포함하는 중재 패키지로서 회기별 구성이 이미 이루어져 있다는 점에서 '프로그램'이라고 명명하였다.

둘째, '중재의 내용과 전달 방식'에서는 그 장에서 다루는 중재의 핵심이 되는 내용과 그 중재를 실시하는 절차와 관련된 사항을 제시한다. 그 중재에 대한 문헌이 많을 경우, 중재의 내용과 전달 방식이 문헌에 따라 약간씩 차이가 나기도 하였으나 최대한 가장 대표적인 사항을 담고자 하였다. 이 부분에서는 독자들이 중재를 좀 더 생생하게 이해할 수 있도록 다양한 예시 자료를 도식으로 제시하였다.

셋째, '국내외 적용 예시'에서는 그 장에서 다루는 중재를 정서나 행동의 어려움을 가진 학생에게 실제로 적용한 국내외 연구를 소개하였다. 이 책에서 소개한 모든 중재는 국외에서 개발된 것이므로, 국외에서는 연구가 이루어졌지만 국내에서의 연구는 아직 미미한 경우도 많았다. 정서나 행동 문제를 가진 학생을 대상으로 한 연구가 국내에서는 아직 이루어지지 않은 경우에 학습장애 또는 기타 장애를 가진 학생이나 장애 위험 학생을 대상으로 실시된 연구라 하더라도 대상 학생이 가진 문제 중에 정서나 행동의 어려움이 포함되어 있는 경우, 적용 예시로 소개하였다.

넷째, '요약 및 결론'에서는 그 장을 요약하는 동시에 그 장에서 다룬 중재를 국내에 적용하려 할 때 예상되는 어려움과 해결 방안을 제시하였다.

다섯째이자 마지막으로, 각 장에서 소개한 중재에 사용되는 서식을 〈부록〉에 제시하여 이 책에 포함된 중재를 현장에서 실시하고자 하는 교사와 연구자들이 복사하여 사용할 수 있도록 하였다. 이 서식은 독자들이 파일로도 활용할 수 있도록 학지사 홈페이지에도 탑재되어 있다(https://www.hakjisa.co.kr → 정서행동장애 학생을 위한 증거기반 가이드북 → PPT / 도서 자료).

이 책을 집필하면서 아쉬웠던 점은 국내에서 개발되고 증거가 축적된 실제를 찾기가 어려웠다는 점이다. 국내에서는 국외의 실제를 번안하여 적용하거나 우리나라 상황에 맞게 수정하여 적용하는 경우가 대부분이었다. 그러나 이러한 국외의 실제를 체계적으로 종합하여 제시한 출판물조차 없는 상황에서 저자들은 이 책이 증거기반 실제를 이 분야의 여러 동료와 공유하는 출발점이 되기를 바라는 마음으로 집필에 임하였다. 이 책을 시작으로 정서행동장애 분야는 물론이고 다양한 장애 영역에서 증거기반 실제에 대한 논의가 활성화되고, 이를 집대성한 출판물이 이어졌으면 하는 바람이다.

제 2 장

스킬스트리밍

1. 소개

골드스타인(Goldstein, A. P.)은 1973년에 스킬스트리밍(Skillstreaming)이라는 사회성 기술 훈련 프로그램을 개발하였다. 스킬스트리밍은 1960년대 탈시설화 운동을 계기로 많은 이가 정신건강 관련 시설을 나와 지역사회에서 생활하게 된 시기에 주목을 받게 되었다. 기존의 심리역동적 접근이 개인 내면에 관심을 두었던 것과는 달리, 스킬스트리밍은 사회학습 이론에 기반을 두고 있다. 즉, 스킬스트리밍에서는 문제 행동이 사회성 기술이나 문제 해결 기술의 부족에서 비롯된다고 보고, 기술에 대한 구조화된 학습을 통해 행동을 변화시키고자 하였다(Goldstein & McGinnis, 1997; McGinnis & Goldstein, 1997). 초기의 스킬스트리밍은 사회성 기술이 부족한 성인을 위한 중재로 개발되었으나, 1980년대 이후 점차 대상이 확대되어 공격성과 행동 문제를 보이는 유아, 아동, 청소년을 위한 프로그램으로 구조화되었다(McGinnis & Simpson, 2017/2021).

그림 2-1 스킬스트리밍 매뉴얼

출처: https://skillstreaming.com

스킬스트리밍은 연령에 따라 '유아용'(McGinnis, 2012b), '아동용'(McGinnis, 2012c), '청소년용'(McGinnis, 2012a)으로 구분된다. 2017년에는 사회성 기술을 세분화하고 확장하여 고기능 자폐아동 및 청소년을 위한 프로그램(McGinnis & Simpson, 2017/2021)도 개발되었다. 각 연령별 프로그램은 유아, 아동, 청소년의 발달 단계에 맞는 다양한 사회성 기술을 제시하고, 학생의 요구에 따라 필요한 기술을 선택적으로 적용할 수 있도록 구성되어 있다(Rahill & Teglasi, 2003). 스킬스트리밍은 현재 미국을 포함한 세계 여러 나라에 소개되어 학교, 기관, 센터, 사회복지시설 등에서 널리 활용되고 있으며, 50년이 넘는 기간에 걸쳐 수많은 연구를 통해 그 효과가 입증되면서 사회성 기술교육을 위한 증거기반의 실제로 인정받고 있다. 우리나라에서는 현재 '초등학생용(아동용) 스킬스트리밍'과 '자폐아동 및 청소년용 스킬스트리밍'이 번역되어 있다(McGinnis & Goldstein, 1997/2012; McGinnis & Simpson, 2017/2021).

2. 중재의 내용과 전달 방식

1) 스킬스트리밍의 기본 내용

스킬스트리밍은 유아, 아동, 청소년을 대상으로 각각의 발달 단계에 맞는 사회성 기술들을 다양하게 제시하고 있다. 유아용은 6가지 영역에서 40개의 기술을, 아동용은 5가지 영역에서 60개의 기술을, 청소년용은 6가지 영역에서 50개의 기술을 다룬다. 각각의 사회성 기술들은 〈표 2-1〉의 예시와 같이 다시 몇 가지의 세부 단계로 구조화되어 있다. 또한 스킬스트리밍은 〈표 2-2〉와 같이 해당 기술을 적용할 수 있는 학교, 가정, 또래집단, 지역사회 속의 다양한 상황을 제안하여 기술의 일반화를 도모하고 있다. 유아용, 아동용, 청소년용 스킬스트리밍의 교육과정 영역과 사회성 기술의 전체 목록은 〈표 2-3〉과 같다.

표 2-1 사회성 기술의 세부 단계(예: 경청하기)

유아용	아동용	청소년용
① 본다. ② 가만히 있는다. ③ 생각한다.	① 말하는 사람을 바라본다. ② 조용히 앉아 있는다. ③ 무슨 말을 하고 있는지 생각한다. ④ "네."라고 말하거나 고개를 끄덕인다. ⑤ 더 알고 싶은 주제에 대해 질문한다.	① 말하는 사람을 바라본다. ② 무슨 말을 하고 있는지 생각한다. ③ 내가 말할 차례가 올 때까지 기다린다. ④ 말하고 싶은 것을 말한다.

표 2-2 기술을 적용할 수 있는 상황(예: 경청하기)

장소	상황
학교	선생님이 숙제를 설명해 주시는 상황
가정	부모님이 집안일을 하는 방법에 대해서 알려 주고 계시는 상황
또래집단	친구가 주말에 있었던 일이나 자신이 읽은 이야기에 대해서 말하고 있는 상황
지역사회	가게 점원이 가게에서 지켜야 할 규칙에 대해서 말하고 있는 상황

표 2-3 스킬스트리밍 교육과정 영역 및 사회성 기술 목록(유아용, 아동용, 청소년용)

대상	영역	기술	영역	기술
유아용	I. 초급 사회성 기술	1. 경청하기	IV. 감정 다루기	21. 나의 감정 알기
		2. 상냥하게 말하기		22. 혼자라고 느낄 때
		3. 용감하게 말하기		23. 하고 싶은 말하기
		4. 고맙다고 말하기		24. 두려움에 대처하기
		5. 자기보상하기		25. 타인의 감정 알기
		6. 도움 요청하기		26. 애정 보여 주기
		7. 원하는 것 말하기	V. 공격에 대처하기	27. 괴롭힘에 대처하기
		8. 무시하기		28. 화가 날 때 대처하기
	II. 학교 관련 기술	9. 질문하기		29. 공평함 알기
		10. 지시 따르기		30. 문제 해결하기
		11. 힘들어도 해 보기		31. 사과하기
		12. 끼어들기	VI. 스트레스 다루기	32. 마음 가라앉히기
	III. 우정 만들기	13. 타인에게 인사하기		33. 실수에 대처하기
		14. 타인의 마음 알기		34. 정직하게 말하기
		15. 함께 참여하기		35. 말해야 할 때 알기
		16. 차례 기다리기		36. 게임에서 졌을 때
		17. 공유하기		37. 순서 기다리기
		18. 도와주기		38. 거절하기
		19. 놀이 요청하기		39. 거절 수용하기
		20. 게임하기		40. 할 일 결정하기

아동용	I. 교실에서 살아남기	1. 경청하기	다루기	31. 화가 날 때 대처하기
		2. 도움 요청하기		32. 타인의 화에 대처하기
		3. 고맙다고 말하기		33. 애정 표현하기
		4. 자료 준비하기		34. 두려움에 대처하기
		5. 지시 따르기		35. 자기보상하기
		6. 과제 완수하기	IV. 공격에 대처하기	36. 자기통제하기
		7. 토론에 참여하기		37. 허락 구하기
		8. 어른 도와드리기		38. 괴롭힘에 대처하기
		9. 질문하기		39. 문제 상황 피하기
		10. 주의 분산 요인 무시하기		40. 싸우지 않기
		11. 수정하기		41. 문제 해결하기
		12. 할 일 결정하기		42. 결과 수용하기
		13. 목표 설정하기		43. 비난에 대처하기
	II. 우정 만들기	14. 자기소개하기		44. 협상하기
		15. 대화 시작하기	V. 스트레스 다루기	45. 지루함에 대처하기
		16. 대화 끝내기		46. 문제의 원인 알기
		17. 함께 참여하기		47. 불만 말하기
		18. 게임하기		48. 불만에 답하기
		19. 도움 요청하기		49. 게임에서 졌을 때
		20. 친구 도와주기		50. 깨끗이 수용하기
		21. 칭찬하기		51. 따돌림에 대처하기
		22. 칭찬 수용하기		52. 난처함에 대처하기
		23. 활동 제안하기		53. 실패에 반응하기
		24. 공유하기		54. 거절 수용하기
		25. 사과하기		55. 거절하기
	III. 감정	26. 나의 감정 알기		56. 마음 가라앉히기
		27. 나의 감정 표현하기		57. 집단 압력에 대처하기
		28. 타인의 감정 알기		58. 타인의 것을 원할 때
		29. 타인의 감정에 대한 이해 표현하기		59. 의사 결정하기
		30. 타인에 대한 걱정 표현하기		60. 정직하게 말하기

청소년용	I. 초급 사회성 기술	1. 경청하기	대처하기	26. 자기통제하기
		2. 대화 시작하기		27. 나의 권리 옹호하기
		3. 대화하기		28. 괴롭힘에 대처하기
		4. 질문하기		29. 타인과의 문제 상황 피하기
		5. 고맙다고 말하기		30. 싸우지 않기
		6. 자기소개하기	V. 스트레스 다루기	31. 불만 말하기
		7. 타인 소개하기		32. 불만에 답하기
		8. 칭찬하기		33. 깨끗이 수용하기
	II. 고급 사회적 기술	9. 도움 요청하기		34. 난처함에 대처하기
		10. 함께 참여하기		35. 따돌림에 대처하기
		11. 지시하기		36. 친구를 위해 옹호하기
		12. 지시 따르기		37. 설득에 반응하기
		13. 사과하기		38. 실패에 반응하기
		14. 타인 설득하기		39. 상반되는 메시지에 대처하기
	III. 감정 다루기	15. 나의 감정 알기		40. 비난에 대처하기
		16. 나의 감정 표현하기		41. 어려운 대화 준비하기
		17. 타인의 감정 알기		42. 집단 압력에 대처하기
		18. 타인의 화에 대처하기	VI. 계획하기	43. 할 일 결정하기
		19. 애정 표현하기		44. 문제의 원인 알기
		20. 두려움에 대처하기		45. 목표 설정하기
		21. 자기보상하기		46. 자신의 능력 알기
	IV. 공격에	22. 허락 구하기		47. 정보 수집하기
		23. 공유하기		48. 중요도에 따라 문제 해결하기
		24. 타인 도와주기		49. 의사 결정하기
		25. 협상하기		50. 과제에 집중하기

출처: McGinnis (2012a, 2012b, 2012c)에서 발췌 및 재구성.

2) 스킬스트리밍의 교수 절차

스킬스트리밍은 모델링, 역할극, 피드백, 일반화라는 4가지 핵심 전략을 기반으로 하며, [그림 2-2]와 같은 9단계의 절차로 진행된다(Goldstein & McGinnis, 1997).

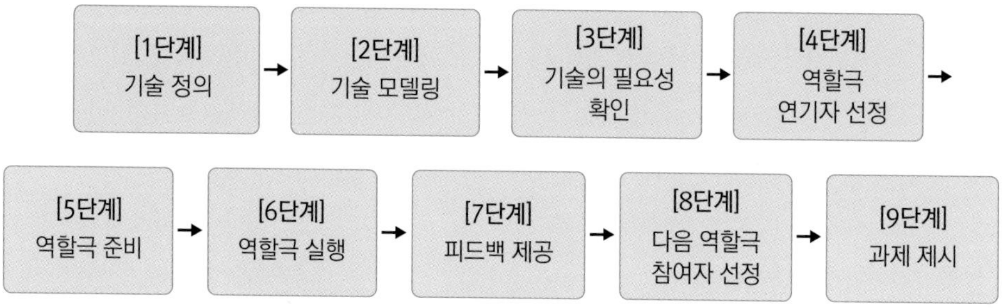

그림 2-2 **스킬스트리밍 9단계 교수 절차**

‘1단계: 기술 정의’에서 교사는 기술의 이름과 세부 단계를 제시한다. 이때 학생들의 이해를 돕기 위해 동영상, 삽화와 같은 교수·학습 자료를 활용할 수 있다. 또한 이번 회기에서 배우게 될 기술에 대한 토론을 유도하여 기술에 대한 이해를 심화시킨다.

‘2단계: 기술 모델링’에서는 교사가 기술을 사용하는 모습을 시범 보인다. 시범을 보일 때는 최소한 두 개의 예시를 포함하고, 실생활과 관련된 상황으로 설정한다. 시범을 보이는 상황에서 교사는 생각을 소리 내어(Think aloud) 표현한다.

‘3단계: 기술의 필요성 확인’에서는 학생이 기술의 필요성을 인식할 수 있도록 언제, 어디서, 누구에게 기술을 사용할 수 있을지에 대해 이야기를 나눈다.

‘4단계: 역할극 연기자 선정’에서는 먼저 역할극을 수행할 주 연기자를 결정한다. 학생들에게 모델이 될 수 있도록 역할극을 잘 수행할 학생을 우선으로 선정할 수 있다.

‘5단계: 역할극 준비’에서는 주 연기자와 함께할 공동 연기자를 선정한다. 현실적인 역할극이 되기 위하여 소품을 사용하거나, 물리적 환경을 구성할 수 있다.

‘6단계: 역할극 실행’에서는 실제로 역할극을 수행한다. 교사는 주 연기자, 공동 연기자, 관찰자들이 각자의 역할을 잘 수행할 수 있도록 언어적인 촉진과 필요한 지원을 제공한다.

‘7단계: 피드백 제공’에서 교사는 역할극 수행에 대한 충분한 칭찬과 강화를 제공한다. 연기자가 기술 단계를 잘 따랐는지에 대한 피드백을 제공하고, 실생활에서 기술을 사용할 수 있도록 격려한다.

'8단계: 다음 역할극 참여자 선정'에서는 다음에 역할극을 할 참여자를 선정한다. 모든 학생이 역할극 수행을 마칠 때까지 앞선 4~8단계를 반복한다.

'9단계: 과제 제시'에서는 학생이 배운 기술을 실생활에서 일반화할 수 있도록 가정에서 할 수 있는 과제를 제시한다.

이와 같은 스킬스트리밍 9단계는 학급 전체를 대상으로 실시할 수도 있고, 소집단을 대상으로 실시할 수도 있다. 〈표 2-4〉는 고등학교 특수학급에서 청소년용 스킬스트리밍의 2번 기술인 '대화 시작하기'를 앞에서 설명한 스킬스트리밍의 9단계 교수 절차에 따라 지도하는 과정을 보여 준다.

표 2-4 스킬스트리밍(청소년용) 교수 사례

교과	국어	장소	고등학교 특수학급
성취 기준	[10국01-02] 상황과 대상에 맞게 언어 예절을 갖추어 대화한다.		
사회성 기술	기술 2. 대화 시작하기		
학습 목표	상황과 대상에 맞게 대화를 먼저 시작한다.		
학습 과정	교수·학습 활동	시간(분)	자료 유의점
마음 열기	• 동기 유발: 〈어색한 대화〉 동영상 시청 - 친구를 만났을 때 어떻게 대화를 시작하면 좋을까요? • 학습 목표 확인하기 대화를 먼저 시작하는 방법을 알아봅시다.	10′	드라마 영상 클립
기술 이해하기 (1~3단계)	• 기술 정의 및 기술 단계 제시: 대화 시작하기 - 대화를 시작하는 단계를 알아봅시다. - 기술 단계를 카드에 적어 봅시다. step 1. 인사하기, step 2. 소소한 이야기 나누기, step 3. 상대방이 듣고 있는지 확인하기, step 4. 메인 주제 말하기 • 기술 모델링하기 - 상황: 친구와 주말 약속 잡기, 엄마에게 부탁드리기 - 교사(주 연기자), 실무사(공동 연기자)로 기술 시범 보이기	15′	PPT, 기술 카드

	• 기술의 필요성 이야기하기 - 언제, 어디서, 누구에게 이 기술을 사용할 수 있을까요?		
역할극 하기 (3~8단계)	• (소집단) 역할극 대본 쓰기 - 언제, 어디에서, 누구에게 사용할지 상황 정하기 - 2~3명씩 짝을 이루어 역할극 대본 쓰기 - 교사 피드백 제공하기 • (소집단) 역할극 실행하기 - 역할극 명찰을 착용하기 - 대본을 활용하여 소집단별로 돌아가며 역할극 하기 - 칭찬과 피드백 제공하기 • 소감 나누기 및 자기점검 - 기술을 사용해 보니 어떤 점이 좋았나요? - 나는 어떤 기술 단계를 잘 사용했나요?	20′	역할극 대본 학습지, 역할극 명찰 자기 점검지
정리 및 과제 제시 (9단계)	• 활동 정리 - 이번 주에는 '대화 시작하기' 기술을 배웠습니다. - 일주일 동안 교실 게시판에 부착된 기술 단계를 보고 연습해 보세요. • 과제 제시 - 가정에서 대화 시작하기 기술을 연습해 보세요. - 부모님의 서명을 받아 오세요. • 차시 예고 및 끝인사	5′	기술 단계 포스터 가정학습 과제

3. 국내외 적용 예시

1) 정서행동장애 위험 유아에게 스킬스트리밍을 실시한 연구(문회원, 박지연, 2014)

문회원과 박지연(2014)은 네 곳의 어린이집에 통합된 정서행동장애 위험 유아 24명(실험집단 12명, 통제집단 12명)을 대상으로 스킬스트리밍 교수를 실시하였다. 이 연구에서는 유아용 스킬스트리밍 기술 40가지 중 8가지의 기술을 유사한 다른 기술에 통합하여 총 32회기의 사회성 기술 교수를 구성하였다. 중재는 연구에 참여한 정서행동장애 위험 유아뿐 아니라 이 유아들이 통합된 학급의 모든 유아에게 제공되었으며, 매 회기는 모델링, 역할극, 피드백, 일반화를 포함하는 9단계로 진행되었다. 9단계 중 8번째 단계(다음 역할극 참여자 선정)에서는 모든 유아가 역할극을 해 볼 수 있도록 학급을 4개의 소집단으로 나누어 역할극을 실시하였다. 또한 사회성 기술에 대한 유아의 이해를 높이기 위해 [그림 2-3]의 기술 카드와 [그림 2-4]의 토막만화 상황 이야기가 교수·학습 자료로 사용되었다. 활동의 마지막에는 가정에서 부모님과 함께하는 활동지를 과제로 내주어 일반화를 도모하였다. 그 결과, 실험집단 정서행동장애 위험 유아의 사회성 기술이 통제집단 유아에 비해 통계적으로 유의하게 증가하였고, 문제 행동이 유의하게 감소하였다. 또한 일반유아와의 상호작용에서도 놀이 상호작용이 증가하며 통계적으로 유의한 차이를 보였다.

이 연구는 사회성 기술 교수를 별도의 공간에서 실시하지 않고 대상 유아가 속해 있는 통합학급 전체를 대상으로 자연스러운 환경 내에서 실시하여 사회성 기술의 일반화에 긍정적인 효과를 거두었다. 또한 생활 연령에 적절한 토막만화나 삽화 등을 활용하여 유아의 흥미를 유발할 뿐 아니라 사회성 기술에 대한 이해를 높였다.

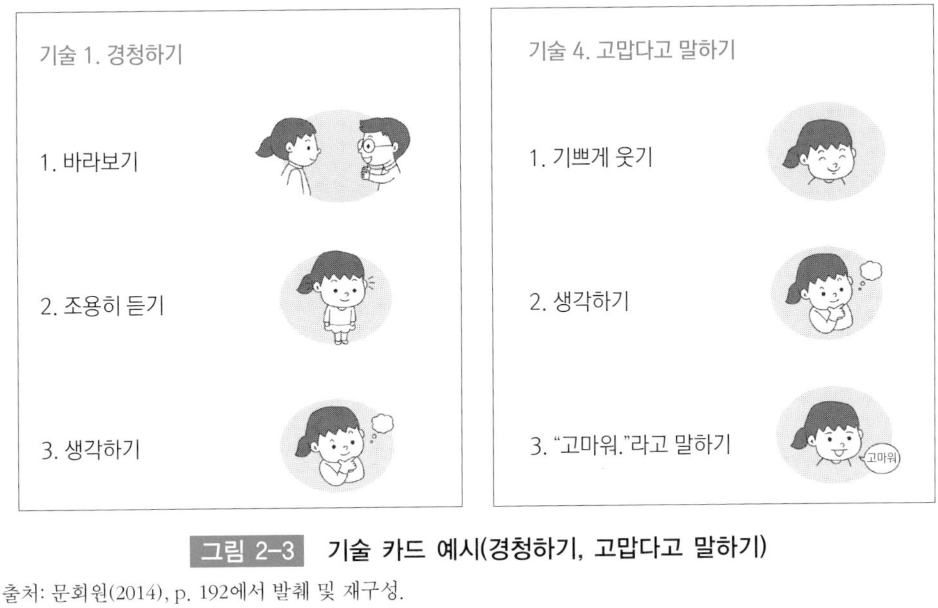

그림 2-3 기술 카드 예시(경청하기, 고맙다고 말하기)

출처: 문회원(2014), p. 192에서 발췌 및 재구성.

그림 2-4 **토막만화 상황 이야기 예시**

출처: 문회원(2014), p. 184에서 발췌 및 재구성.

2) 지적장애 초등학생에게 스킬스트리밍을 실행한 연구(구미숙, 최하영, 2016)

구미숙과 최하영(2016)은 지적장애 초등학생 30명(실험집단 15명, 통제집단 15명)을 대상으로 총 24회기의 스킬스트리밍 교수를 실시하였다. 연구는 초등학교 특수학급에서 진행되었으며, 학교 간 통합 수업으로 실시되었다. 이 연구에서는 아동용 스킬스트리밍의 5가지 영역 중 '교실에서 살아남기' 기술과 관련된 13가지의 사회성 기술을 교수하였다. 스킬스트리밍의 9단계 교수 절차를 따랐으며 24회기 중 짝수 회기에는 소집단 수업을, 홀수 회기에는 대집단 수업을 실시하였다. 교수·학습 자료로 [그림 2-5]의 삽화가 포함된 세부 단계와 [그림 2-6]의 동영상 자료 등을 활용하였다. 동영상 자료는 연극 동아리 소속의 비장애 학생을 활용하여 사회적 상황에서 사회성 기술을 적절하게 사용한 예시와 적절하게 사용하지 못한 예시를 담은 내용으로 제작하였다. 그 결과, 대상 아동의 사회적 참여가 통계적으로 유의하게 증가하였고, 통합학급 교사와 지적장애 학생의 관계 역시 통계적으로 유의하게 향상하였다.

사회성 기술 교수를 위하여 별도의 수업 시간을 충분히 확보하기 어려운 경우, 이 연구와 같이 스킬스트리밍의 전체 기술이 아닌 특정 기술들을 선정하여 지도할 수 있다. 특히 학생들은 일과 중 많은 시간을 학교에서 보내기 때문에, 이 연구에서 교수한 '교실에서 살아남기' 기술은 학생들에게 매우 유용하게 활용될 것이다.

1단계: "혼자서 할 수 있을까?" 하고 자신에게 물어봐요.	2단계: 혼자서 할 수 없다면, 손을 들어요.

3단계: 기다려라. "말을 하지 않고 기다릴 수 있어."라고 자신에게 말해요.	4단계: 도움을 우호적으로 요청해요.

그림 2-5 삽화가 포함된 세부 단계(도움 요청하기)

출처: 구미숙(2015), p. 82에서 발췌 및 재구성.

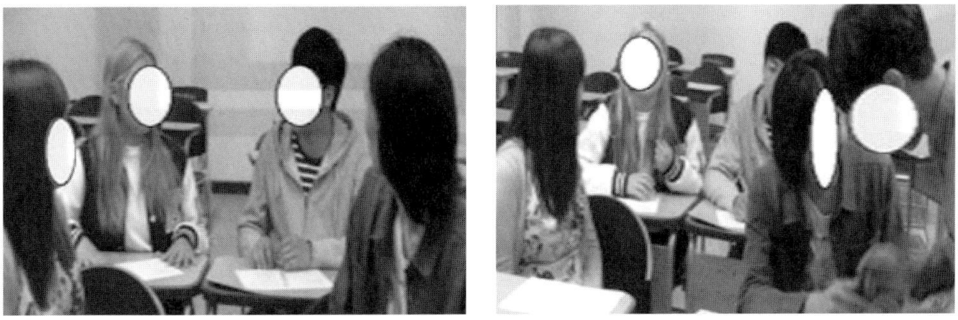

그림 2-6 동영상 자료 예시(경청하기)

출처: 구미숙(2015), p. 43에서 발췌 및 재구성.

3) 지적장애 중학생에게 교과를 연계하여 스킬스트리밍을 실행한 연구(김진, 김유리, 2019)

김진과 김유리(2019)는 중학교 특수학급의 지적장애 학생 21명(실험집단 11명, 대기집단 10명)을 대상으로 총 20회기의 '진로와 직업' 교과와 연계한 스킬스트리밍 프로그램을 적용하였다. 이 연구에서는 먼저 진로와 직업 교과의 내용을 검토하여 사회성 관련 내용을 추출한 뒤, 청소년용 스킬스트리밍의 50가지 기술과 비교하여 공통으로 포함된 사회성 기술 20가지를 선정하였다. 또한 [그림 2-7]의 역할극 대본 등을 활용하여 9단계의 스킬스트리밍 절차 중 일부 단계를 통합한 8단계로 연구를 진행하였다. 그 결과, 실험집단 학생의 사회성 기술과 사회성 기술의 모든 하위 영역(협동, 자기주장, 자아통제) 점수가 대기집단 학생과 비교하여 유의하게 증가하였고, 직업 준비도와 직업 준비도의 모든 하위 영역(자존감, 직업의식, 사회 기술) 점수 역시 대기집단 학생과 비교하여 통계적으로 유의하게 증가하였다.

일반적으로 학교현장에서 사회성 교수만을 위하여 별도의 시간을 확보하기는 쉽지 않다. 따라서 이 연구와 같이 사회성 기술 교수와 교육과정을 연계하여 실시하는 방안을 고려해 볼 수 있다. 교육과정과 연계하여 사회성 기술 교수가 진행될 경우, 특수학급과 같은 분리된 환경뿐 아니라 통합학급에서도 교과 수업의 일부로 활용 가능하다는 장점이 있다. 한편, 스스로 역할극 상황을 만들고 연기를 수행하는 데 어려움이 있는 학생이 있을 경우, 이 연구에서와 같이 일부가 빈칸 처리된 역할극 대본을 활용하거나 그림이나 사진 자료를 추가로 제시하여 학생의 이해와 참여를 높일 수 있다.

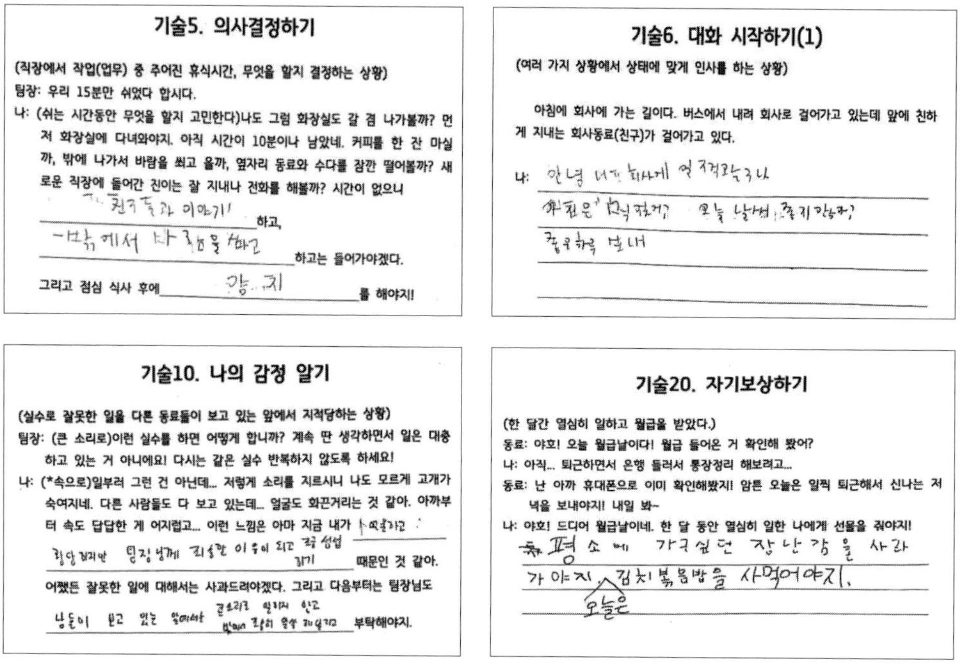
기술5. 의사결정하기

(직장에서 작업(업무) 중 주어진 휴식시간, 무엇을 할지 결정하는 상황)
팀장: 우리 15분만 쉬었다 합시다.
나: (쉬는 시간동안 무엇을 할지 고민한다)나도 그럼 화장실도 갈 겸 나가볼까? 먼저 화장실에 다녀와야지. 아직 시간이 10분이나 남았네. 커피를 한 잔 마실까, 밖에 나가서 바람을 쐬고 올까, 옆자리 동료와 수다를 잠깐 떨어볼까? 새로운 직장에 들어간 진이는 잘 지내나 전화를 해볼까? 시간이 없으니 친구들과 이야기 하고,
밖에서 바람을 쐬고 하고는 들어가야겠다.
그리고 점심 식사 후에 양치 를 해야지!

기술6. 대화 시작하기(1)

(여러 가지 상황에서 상태에 맞게 인사를 하는 상황)

아침에 회사에 가는 길이다. 버스에서 내려 회사로 걸어가고 있는데 앞에 친하게 지내는 회사동료(친구)가 걸어가고 있다.

나: 안녕 ...

기술10. 나의 감정 알기

(실수로 잘못한 일을 다른 동료들이 보고 있는 앞에서 지적당하는 상황)
팀장: (큰 소리로)이런 실수를 하면 어떻게 합니까? 계속 딴 생각하면서 일은 대충 하고 있는 거 아니에요! 다시는 같은 실수 반복하지 않도록 하세요!
나: (*속으로)일부러 그런 건 아닌데... 저렇게 소리를 지르시니 나도 모르게 고개가 숙여지네. 다른 사람들도 다 보고 있는데... 얼굴도 화끈거리는 것 같아. 아까부터 속도 답답한 게 어지럽고... 이런 느낌은 아마 지금 내가 ______ 때문인 것 같아.
어쨌든 잘못한 일에 대해서는 사과드려야겠다. 그리고 다음부터는 팀장님도 ______ 부탁해야지.

기술20. 자기보상하기

(한 달간 열심히 일하고 월급을 받았다.)
동료: 야호! 오늘 월급날이다! 월급 들어온 거 확인해 봤어?
나: 아직... 퇴근하면서 은행 들러서 통장정리 해보려고...
동료: 난 아까 휴대폰으로 이미 확인해봤지! 암튼 오늘은 일찍 퇴근해서 신나는 저녁을 보내야지! 내일 봐~
나: 야호! 드디어 월급날이네. 한 달 동안 열심히 일한 나에게 선물을 줘야지!
평소에 가고싶던 장난감을 사러 가야지. 오늘은 김치볶음밥을 사먹어야지.

그림 2-7 역할극 대본 예시

출처: 김진(2019), pp. 111-112에서 발췌 및 재구성.

4. 요약 및 결론

스킬스트리밍은 유아기부터 청소년기의 다양한 학교 상황에서 활용할 수 있는 증거기반의 사회성 기술 훈련 프로그램이다. 스킬스트리밍은 모델링, 역할극, 피드백, 일반화의 주요 전략을 포함하는 9단계로 구조화되어 있어 학교현장에서 쉽게 활용 가능하다는 장점이 있다. 스킬스트리밍은 유아, 아동, 청소년 각각의 발달 단계에 맞는 다양한 사회성 기술 목록을 제시하고 있기 때문에 학생의 요구에 따라 필요한 기술을 선정하여 유연하게 적용할 수 있다. 특별히 우리나라 현장에서 스킬스트리밍을 적용할 때 고려해야 할 사항을 살펴보면 다음과 같다.

첫째, 사회성 기술을 적용할 때 우리나라 문화에 대한 고려가 필요하다(McGinnis & Goldstein, 1997). 사회성 기술은 문화와 맥락에 따라 다르게 받아들여질 수 있기 때문이다. 예를 들어, 서구 사회에서 일찍이 중시되어 온 자기주장하기, 거절하기와 같은 기술은 최근 국내에서도 그 중요성에 대한 인식이 높아지고 있지만, 우리나라 문화에 맞는 표현 방식을 지도하지 않는다면 반항적인 태도로 오해받을 가능성이 있다. 따라서 스킬스트리밍의 사회성 기술을 그대로 적용하기보다는 우리나라의 문화를 고려하여 사회성 기술을 선택하거나, 문화적 맥락에 맞게 기술 단계를 조정하여 활용하는 노력이 필요하다.

둘째, 대상 학생의 연령에 따른 또래 문화를 고려해야 한다. 교사가 사회성 기술을 교수할 때 성인의 관점을 취한다면 또래 문화에 맞지 않는 기술을 가르칠 가능성이 있다. 예를 들면, 고등학교 남학생들에게 사과하기 기술을 가르칠 때, 예쁜 편지지에 사과의 편지를 쓰게 하는 것은 연령이나 문화에 맞지 않을 수 있다. 따라서 사회성 기술을 적용하기 전에 또래 학생에 대한 관찰 및 면담을 통해 그들의 문화에 적절한 기술인지 점검할 필요가 있다.

셋째, 사회성 기술 교수가 학교나 교사에 대한 순응 기술을 강조하는 기회로 활용되지 않도록 주의해야 한다. 교사의 입장에서는 사회성 기술 중 지시 따르기, 기다리기, 수용하기와 같은 체제 순응적인 기술들이 매력적으로 느껴질 수 있다. 그러나 사회성 기술을 교수하는 궁극적인 목적은 학생이 통합된 사회에서 타인과 좋은 관계를 맺고 자신의 권리를 누리며 살아가게 하는 것이므로, 자기결정이나 옹호와 관련된 기술도 충분히 교수되어야 한다.

넷째, 사회성 기술을 교수할 때 일반화를 고려해야 한다(McIntosh & Mackay, 2008). 사회성 기술은 교실에서의 수업만으로는 실제 상황에 일반화되기 어렵다. 따라서 스킬스트리밍의 교수 절차에는 일반화의 교수 단계가 포함되어 있다. 일반화를 촉진하기 위한 전략으로는 자연스러운 통합 환경에서의 교수, 다양한 예시를 포함한 교수, 가정과 연계한 과제 제시, 다양한 상황에서의 역할극 등의 방법을 사용할 수 있다.

마지막으로, 학교 교육과정과 연계하여 사회성 기술 교수를 실시하는 방안을 모색해야 한다. 학교현장에서는 교과 중심의 수업 운영으로 인하여 사회성 기술 교수를 위한 별도의 시간을 마련하는 데 어려움이 있다. 따라서 김진과 김유리(2019)의 연구와 같이 교과의 성취 기준을 분석한 후 스킬스트리밍의 내용을 교육과정에 삽입하여 교수할 수 있다.

장애 학생들의 경우, 단순히 일반학급에 물리적으로 통합되어 또래들과 상호작용할 기회를 갖는 것만으로 원만한 또래 관계를 형성하고 사회적 통합을 이룰 것이라고 기대하기는 어렵다. 특히 정서행동에 어려움이 있는 학생이라면, 또래 및 교사와의 관계를 형성하고 만족스럽게 유지하는 데 필요한 사회성 기술을 습득하지 못했거나, 습득했더라도 유창하게 사용하지 못하고 있을 가능성이 크다. 따라서 사회성 기술 교수는 생애 초기부터 개입이 시작되어 학령기 전반에 걸쳐 지속적으로 제공되어야 한다. 이를 위하여 발달 단계에 따라 다양한 사회성 기술 목록을 제시하고 있는 증거기반의 사회성 중재인 스킬스트리밍이 학교현장에서 유용하게 활용될 수 있다. 앞의 5가지 고려사항을 참고하여 국내의 현장에서도 우리나라와 또래의 문화에 적합한 사회성 기술 교수가 활발하게 진행되기를 기대한다.

제 3 장

강한 아이

1. 소개

강한 아이(Strong Kids) 프로그램은 미국 오리건 대학의 석좌 교수였던 머렐(Merrell, K. W., 1957~2011)이 2007년에 개발한 사회정서학습(Social and Emotional Learning: SEL) 프로그램이다. 이 프로그램은 학교 상황에서 학생들이 사회정서 기술을 명시적으로 배우고 연습하게 하려는 목적으로 개발되었다. 2007년에 첫 번째 매뉴얼이 출간된 이후 여러 학교에서 예비 연구가 수행되었고, 그 결과를 바탕으로 2016년에 두 번째 매뉴얼이 출간되었다(Whitcomb & Parisi, 2016a/2016b/2016c/2016d/2016e).

이 프로그램은 원래 초등학교 고학년 학생 및 중학생을 위해 개발되었지만, 다른 연령대의 학생들도 이러한 프로그램이 필요하다는 요구에 따라 유치원생 및 초등저학년, 그리고 고등학생에게까지 확대되었다. 그 결과, 현재는 '강한 아이 입문', '강한 아이', '강한 청소년'의 세 가지 시리즈가 존재한다. 강한 아이 시리즈는 보편적 지원을 염두에 두고 만들어졌지만, 소집단 지원 및 개별 지원을 위해서도 성공적으로 활용될 수 있기 때문에 사회정서적 어려움을 겪는 모든 학생에게 적용 가능하다.

2. 중재의 내용과 전달 방식

1) 강한 아이 프로그램의 기본 원칙

강한 아이 프로그램은 학교에서 발생하는 반사회적 행동이나 학교 폭력 같은 모든 사회정서적 문제를 다루지는 않지만 사회정서 역량의 향상에 중점을 두고 개발되었다. 이 프로그램은 사회정서적 문제 해결 기술을 가르치기 위해 구조화되어 있으며, 세 가지 시리즈 모두 매 회기의 수업 지도안, 활동 및 자료 등을 제공한다(Merrell & Gueldern, 2010/2011).

강한 아이 프로그램에서 다루고 있는 구체적인 사회정서적 기술에는 자신과 상대방의 감정 이해하기, 편한 감정과 불편한 감정 확인하기, 분노 조절하기, 분명하게 사고하기, 긍정적으로 생각하기, 목표 설정하기, 대인 간 문제 해결하기 등이 있다. 이러한 사회정서적 기술을 지도하기 위해 각 회기는 사회정서적 개념을 배우고, 장점을 발견하여 그것을 강화하며, 문제 상황에서의 일반적 대처 기술을 익히는 내용으로 이루어져 있다(Merrell, 2007/2014).

강한 아이 프로그램 매뉴얼에 포함되어 있는 각 수업 지도안은 한 차시 동안에 진행할 수 있도록 구성되어 있으며, 각 수업 지도안 활용 시에는 학습자의 경험을 반영한 수업 재구조화를 통해 학습자의 실제 경험과 연계하여 수업을 진행할 수 있다. 또한 이 프로그램은 학습자의 능력, 흥미, 이해를 가장 잘 반영할 수 있는 상황들을 다양한 사례로 제시하여 그들의 능동적인 수업 참여를 이끌어 낼 것을 권장한다. 지도안에 제시된 사례뿐만 아니라 학습자 및 학급의 실정에 맞는 여러 사례를 활용하는 것은 사회정서적 기술을 더욱 효과적으로 배우게 하며, 학습한 기술의 일반화와 유지에도 도움이 될 수 있다.

2) 강한 아이 프로그램의 적용 절차

강한 아이 프로그램은 대상 연령에 따라 '강한 아이 입문', '강한 아이', '강한 청소년'의 세 가지 유형으로 개발되었으며, '강한 아이 입문'과 '강한 아이'는 연령에 따라 난이도를 달리한 두 가지 버전으로 세분화되어 있다(〈표 3-1〉 참조). 강한 아이 입문은 10회기, 강한 아이와 강한 청소년은 12회기의 수업으로 구성된다. 교사는 교실에서 일상적인 수업 시간에 이 프로그램을 활용할 수 있다. 각 수업 지도안은 수업의 목적과 목표, 필요한 자료 목록, 전 차시에서 다룬 개념 복습, 해당 수업 개요 및 새로운 개념 제시, 숙제, 실생활 활용을 위한 활동의 6가지 요소로 구성되어 있다. 이 요소 중 '새로운 개념 제시'에서는 학생들이 소집단 및 대집단 토론을 통해 사회정서적 개념을 익히게 하고, '실생활 활용을 위한 활동'에서는 학생들이 사회정서적 개념을 연습할 수 있도록 역할극 등의 방법을 활용한다. 또한 학생들이 새롭게 배운 기술과 개념을 수업 시간 외 일상생활 중에 사용하게 하고 이에 대해 강화 및 피드백을 제공하는 것을 강조하고 있다. 각 연령별 교육과정을 살펴보면 다음과 같다.

표 3-1 강한 아이 시리즈

교육과정	분류
강한 아이 입문(Strong Start)	강한 아이 입문 유아용(Strong Start: Pre-K)
	강한 아이 입문 초등저학년용(Strong Start: Grades K~2)
강한 아이(Strong Kids)	강한 아이 초등고학년용(Strong Kids: Grades 3~5)
	강한 아이 중학생용(Strong Kids: Grades 6~8)
강한 청소년(Strong Teens)	강한 청소년 고등학생용(Strong Teens: Grades 9~12)

(1) 강한 아이 입문

강한 아이 입문(Strong Start) 프로그램은 어린 아동들의 사회정서적 역량을 향상시키기 위해 만들어졌으며, 유아용과 초등저학년용 두 가지 버전이 있다. 강한 아이 입문은 예방 및 조기 개입 프로그램으로 설계되었기 때문에 고기능 아동, 비장애 아동, 장애 위험 아동, 정서행동장애 아동을 대상으로 다양한 환경에서 광범위하게 활용할 수 있다. 유아용과 초등저학년용 강한 아이 입문 프로그램은 비슷한 커리큘럼 구조를 가지고 있다. 강한 아이 입문은 1회기에 약 35분씩 총 10회기에 걸쳐 진행되며, 각 회기는 활동 중심으로 구성되어 있다. 수업 시에 대중적인 아동 문학을 활용하면 주요 개념을 강조하는 데 도움이 된다. 회기별 제목과 내용은 〈표 3-2〉와 같다.

표 3-2 강한 아이 입문 프로그램의 구성

회기	제목	내용
1	강한 아이 입문 소개하기	프로그램의 목적 설명 및 개관, 각 수업 소개, 주요 용어 도입
2	감정 이해하기(1)	기본 감정의 이름 및 감정을 일으키는 상황 알기
3	감정 이해하기(2)	감정 표현하는 방법 알기
4	화나는 상황 알기	화가 났을 때의 신체적 단서 및 화가 나는 상황 인지하기 화가 났을 때 적절하게 행동하는 방법 알기
5	행복한 상황 알기	행복할 때의 신체적 단서 및 행복한 상황 인지하기 긍정적으로 사고하는 방법 알기
6	불안한 상황 알기	불안할 때의 신체적 단서 및 불안한 상황 인지하기 긍정적으로 사고하는 방법 알기
7	다른 사람의 감정 알기	다른 사람의 감정을 확인하는 방법 알기

8	좋은 친구 되기	대인 간 의사소통 기술 배우기(친절한 목소리, 경청하기, 눈맞춤 등)
9	문제 해결하기	갈등 상황을 정의하고 묘사하기 이전에 배운 긍정적 사고 기술을 갈등 상황에 적용하기
10	끝내기!	전체 복습하기

출처: Merrell et al. (2007), pp. 21-24에서 발췌 및 재구성.

이 10회기의 기본 수업 외에도, 강한 아이 입문은 마지막 수업을 마치고 몇 주가 지난 후 주요 개념을 복습할 수 있도록 고안된 "추가" 수업 지도안을 포함하고 있다. 강한 아이 입문 매뉴얼에는 수업을 실시하기 위해 필요한 모든 자료가 포함되어 있다.

(2) 강한 아이

강한 아이(Strong Kids) 프로그램은 아동 및 초기 청소년의 사회정서적 기술교육, 회복력 증진, 대처 기술 향상을 목적으로 하는 간결하고 실용적인 사회정서학습 교육과정이다. 강한 아이 프로그램에는 초등고학년용과 중학생용이 있다. 이 프로그램은 예방과 조기 개입을 목적으로 하며, 적용 범위가 넓다. 강한 아이는 다양한 환경에서 고기능 학생, 비장애 학생, 장애 위험 학생 혹은 정서행동장애 학생들에게 효과적으로 사용될 수 있다.

초등고학년용 및 중학생용 강한 아이 프로그램은 비슷한 커리큘럼 구조를 가지고 있다. 둘 다 12회기의 수업으로 각각 45~55분 정도 소요된다. 각 수업에서 학생들은 행동적·인지적·정서적 접근을 통해 핵심 개념을 배우고 숙달한다. 회기별 제목과 내용은 〈표 3-3〉과 같다.

표 3-3 강한 아이 프로그램의 구성

회기	제목	내용
1	강한 아이 소개하기	프로그램의 목적 설명 및 개관, 각 수업 소개, 주요 용어 도입
2	내 감정 이해하기 1	편안한 감정과 불편한 감정을 확인하기, 감정 어휘 익히기
3	내 감정 이해하기 2	다양한 감정을 적절한 방법으로 표현하기
4	분노 조절하기	인지행동 모델을 사용하여 분노를 이해하고 관리하기
5	다른 사람 감정 이해하기	다른 사람의 감정을 확인하는 방법 알기, 공감 기술 개발하기

6	분명하게 사고하기 1	부정적 신념 및 사고 오류를 확인하는 전략 익히기
7	분명하게 사고하기 2	부정적 신념 및 사고 오류를 건설적이고 현실적 사고로 대체하기
8	긍정적으로 사고하기	부정적 사고방식을 줄이고 문제에 대한 긍정적 사고 전략 사용하기
9	친구와 갈등 해결하기	대인관계 문제를 해결하고 갈등을 폭력 없이 효과적으로 다루기
10	스트레스 날리기	스트레스를 확인하기 스트레스, 불안, 걱정을 다루기 위한 인지행동 전략 사용하기
11	목표를 설정하고 실천하기	현실적 목표를 설정하고 달성할 수 있는 기본 단계 익히기 긍정적이고 적절한 활동을 증가시키기 위한 전략 익히기
12	마무리	강한 아이 프로그램의 주된 개념 복습

출처: Merrell (2007/2014), pp. 41-47에서 발췌 및 재구성.

이 12회기의 기본 수업 외에도, 강한 아이는 마지막 수업을 마치고 몇 주가 지난 후 주요 개념을 복습할 수 있도록 고안된 "추가" 수업 지도안을 포함하고 있다. 강한 아이 매뉴얼에는 수업을 실시하기 위해 필요한 모든 자료가 포함되어 있다.

(3) 강한 청소년

강한 청소년(Strong Teens) 프로그램은 고등학생을 위한 사회정서학습 교육과정으로 예방과 조기 개입을 목적으로 하며, 적용 범위가 넓다. 강한 청소년은 학교를 포함한 다양한 환경에서 고기능 학생, 비장애 학생, 장애 위험 학생 혹은 정서행동장애 청소년들에게 효과적으로 사용될 수 있다.

강한 청소년 프로그램은 12회기의 수업으로 각각 45~55분 정도 소요된다. 각 수업에서 학생들은 행동적·인지적·정서적 접근을 통해 핵심개념을 배우고 숙달한다. 회기별 제목과 내용은 〈표 3-4〉와 같다.

표 3-4 강한 청소년 프로그램 구성

회기	제목	내용
1	강한 청소년 소개하기	프로그램의 목적 설명 및 개관, 각 수업 소개, 주요 용어 도입
2	내 감정 이해하기 1	편안한 감정과 불편한 감정을 확인하기, 감정 어휘 증가시키기
3	내 감정 이해하기 2	다양한 감정을 적절한 방법으로 표현하기
4	분노 조절하기	인지행동 모델을 사용하여 분노를 이해하고 관리하기

5	다른 사람 감정 이해하기	다른 사람의 감정을 확인하는 방법 알기, 공감 기술 개발하기
6	분명하게 사고하기 1	부정적 신념 및 사고 오류를 확인하는 전략 익히기
7	분명하게 사고하기 2	비합리적 사고를 건설적이고 현실적 사고로 대체하기
8	긍정적으로 사고하기	부정적 사고방식을 줄이고 문제에 대한 긍정적 사고 전략 사용하기
9	친구와 갈등 해결하기	대인관계 문제를 해결하고 갈등을 폭력 없이 효과적으로 다루기
10	스트레스 날리기	스트레스 요인을 확인하기 스트레스, 불안, 걱정을 다루기 위한 인지행동 전략 사용하기
11	목표를 설정하고 실천하기	현실적 목표를 설정하고 달성할 수 있는 기본 단계 익히기 긍정적이고 적절한 활동을 증가시키기 위한 전략 익히기
12	마무리	강한 청소년 프로그램의 주된 개념 복습

출처: Merrell (2010/2015), pp. 41-47에서 발췌 및 재구성.

강한 청소년 프로그램 역시 마지막 수업을 마치고 몇 주가 지난 후 주요 개념을 복습할 수 있도록 고안된 "추가" 수업 지도안을 포함하고 있다. 강한 청소년 매뉴얼에는 수업을 실시하기 위해 필요한 모든 자료가 포함되어 있다.

3. 국내외 적용 예시

1) 초등학교 1학년 학생에게 강한 아이 입문 프로그램을 실시한 연구 (Whitcomb & Merrll, 2012)

윗컴과 머렐(Whitcomb & Merrell, 2012)은 정서행동장애 학생을 포함한 다양한 학생들에게 보편적 지원의 일환으로 강한 아이 프로그램을 적용하였다. 이 연구는 미국 Pacific Northwest에 있는 두 개의 공립 초등학교 1학년 학생들을 대상으로 실행되었으며, 총 83명의 학생과 5명의 중재자가 참여하였다.

본 실험을 위해 중재자들은 강한 아이 입문 프로그램 실행과 아동의 사회정서 발달에 대한 정보를 제공하는 2.5시간의 교육을 받았다. 중재는 14주 동안 실시되었는데, 학부모 상담, 공휴일, 폭설 등으로 인해 프로그램을 실시하지 못했던 주를 제외하고 주

1회씩 총 10회기에 걸쳐 실시되었다. 그 결과, 강한 아이에 대한 내용 지식, 정서 기술은 중재 후 유의미한 변화가 있었으며, 교사가 측정한 또래 관계 점수 또한 유의하게 향상되었다. 또한 교사가 측정한 문제 행동 척도 중 외현화 행동에서는 통계적으로 유의미한 변화가 없었으나, 내재화 행동은 유의미하게 감소하였다.

이 연구는 초등학교 1학년 학생들을 대상으로 강한 아이 프로그램의 개발 목적에 맞추어 보편적 수준에서 중재를 실행하였다는 데 의의가 있다. 이 연구에서 외현화 행동보다 내재화 행동에서 유의미한 감소가 있었던 결과로 볼 때, 국내 학교현장에서도 학생들의 내재화 문제 행동 감소를 위하여 보편적 수준에서 강한 아이 입문 프로그램의 실시를 고려해 볼 수 있을 것이다.

2) 지적장애 중학생에게 강한 아이 프로그램을 실시한 연구(김민진, 최하영, 2019)

국내에는 아직 정서행동장애 중학생을 대상으로 강한 아이 프로그램을 실시한 연구가 없기 때문에 지적장애 학생을 대상으로 한 연구를 소개하고자 한다. 이 연구에서는 6개의 중학교 특수학급에 배치된 지적장애 중학생 중 또래와의 사회적 관계에 어려움을 겪고 있는 30명을 선정한 후 실험집단에 15명, 통제집단에 15명을 배치하여 연구를 진행하였다.

연구자들은 기존의 강한 아이 중학생용(Strong Kids: Grade 6~8) 프로그램을 연구 참여자의 특성에 맞게 다음과 같이 수정하여 사용하였다. 첫째, 지적장애 학생의 인지적 특성을 고려하여 한 회기에 다루는 활동의 양을 줄였다. 둘째, 지적장애 학생들에게 한 회기만에 가르치기 힘든 기술은 두 회기로 확장하여 그 내용을 수정·보완하였다. 중재는 11주 동안 총 15회기에 걸쳐 실시하였으며, 한 회기당 45분씩 특수학급에서 연구자와 특수교사가 협력 교수 형태로 진행하였다. 이 연구에서 수정된 강한 아이 프로그램의 단원 구성은 〈표 3-5〉에 제시되어 있으며, 한 회기 진행 방식은 [그림 3-1]과 같다. 연구 결과, 강한 아이 프로그램을 실시한 실험집단은 통제집단에 비해 사회정서적 증상 및 기능이 유의하게 개선된 것으로 나타났다.

지적인 측면에 어려움이 있는 학생들을 대상으로 강한 아이 프로그램을 실시할 때에는 이 연구에서와 같이 기존의 회기 내용을 학생의 특성에 맞추어 적절하게 수정하여 사용한다면 소기의 성과를 거둘 수 있다. 뿐만 아니라 이 연구에서는 가정에서도 사회정서 기술을 적용해 볼 수 있도록 가정 활동지를 안내했는데, 이와 같이 가정과의 연계를 고려한다면 강한 아이 프로그램의 효과가 더욱 향상될 것이다.

표 3-5 김민진, 최하영(2019) 연구의 강한 아이 프로그램 단원 구성

단원	회기	단원명	주요 활동	
			수정 전	수정 후
1	1	강한 아이 소개하기	프로그램 목적 소개, 교육과정 안내, 사전 검사, 역할 및 규칙 안내	프로그램 소개, 역할 및 규칙 정하기, 자기소개 활동 및 라포 형성하기
2	2	내 감정 이해하기 1	다양한 종류의 감정 인식하기	감정 이해하기, 다양한 감정 어휘 알기, 편안하고 불편한 감정 구별하기
3	3	내 감정 이해하기 2	편안한 감정과 불편한 감정 확인 및 적절한 감정 표현 방법 알기	감정 표현 구별하기, 적절하게 감정 표현하기
4	4	분노 조절하기	분노 이해하기, 인지행동적 분노 관리하기	분노 이해하기, 적절한 방법으로 분노 표현하기
	5			
5	6	다른 사람 감정 이해하기	감정 이입하기, 관점 취하기	감각 및 신체적 단서를 통해 타인의 감정 확인하기
6	7	분명하게 사고하기 1	사고 오류, 부정적 신념 확인하기	사고 오류가 발생하는 상황 구분하기
7	8	분명하게 사고하기 2	부정적 신념과 사고 오류 전환하기	사고 오류의 상황에서 벗어나기
8	9	긍정적으로 사고하기	긍정적으로 생각하는 연습하기	부정적 사고를 긍정적 사고로 바꾸기
9	10	친구와 갈등 해결하기	대인관계 갈등 해결 연습	또래 사이에 발생하는 갈등 알기, 친구와 갈등 해결하기
	11			
10	12	스트레스 날리기	스트레스에 대한 감정 이완 훈련	스트레스 이해하기, 이완 기술 적용하기
11	13	목표를 설정하고 실천하기	목표를 설정하고 행동으로 연결하기	장단기 목표 세우기, 자신과 약속하기
	14			
12	15	마무리	프로그램 전체 복습, 사후 검사, 도움 요청 방법 알기	단원 총 복습, 도움 요청 방법 알기, 서로 격려하기

출처: 김민진, 최하영(2019), p. 48.

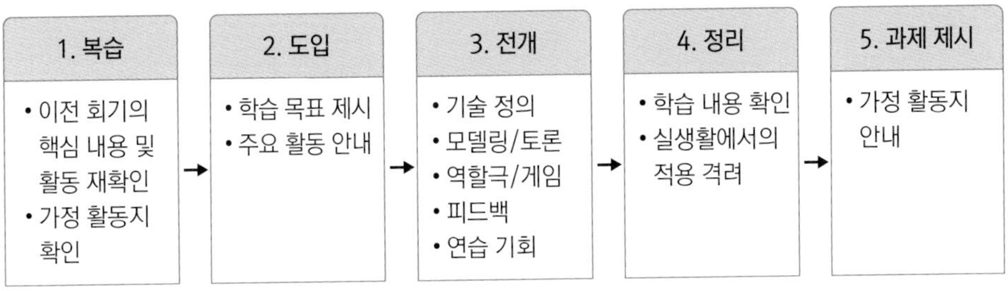

그림 3-1 한 회기 진행 방식

출처: 김민진, 최하영(2019), p. 52에서 발췌 및 재구성.

3) 지적장애 고등학생에게 강한 청소년 프로그램을 실시한 연구(강현진, 최하영, 2020)

국내에는 아직 정서행동장애 고등학생을 대상으로 강한 청소년 프로그램을 실시한 연구가 없기 때문에 지적장애 학생을 대상으로 한 연구를 소개하고자 한다. 이 연구는 4개의 인문계 고등학교 특수학급에 배치된 지적장애 고등학생 중 또래와의 사회적 적응 행동에 어려움이 있는 28명의 학생을 선정하여 실험집단에 14명, 통제집단에 14명을 배치하여 연구를 진행하였다.

이 연구에서는 기존의 강한 청소년(Strong Teens) 프로그램을 연구 참여자의 특성에 맞게 다음과 같이 수정하여 사용하였다. 첫째, 기존에 한 회기로 이루어진 '분노 다루기'와 '대인 간 문제 해결' 단원을 각각 두 회기로 확장하였다. 둘째, 단원에 포함된 활동의 내용을 축소하고 단순화하였으며, 시연과 역할극을 추가하여 내용이 반복될 수 있도록 하였다. 셋째, 14회기의 프로그램을 모두 마친 뒤, 촉진 단원을 추가하였다. 중재는 주 1~2회씩 총 14회기에 걸쳐 실시하였으며, 한 회기당 50분씩 특수학급에서 실시하였다. 연구자는 주 진행자 역할을 하였고, 특수교사는 보조 진행자의 역할을 하였다. 한 회기는 50분으로 맥기니스와 골드스타인(McGinnis & Goldstein, 1997)의 스킬스트리밍 프로그램 교수 절차를 참고하여 진행하였다. 연구자들의 수정을 거친 강한 청소년 프로그램의 단원 구성은 〈표 3-6〉에 제시되어 있으며, 한 회기 진행 방식은 [그림 3-2]와 같다. 연구 결과, 강한 청소년 프로그램을 실시한 실험집단은 통제집단에 비해서 사회정서 역량 전체 점수와 모든 하위 영역에서 유의한 향상을 보였다.

이 연구의 의의는 다음과 같다. 첫째, 기존에 연구가 많이 이루어지지 않았던 고등학생을 대상으로 강한 청소년 프로그램을 실시하였다. 둘째, 지적장애 학생에게 명시적 교수를 통해 사회정서 기술을 전달하는 맥기니스와 골드스타인(1997)의 스킬스트리밍 교수 절차를 활용하여 프로그램을 적용하였다. 이와 같이 지적 능력에 어려움이 있는 정서행동장애 학생들에게 이 프로그램을 적용할 때 스킬스트리밍의 방법과 같은 명시적 교수 절차를 사용하면 더 효과적인 중재가 될 수 있을 것이다.

표 3-6 강현진, 최하영(2020) 연구의 강한 청소년 프로그램 단원 구성

회기	제목	구체적인 내용
1	강한 청소년 소개하기	강한 청소년 교육과정 소개(각 단원들에 대한 일반적인 개관과 전체 목표 제시), 교육과정의 중요성 인식 및 규칙 정하기
2	내 감정 이해하기 1	여러 유형의 감정/느낌 확인하기, 편안하고 불편한 감정/느낌 구별하기
3	내 감정 이해하기 2	나의 감정/느낌을 표현하는 긍정적이고 부정적인 방법 알기
4	분노 조절하기	분노 및 공격성의 정의와 분노의 6단계 모델을 통해 분노 이해하기
5	분노 조절하기	분노를 조절하는 네 가지 기술을 알고, 분노 모델과 통합하여 실천하기
6	다른 사람 감정을 이해하기	감각 및 신체적 단서를 통해 타인의 감정/느낌 확인하기
7	분명하게 사고하기 1	감정의 온도 측정하기 및 사고 오류의 패턴 이해하기
8	분명하게 사고하기 2	생활 속 부정적 사고 오류를 긍정적으로 바꾸기 위한 전략
9	긍정적으로 생각하기	ABCDE 모델을 통해 부정적 사고를 긍정적 사고로 바꾸기
10	대인 간 문제 해결하기	또래 사이에 발생할 수 있는 갈등과 해결 방법 알기
11	대인 간 문제 해결하기	갈등을 해결하는 효과적인 전략: 문제-해결 모형 활용하기
12	스트레스 날리기	일상에서 스트레스 확인하기, 스트레스에 대처하는 방법(이완) 알기
13	행동 변화: 목표 설정과 적극적으로 행동하기	목표 달성을 위한 6단계 알고 목표 계획 및 실천하기
14	끝내기!	단원 최종 복습, 형성평가, 전체 강화하기
15	촉진하기	중점 개념 복습, 졸업장 수여와 개별 강화

출처: 강현진, 최하영(2020), p. 141에서 발췌 및 재구성.

단계	교수·학습 활동
도입	• 이전 회기 내용 복습 및 과제 확인하기 • 학습 목표 제시 및 학습 내용 개관
사회정서적 기술 정의하기	• 사회정서적 기술과 주요 개념 정의 • 사회정서적 기술에 대한 경험 나누기
사회정서적 기술의 중요성 알기	• 사회정서적 기술의 중요성 추론하기 • 사회정서적 기술의 중요성 교수하기
사회정서적 기술 시범 보이기	• 사회정서적 기술 혹은 관련 학습 내용에 대한 교사 모델링 제공 후 학생 시연, 피드백
역할극(활동) 구성하고 수행하기	• 역할극, 게임, 신체 활동 등을 통해 사회정서적 기술 실습하기
역할극(활동)에 대한 피드백 제공하기	• 역할극, 게임, 신체 활동 등의 사회정서적 기술 실습에 대한 피드백 제공
정리하기	• 학습 내용 확인 및 일반화 촉진
사회정서적 기술에 대한 숙제 내주기	• 숙제 제공 및 일반화 촉진

그림 3-2 강현진, 최하영(2020) 연구의 강한 청소년 프로그램 한 회기 진행 방식

출처: 강현진, 최하영(2020), p. 144.

4. 요약 및 결론

강한 아이 프로그램은 학교에서 학생들이 사회정서적 기술을 명시적으로 배우고 연습할 수 있도록 개발된 사회정서학습 프로그램이다. 이 프로그램은 연령에 따라 '강한 아이 입문', '강한 아이', '강한 청소년'으로 나뉘어 있다. 각 교육과정은 교육 전문가가 매뉴얼에 따라 실행할 수 있도록 각 차시별 수업이 구조화되어 있으며 매 회기의 수업 지도안, 활동 및 자료 등이 제공된다. 강한 아이 프로그램은 자신과 상대방의 감정 이해하기, 편한 감정과 불편한 감정 확인하기, 분노 조절하기, 분명하게 사고하기, 긍정적으로 생각하기, 목표 설정하기, 대인 간 문제 해결하기 등의 다양한 사회정서적 기술을 다룬다.

강한 아이 프로그램은 국내에서도 다양한 연령의 학생들에게 적용되어 사회정서적 역량에 미치는 긍정적 영향이 입증된 바 있다. 그러나 강한 아이 프로그램을 국내에서 실시할 때 다음과 같은 어려움도 예상해 볼 수 있다. 첫째, 강한 아이 프로그램 실시를 위한 별도의 시수 확보가 어려울 수 있다. 이는 학교 단위로 학교 교육과정을 편성할 때 사회정서학습을 위한 시간을 확보하거나, 개별 학급 차원에서 강한 아이 프로그램을 교과에 통합하여 융통성 있게 실시함으로써 해결될 수 있을 것이다. 둘째, 문화 감응적(culturally responsive) 프로그램을 실시하는 것이 어려울 수 있다. 문화 감응적 프로그램이란 외국의 상황에 맞게 개발된 강한 아이 프로그램을 국내 문화에 맞게 적용하는 것뿐만 아니라, 현재 우리나라 학교 환경에 존재하는 다문화 가정의 학생들의 문화까지 고려한 프로그램을 의미한다. 이를 위해서는 주요 기술과 개념의 내용에 대하여 개별 학생들의 문화에 맞게 프로그램을 수정하여 적용해야 할 것이다. 예를 들어, 강한 아이 프로그램의 주요 사회성 기술을 수정하거나 프로그램 참여 학생들의 문화를 반영한 교수·학습 자료를 활용한다면 사회정서학습 프로그램의 문화적 민감성을 향상할 수 있을 것이다.

제 4 장

다음 단계

1. 소개

다음 단계(Second Step) 프로그램은 미국 워싱턴주 시애틀에 위치한 비영리단체인 '아동위원회(Committee for Children)'에서 1985년에 개발한 아동과 청소년 대상의 사회정서학습 프로그램이다. 1979년에 설립된 '아동위원회'는 문화인류학자 제임스(James, J.)와 보이어(Boyer, D.)의 '학대 및 성학대가 아동에게 미치는 영향에 대한 연구'에 뿌리를 두고 있으며, 이러한 연구들은 1981년에 시작된 개인 안전교육과정인 '만지는 것에 대해 말하기(talking about touching)' 프로그램의 개발로 이어졌다. 이 프로그램의 목적은 아동이 개인 안전 기술을 습득하고, 성적 피해를 인지하여 이에 저항하고, 교사와 부모에게 신고하는 기술을 배움으로써 학대를 예방하기 위함이었다.

'만지는 것에 대해 말하기' 프로그램 이후 관련 분야의 연구가 지속되면서 '개인의 안전'이 학교 및 일상생활에서 아동 안전의 첫 단계이며, 여기서 한 걸음 더 나아간 단계, 즉 다음 단계가 필요함을 인식하게 되었다. 많은 관련 연구에서 폭력적이거나 학대를 하는 사람은 공감, 문제 해결, 자기조절과 같은 핵심적인 사회정서 역량이 부족한 것으로 나타났는데, 이는 개인 안전 기술 습득을 넘어 아동이 학대자로 자라지 않게 하는 기술에 초점을 맞추는 계기가 되었다. 이에 따라 아동위원회는 아동의 안전과 안녕을 증진시키기 위해 '다음 단계(Second Step)' 프로그램을 개발하였다. 이 프로그램은 사회정서학습, 아동 학대 및 괴롭힘 예방 교육의 토대를 제공하였으며, 2001년 미국 교육부에서는 다음 단계 프로그램의 교육과정을 모범적인 학교 프로그램이라고 천명하였다.

다음 단계 프로그램의 목적은 아동과 청소년의 폭력적인 언어 및 행동 문제를 감소시키고 사회성을 함양하며, 정서적·대인관계적 인지기능을 향상시켜 대인관계를 개선하는 것이다. 이 프로그램은 구체적인 행동보다는 사회 문제의 해결 방법을 지도하는 데 중점을 둔다는 측면에서 슈어(Shure, M. B.)의 'I Can Problem Solve'(Shure, 1992) 프로그램과 유사하다. 다음 단계 프로그램은 유치원생부터 중학생까지를 대상으로 하며, 학교와 학급에서 학생이 학업 및 사회정서적 기능을 실천하는 데 도움이 되는 수업과 활동으로 구성된 교육과정을 제공한다.

2. 중재의 내용과 전달 방식

1) 다음 단계 프로그램의 기본 원칙

다음 단계 프로그램의 주요 내용은 공감, 문제 해결, 정서 관리이고 역할극, 연습, 피드백, 문제 해결 활동 등의 교수 전략을 활용한다. 학교급에 따라 교과 수업에 자연스럽게 통합될 수 있도록 구성되었고, 학생이 사회·정서·학습의 위험에 처하는 것을 예방하기 위해 필요한 기술을 체계적으로 가르친다(Beland, 1992). 이 프로그램은 학생이 자기조절의 기초 기능을 습득하도록 5분 동안 짧게 두뇌 개발 게임(Brain Builder Game)을 실시하며, 프로그램 전반에 걸쳐 학습 기술, 공감, 감정 관리, 문제 해결을 강조한다. 또한 사회적 문제 해결과 학습 기능 증진을 위해 준비된 스크립트와 수업, 토론을 위한 이야기, 새로운 기능을 강화하는 실천 활동을 주요 중재 요소로 활용한다(이인재, 2020).

다음 단계 프로그램은 4가지 덕목인 학습 기술, 공감, 감정 관리, 문제 해결력을 함양하기 위해 학교 환경에서 적용할 수 있는 구체적인 교육과정을 제공한다(〈표 4-1〉 참조). 첫째, 학습 기술 함양을 위해 경청, 주의집중, 지시 따르기, 자기대화 사용, 주장하기와 같은 적극적인 의사소통 전략을 강조하며, 이러한 기술들은 학생이 성공적으로 학교생활을 영위하게 하며 학업 성적의 향상을 이끈다. 둘째, 공감은 다른 사람의 사고나 감정을 이해하며 같이 느낄 수 있는 능력을 의미하고, 정서적이면서 인지적인 공감의 복합적인 측면을 다루기 위해 다양한 감정을 식별하고 다른 사람의 관점 및 의견을 존중하고 수용하는 데 중점을 둔다. 셋째, 감정 관리는 학생이 느끼는 다양한 감정과 그에 따른 신체적 신호를 인식하고 감정을 스스로 다스리며 관리할 수 있게 한다. 여기에서는 주로 분노, 실망, 걱정, 당황, 좌절감, 불안, 비난과 같이 대처하기 어려운 감정들을 반복적으로 다루며 원만하게 대인관계를 형성할 수 있는 토대를 마련하도록 돕는다. 마지막으로, 문제 해결에서는 학생이 문제가 무엇인지 말하고 관련된 사람들의 다양한 관점을 파악하여 문제를 분석하는 방법을 배우며, 문제 해결을 위한 몇 가지 해결책을 생각해 보고 각 해결책의 실행 가능성과 결과를 평가하여 최상의 해결책을 찾아 실행 계획을 세우는 과정으로 이루어진다. 이러한 문제 해결 과정을 연습함으로써 학생은 현실적인 계획하에 문제를 해결하는 능력을 습득하게 된다(홍현주 외, 2020).

2) 다음 단계 프로그램의 적용 절차

다음 단계 프로그램은 유치원 이전, 유치원, 초등학교, 중학교, 고등학교, 초등학교 방과후, 성인을 위한 사회정서학습, 초등학교 괴롭힘 예방, 아동 보호(유치원 이전~초등학교) 버전으로 개발되어 있다. 다음 단계 웹사이트(https://www.secondstep.org)에는 학교급별 교육과정과 수업 예시 자료가 무료로 제공되고 있으며, 〈표 4-1〉은 유치원 이전부터 중학교까지(Pre-K~8)의 교육과정 범위와 순서를 요약한 것이다. 웹사이트를 통해 무료로 사용 가능한 자료, 평가 방법 및 평가를 위한 가이드, 프로그램 관련 연구 결과 등 다양한 정보가 제공되어 다음 단계 프로그램을 실행하는 교사 및 관련자가 프로그램을 쉽게 이해하고 실행할 수 있다. 또한 웹사이트 내의 온라인 쇼핑몰에서는 [그림 4-1]과 같이 교육현장에서 바로 사용할 수 있는 교재 교구 및 학습지와 디지털 프로그램을 판매하고 있다.

표 4-1 다음 단계 교육과정 요약(유치원 이전~8학년)

단계	학습 내용				
유치원 이전	학습 기술 • 환영 • 경청 • 주의 집중 • 자기대화 • 지시 따르기 • 필요하거나 원하는 것 묻기	공감 • 감정 식별하기(기쁨, 슬픔) • 더 많은 감정(놀라움, 무서움) • 분노 식별하기 • 같거나 다른 감정 • 사고 • 보살핌과 도움	감정 관리 • 신체로 느끼는 감정(걱정) • 강한 감정(당황) • 감정에 이름 붙이기 • 실망 관리하기 • 분노 관리하기 • 기다림 관리하기	우정 기술/문제 해결 • 공정한 놀이 방법(함께 놀기, 교환하기, 교대로 놀기) • 친구와 즐거운 시간 보내기 • 놀이 초대하기 • 놀이에 참여하기 • 문제 말하기 • 해결 방법 생각하기 • 자신 있게 말하기	유치원으로 전환 • 유치원에서 학습하기 • 유치원 버스 타기 • 유치원에서 새로운 친구 만들기
유치원	학습 기술 1. 듣기 학습 2. 주의 집중 3. 지시 따르기 4. 과제를 지속하기 위한 자기대화 5. 주장하기	공감 6. 감정 7. 더 많은 감정 8. 분노 식별하기 9. 같은가? 다른가? 10. 사고 11. 보살핌과 도움	감정 관리 12. 감정을 몸으로 느끼기 13. 좌절감 다스리기 14. 강한 감정 가라앉히기 15. 기다림에 대처하기 16. 분노 다스리기 17. 실망 다스리기 18. 넘어지는 것에 대처하기	문제 해결 19. 문제 해결하기 20. 놀이에 초대하기 21. 공정한 놀이 방법 22. 친구들과 즐거운 시간 보내기 23. 물건을 가져가는 것 다루기 24. 욕하는 것 다루기 25. 다음 단계 기술 검토하기	

초등 1학년	학습 기술 1. 학습을 위한 듣기 2. 주의 집중 3. 지시 따르기 4. 학습을 위한 자기대화 5. 주장하기	공감 6. 감정 식별하기 7. 더 많은 단서 찾기 8. 유사점과 차이점 9. 감정 변화 10. 사고 11. 돌봄과 배려 보여주기	감정 관리 12. 자신의 감정 확인하기 13. 강한 감정 14. 분노 진정시키기 15. 진정을 위한 자기대화 16. 걱정 관리하기	문제 해결 17. 문제 해결(1) 18. 문제 해결(2) 19. 공정한 놀이 방법 20. 참여 초대하기 21. 욕하는 것 다루기 22. 다음 단계 기술 검토하기
초등 2학년	학습 기술 1. 존중하기 2. 주의 집중 및 듣기 3. 자기대화 사용하기 4. 주장하기	공감 5. 감정 식별하기 6. 감정에 대해 더 학습하기 7. 자신감 8. 다른 선호 존중하기 9. 동정심 표현하기 10. 감정 예측하기	감정 관리 11. 감정 관리 소개하기 12. 당혹감 관리하기 13. 실수 처리하기 14. 불안한 감정 관리하기 15. 분노 관리하기 16. 과제 완료하기	문제 해결 17. 문제 해결(1) 18. 문제 해결(2) 19. 책임지기 20. 놀이터 배제에 대응하기 21. 놀이터에서 공정하게 놀기 22. 다음 단계 기술 검토하기
초등 3학년	학습 기술 1. 존중하는 학습자 되기 2. 자기대화 사용하기 3. 주장하기 4. 학습 계획하기	공감 5. 다른 사람의 감정 확인하기 6. 관점 이해하기 7. 상충되는 감정들 8. 다른 의견 수용하기 9. 동정심 보이기 10. 친구 만들기	감정 관리 11. 감정 관리 소개하기 12. 시험불안 관리하기 13. 비난 처리하기 14. 실망 관리하기 15. 분노 관리하기 16. 감정의 상처 관리하기	문제 해결 17. 문제 해결(1) 18. 문제 해결(2) 19. 교실 문제 해결 20. 또래 배제 문제 해결 21. 또래의 압력 다루기 22. 다음 단계 기술 검토하기
초등 4학년	공감 및 학습 기술 1. 공감과 존중 2. 주의 깊게 듣기 3. 주장하기 4. 유사점과 차이점 존중하기 5. 복잡한 감정 이해하기 6. 다른 관점 이해하기 7. 대화와 칭찬 8. 참여하기 9. 동정심 보이기	감정 관리 10. 감정 관리 소개하기 11. 강한 감정 관리하기 12. 분노 진정시키기 13. 불안 관리하기 14. 성급한 결론 피하기 15. 놀리는 말 다루기	문제 해결 16. 문제 해결(1) 17. 문제 해결(2) 18. 계획 세우기 19. 운동장 문제 해결 20. 자신의 행동에 대한 책임감 갖기 21. 또래의 압력 다루기 22. 다음 단계 기술 검토하기	

초등 5학년	공감 및 학습 기술 1. 공감과 존중 2. 주의 깊게 듣기 3. 주장하기 4. 감정 예측하기 5. 다른 사람의 관점 받아들이기 6. 차이점 수용하기 7. 다른 의견 존중하기 8. 동정심으로 반응하기	감정 관리 9. 감정 관리 소개하기 10. 진정시키기 11. 불안 관리하기 12. 좌절감 관리하기 13. 복수에 저항하기 14. 놀리는 말 다루기 15. 가정하지 않기	문제 해결 16. 문제 해결(1) 17. 문제 해결(2) 18. 계획 세우기 19. 도움 구하기 20. 험담 다루기 21. 또래의 압력 다루기 22. 다음 단계 기술 검토하기	
중등 6학년	사고방식과 목표 1A. 중학교 시작하기 1B. 신입생 돕기 2. 두뇌 성장 방법 3. 새로운 전략 시도하기 4. 구체적인 목표 설정하기 5. 목표 세분화하기 6. 진행상황모니터링하기 7. 목표 달성을 위한 행동계획 세우기	따돌림과 괴롭힘 인식하기 8. 따돌림의 일반적 유형 9. 따돌림 인식하기 10. 사이버 따돌림에 반응하기 11. 앞장서서 행동하는 사람 되는 방법 12. 안전한 방법으로 앞장서서 행동하기 13. 따돌림에 대한 인식 높이기	생각, 감정, 결정 14. 감정이 말하는 것 15. 감정과 두뇌 16. 감정이 결정에 미치는 영향 17. 감정 관리하기 18. 가장 잘 맞는 것은? 19. 감정 관리에 대한 인식 높이기	관계 관리/사회적 갈등 20. 변화하고 있는 우리 21. 갈등이 고조되는 이유 22. 다양한 관점 고려하기 23. 존중하는 의사소통 24. 도전적인 갈등 해결하기 25. 보상하기 26. 갈등 해결사
중등 7학년	사고방식과 목표 1A. 중학교 시작하기 1B. 신입생 돕기 2. 두뇌에 새로운 길 만들기 3. 실수와 실패로부터 학습하기 4. 장애물 식별하기 5. 장애물 극복하기(1) 6. 장애물 극복하기(2) 7. 장애물에 대한 조언	따돌림과 괴롭힘 인식하기 8. 괴롭힘은 무엇인가? 9. 성희롱이란 무엇인가? 10. 성희롱의 영향 11. 성적 괴롭힘 12. 우리의 권리와 책임 13. 괴롭힘 예방하기	생각, 감정, 결정 14. 감정의 중요함 15. 느끼고 생각하고 행동하기 16. 도움이 되지 않는 생각 17. 도움이 되지 않는 생각 재구성하기 18. 긍정적인 자기대화 연습하기 19. 더 나은 결정하기	관계 관리/사회적 갈등 20. 갈등을 고조시키는 것은? 21. 갈등 상황에서 침착함 유지하기 22. 갈등과 관점 23. 갈등 해결(1) 24. 갈등 해결(2) 25. 자신의 행동에 책임감 갖기 26. 갈등 해결을 위한 팁
중등 8학년	사고방식과 목표 1. 환영 2. 나의 정체성: 나는 누구인가? 3. 나의 관심사와 강점 4. 나의 장점 활용하기 5. 나의 관심사 추구하기 6. 나의 미래 자아 7. 나의 앞으로의 길	따돌림과 괴롭힘 인식하기 8. 따돌림 이해하기 9. 따돌림에 기여하는 사회적 요인 10. 따돌림에 기여하는 환경적 요인 11. 목소리를 높이고 행동에 옮기기 12. 포용하고 변화 요구하기 13. 변화를 지지하기	생각, 감정, 결정 14. 스트레스와 불안 이해하기 15. 스트레스는 어디에서 오는가? 16. 스트레스가 성장에 도움이 되는가? 17. 스트레스 관리를 위한 전략 18. 전략변경및도움받기 19. 나의 스트레스 관리 계획	관계 관리/사회적 갈등 20. 나의 가치 21. 가치와 관계 22. 다른 사람의 관점 인식하기 23. 최선의 해결책 찾기 24. 일을 바로잡기 25. 건강하지 못한 관계 26. 건강한 관계를 위한 지침 27. 고등학교와 관련된 어려움 파악하기

출처: https://www.secondstep.org에서 발췌 및 재구성.

'다음 단계' 웹사이트 메인 화면

초등학교 및 중학교 디지털 프로그램

조기학습 프로그램(유치원 이전)

초등학교 프로그램(유치원~5학년)

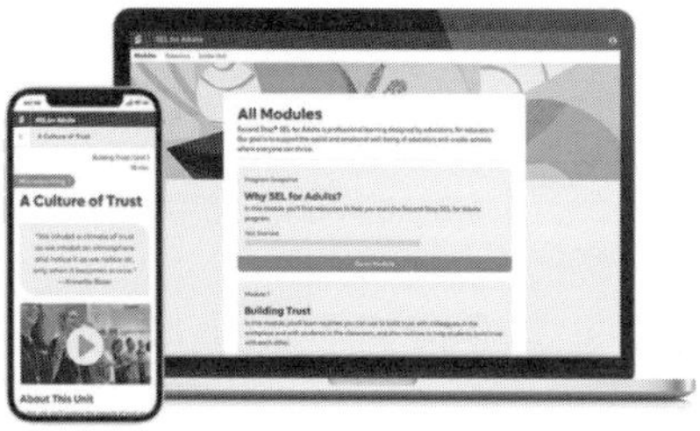

성인을 위한 프로그램

초등학교 방과후 프로그램

그림 4-1 다음 단계 웹사이트에서 판매 중인 교육 자료

출처: https://www.secondstep.org

3) 다음 단계 프로그램을 활용하여 개발한 국내 프로그램(홍현주 외, 2020)

이 연구에서는 다음 단계 프로그램을 활용하여 학교교육과정 내에서 실행할 수 있는 초등학생의 공감 및 자기조절 능력 함양 프로그램을 개발하였다. 공감과 자기조절 능력에 초점을 두었기 때문에 다음 단계 프로그램에서 이와 가장 밀접한 '공감'과 '감정 관리' 영역을 추출하여 살펴보았고, 다음 단계 프로그램의 학년별 내용 체계표에서 우리나라의 초등학교 중학년과 고학년인 3학년과 6학년 대상 프로그램 개발을 위해 발달 수준에 상응하는 미국의 3학년과 5학년 내용 체계를 바탕으로 국내 프로그램을 개발하였다. 또한 현행 도덕과에 배정된 주당 시수를 고려하여 내용을 조절하였고, 범교과 학습 주제의 경우에는 교과와 창의적 체험 활동 등 교육 활동 전반에 걸쳐 통합적으로 다룰 수 있기 때문에 각 덕목당 도덕과 수업과 창의적 체험 활동 수업의 비를 4대 2로 하여 총 6차시 수업으로 변경하였다. 〈표 4-2〉는 다음 단계 프로그램의 학습 내용 중 3학년의 '공감'과 '자기조절' 관련 부분과 이 연구에서 개발된 프로그램의 학습 목표를 비교한 것이다. 〈표 4-3〉은 국내 연구에서 초등학생(3학년)의 공감 능력과 자기조절 능력을 증진하기 위해 개발한 프로그램의 학습 방법을 제시하였다.

표 4-2 다음 단계 프로그램과 홍현주 등(2020)의 프로그램 비교(3학년)

학년	덕목	차시	홍현주 등(2020)의 학습 목표	다음 단계 내용 체계에서의 학습 주제
3	공감	1	• 다른 사람의 표정이나 행동을 통해 감정을 이해하고 공감하는 힘을 기른다.	3-공감-5: 다른 사람의 감정 확인하기
		2	• 이야기를 통해 인물의 감정에 공감하고 적절하게 반응한다.	3-공감-6: 관점 이해하기
		3	• 다른 사람의 감정에 공감하는 것의 중요성을 알고 실천한다.	3-공감-6: 관점 이해하기
		4	• 다른 사람의 상황과 생각을 이해하는 것이 중요함을 깨닫고, 이에 알맞게 적절히 반응한다.	3-공감-6: 관점 이해하기 3-공감-8: 다른 의견 수용하기
		5	• 다른 사람의 입장에서 생각하는 것의 의미와 중요성을 깨닫고, 적절히 반응할 수 있다.	3-공감-6: 관점 이해하기 3-공감-9: 동정심 보이기
		6	• 사람들은 모두 다르며, 이러한 다양성이 조화로운 사회를 위해 중요함을 깨닫는다. • 다양한 사람이 함께 사는 사회에서 우리가 가져야 할 태도와 역할에 대해 생각한다.	3-공감-8: 다른 의견 수용하기 3-공감-10: 친구 만들기

3	자기 조절	1	• 다양한 감정을 알고 이름을 익힐 수 있다.	3-감정 관리-11: 감정 관리 소개하기
		2	• 자신의 감정을 알고 말로 표현할 수 있다.	3-감정 관리-11: 감정 관리 소개하기
		3	• 다양한 활동을 통하여 여러 가지 감정의 원인을 알고 이해할 수 있다.	3-감정 관리-11: 감정 관리 소개하기 3-감정 관리-13: 비난 처리하기
		4	• 감정은 서로 연결되어 있으며, 감정은 또 다른 감정을 일으킴을 알 수 있다.	3-감정 관리-11: 감정 관리 소개하기 3-감정 관리-14: 실망 관리하기
		5	• 감정을 건강하게 조절하는 방법을 알고, 스스로 조절하려는 의지를 다질 수 있다.	3-감정 관리-15: 분노 관리하기
		6	• 일상에서 평소 불쾌한 감정을 느낄 때 표현하거나 조절하던 자신의 감정 조절 양식을 알 수 있다.	3-감정 관리-16: 감정의 상처 관리하기

출처: 홍현주 외(2020), pp. 204-207에서 발췌 및 재구성.

표 4-3 홍현주 등(2020)의 학습 방법(3학년)

학년	덕목	차시	학습 방법
3	공감	1	• 표정 카드를 보고 어떤 감정인지 맞혀 본다. • 감정을 나타내는 표정을 연습하여 상대방에게 감정을 잘 전달한다.
		2	• 동화 속 등장인물이 되어 각각의 입장을 이해한다. • 역할극을 보고 각각의 상황 속 등장인물이 되어 이야기한다.
		3	• 감정 카드를 보고 감정에 어울리는 표정과 행동을 한다. • 여러 상황 카드 속 상황을 연출하여 각각의 경우 등장인물의 마음을 이해한다.
		4	• 공감이 일어나는 사례를 보며 공감의 의미를 이해한다. • 각 상황 속 인물의 마음을 이해한다.
		5	• 영상 속 주인공의 생각과 감정에 대해 이야기한다. • 내가 바라는 친구의 모습을 그리고 이야기해 본다.
		6	• 짝과 나의 같은 점과 다른 점을 이해한다. • 차이점을 어떻게 받아들여야 할지 이야기한다.

자기 조절	1	• 이야기 속 각 장면 속에서 느껴지는 감정을 이야기한다. • 감정 단어 목록을 만들어 본다.
	2	• 나의 감정을 알고 감정을 해결하기 위해 어떤 일을 할 때 어떤 마음이 들었고 무엇을 바라는지 말해 본다. • 역할극 문장을 완성해 본다.
	3	• 감정 카드 속 감정에 대해 이야기하며 감정 빙고 놀이를 한다. • 다양한 감정을 느낄 수 있는 상황을 이야기해 본다.
	4	• 실수하는 상황을 설정한 후 나의 감정 표현이 상대방에게 어떤 영향을 주는지 알아본다. • 심호흡을 하면서 감정 조절 연습을 한다.
	5	• 화가 나는 상황을 설정하여 감정 조절 방법을 연습한다.
	6	• 불쾌한 감정이 들면 어떻게 하는지 적어 본다. • 질문지에 대한 대답을 그래프로 그려 본다.

출처: 홍현주 외(2020), pp. 208-212에서 발췌 및 재구성.

3. 국내외 적용 예시

1) 중학생 대상 다음 단계 프로그램의 대규모 실험 연구(Espelage et al., 2015)

이 연구의 저자들은 중학교에서 대인관계 갈등을 다루고 감정 관리를 가르치는 학교기반의 사회정서 프로그램을 실시한 연구가 부족함을 지적하면서, 공격성과 피해를 줄이기 위한 중학교 다음 단계 프로그램(Committee for Children, 2008)을 무작위 군집 배정으로 적용한 2년간의 임상 실험 결과를 제시하였다. 연구 참여자는 미국의 일리노이주와 캔자스주에 있는 36개 학교에 재학 중인 11세에서 13세 사이의 학생 3,658명이었고 1,961명은 실험집단에, 1,697명은 통제집단에 배치되었다. 프로젝트에 참여하는 학교는 무작위 배정에 동의하고 3년의 연구 기간 동안 다른 괴롭힘 예방 프로그램을 실행하지 않아야 했다.

중재 프로그램은 6학년의 경우 15회기로, 7학년의 경우 13회기로 구성되었다. 6학년 프로그램은 공감과 의사소통 5회기(예: 집단 활동, 다른 의견 존중하기, 주장하기), 따돌림 2회기, 감정 조절 3회기(예: 스트레스 대처하기), 문제 해결 2회기, 약물 남용 예방

4회기로 이루어졌다. 7학년에서는 공감과 의사소통 4회기, 따돌림 3회기(사이버 따돌림, 성희롱), 감정 조절 2회기, 문제 해결 2회기, 약물 남용 예방 3회기의 수업이 실시되었다. 프로그램은 학기 동안 주 1~2회씩 진행되었고, 각 회기는 50분 수업 1회 또는 25분 수업 2회로 제공되었다. 교사는 교육과정의 전달, 목표 기술 관련 아동 발달 단계 소개 및 따돌림 연구를 다루는 3시간의 훈련 회기를 이수하였고, 학생을 대상으로 프로그램의 각 회기를 진행한 후 일지를 작성하였다.

연구 결과, 프로그램에 참여한 일리노이주 중학생은 통제집단 학생에 비해 동성애 혐오적 욕설의 피해자가 되는 비율과 성희롱이나 성폭력 범죄의 가해자가 되는 비율이 유의하게 낮은 것으로 나타났다. 캔자스주 참여자의 경우, 두 집단 간에 유의한 차이가 나타나지 않았다. 이 연구에서 제시한 중학교 다음 단계 프로그램의 논리 모델은 [그림 4-2]와 같다.

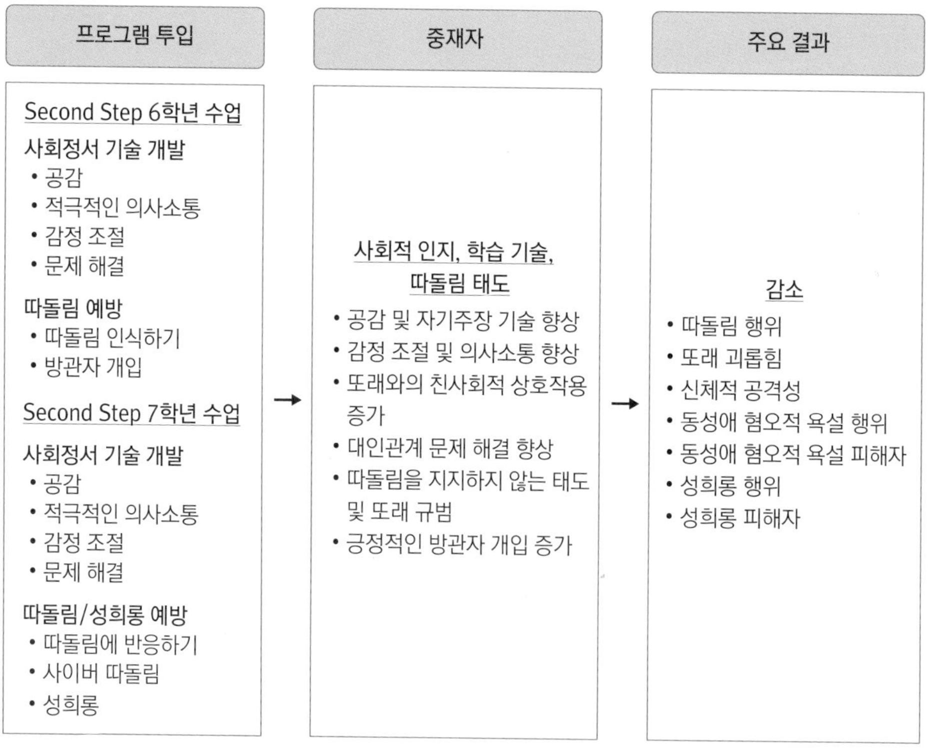

그림 4-2 중학교 다음 단계 프로그램의 논리 모델

출처: Espelage et al. (2015), p. 54.

2) 학업에 미치는 영향을 조사한 대규모 무작위 통제 실험 연구(Cook et al., 2018)

이 연구는 대규모 무작위 통제 실험 데이터를 사용하여, 다음 단계 프로그램이 유치원과 초등학교 저학년 학생의 학업 관련 성과에 미치는 영향을 조사하였다. 연구 참여자는 워싱턴주와 애리조나주의 6개 교육구에 있는 61개 학교의 유치원부터 2학년까지의 학생 7,419명(실험집단 3,727명, 통제집단 3,692명)과 교사 310명(실험집단 159명, 통제집단 151명)이었다. 연구에서 두 집단의 기초선 측정에서는 유의한 차이가 나타나지 않았으며, 1차 연도 가을과 봄에 이루어진 평가 데이터가 포함되었고, 전체 연구는 2년 연속 실행의 영향을 평가하였다.

실험집단 학교의 교사에게는 다음 단계 교육과정 1시간, 예방적 교실 관리(Proactive Classroom Management: PCM) 3시간의 사전 훈련이 제공되었다. 이는 교사가 내용에 익숙해지고 프로그램을 충실하게 전달하기 위한 과정이었으며, 예방적 교실 관리 교육은 다음 단계 실행에 포함된 과정은 아니었으나 실험 당시 교육구의 요구에 의해 병행되었다. 예방적 교실 관리 교육의 경우, 학교의 선호에 따라 DVD 또는 대면으로 전달되었고, 학습에 대한 학생의 적극적인 참여를 지원하고 강화하며 촉진하는 실습(문에서 긍정적인 인사, 주의 신호, 5대 1 비율, 행동 특정적 칭찬)에 중점을 두었다.

다음 단계 프로그램을 적용한 결과, 파괴적 행동 면에서는 실험집단과 통제집단 학생 간에 유의한 차이가 나타났으나, 과제 관련 행동과 읽기 또는 수학 점수에서는 유의한 차이가 발견되지 않았다. 연구자들은 학업 측면에서 집단 간 유의한 차이가 나타나지 않은 것에 대해 초등저학년 학생에게는 학업성취에 미치는 사회정서학습의 영향이

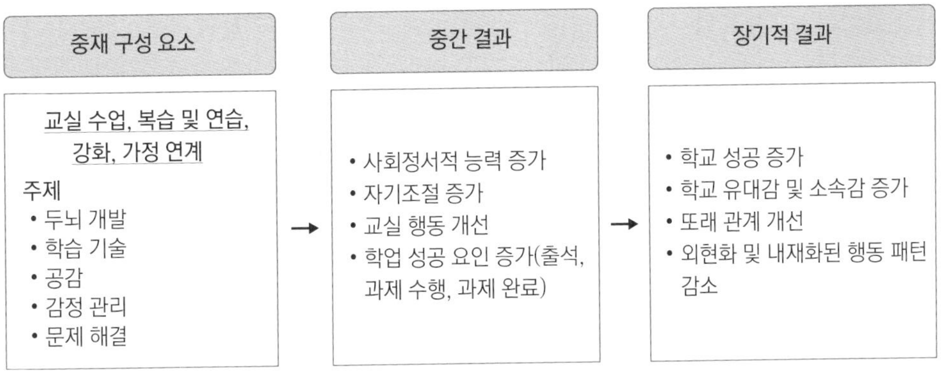

그림 4-3 다음 단계 프로그램의 논리 모델

출처: Cook et al. (2018), p. 562.

즉시 나타나지 않을 수 있다고 설명하였다. 이 연구에서 제시한 다음 단계 프로그램의 논리 모델은 [그림 4-3]과 같다.

3) 다음 단계 조기학습 프로그램의 저소득 아동 대상 연구(Upshur et al., 2019)

다음 단계 조기학습 프로그램(Second Step Early Learning: SSEL)이 저소득 아동의 실행 기능 및 사회정서적 기술에 미치는 영향을 조사하기 위해 7개의 지역사회기반 유치원과 6개의 헤드스타트 프로그램에서 4년에 걸쳐 무작위 실험 연구가 수행되었다. 연구 참여자는 모집 당시 4세가 되었거나 다음 해에 유치원에 입학할 예정인 아동 770명이었고, 4년간의 연구 중 한 시점에 실행 기능과 사회정서 기술을 평가하였다. 이 연구에는 187명의 교사가 4년 동안 참여하며 중재를 실행하였다.

연구 참여자 중 393명을 실험집단에, 377명을 통제집단에 무작위 배정을 하고 아동의 기초선 평가를 완료한 후, 다음 단계 조기학습 교육과정 키트와 관련 스토리북을 구매하여 1년차와 3년차의 11월 초에 모든 실험집단 교실에 배포하였다. 실험집단의 교사는 기존의 창의적 교육과정에 다음 단계 조기학습을 추가하였고, 실행 기능과 사회정서 기술을 목표로 하는 교육 활동을 제공하였다. 반면에 통제집단의 교사는 기존의 창의적 교육과정만을 진행하였다. 1년차에는 실험집단 교사를 대상으로 매월 2시간의 대집단 교사간담회를 총 7회 실시하였고, 2년차에는 격월로 코호트별 간담회를 총 5회 실시하여 프로그램 진행 과정을 보완하고 질의응답을 하며, 교사 간의 성공과 도전 과제를 공유하는 기회를 제공하였다. 또한 실험집단 교사는 주기적으로 핵심 연구원의 코칭과 피드백을 받았다. 이와 더불어 학부모교육도 각 현장에서 1년에 1~2회 개최되었고, 이때 실험집단 교사와 핵심 연구원이 공동으로 교육과정과 목표 기술을 설명하였으며, 매주 학부모 유인물을 배부하여 가정에서 보충 활동을 실행하도록 권장하였다.

실행 기능 및 사회정서 기술의 측정 데이터에 대해 각각 하나씩 2개의 3단계 계층적 선형 모델을 사용하여 분석하였고, 그 결과 실험집단이 통제집단에 비해 실행 기능에서 유의한 효과가 나타났으나 사회정서 기술의 경우 집단 간 통계적으로 유의한 차이가 나타나지 않았다. 즉, 다음 단계 조기학습 프로그램은 지속적으로 지원을 받는 저소득 아동의 실행 기능에 의미 있는 영향을 미치는 것으로 나타났다.

4. 요약 및 결론

최근 들어 우리나라뿐만 아니라 전 세계적으로 인성 및 사회정서적 역량의 함양을 위한 교육이 강조되고 있다. 이에 따라 미국을 포함한 수많은 나라에서 증거기반의 실제인 사회정서학습을 적용하여 사회정서적 역량뿐만 아니라 학업적 결과 향상, 대인관계 개선, 학교 폭력 예방 등의 효과를 거두고 있다. 이러한 사회정서학습의 한 종류인 '다음 단계' 프로그램은 앞서 설명한 몇몇의 연구와 같이 학업과 사회정서적 기술 측면에서 효과가 검증되지 못한 경우도 있었으나, 오랜 기간의 연구와 현장 적용으로 학생의 폭력적인 언어 및 행동 문제를 감소시키고 대인관계를 개선하는 데 긍정적인 기여를 해 왔다. 다음 단계 프로그램은 교실에서 활용할 수 있는 교육과정과 계열화된 수업을 제공함으로써 학교라는 체제 안에서 프로그램 구현을 용이하게 하는 장점이 있으며, 다양한 정보를 제공하고 디지털 자료 및 실물 교재 교구를 판매하는 웹사이트가 활성화되어 있으므로 프로그램에 대한 접근성도 높은 편이다.

반면에 다음 단계 프로그램은 국외에서 개발되었으므로 다음 사항을 고려하여 국내에 적용해야 할 필요가 있다. 다음 단계 프로그램을 활용하여 국내 프로그램을 개발한 홍현주 등(2020)의 연구에서와 같이, 한국과 미국의 학제에 차이가 존재하므로 아동 및 청소년의 발달 단계를 고려하여 적절한 학년 수준의 내용을 선정하여 적용하여야 한다. 또한 학교교육과정 내에서 실행할 때에는 도덕과나 창의적 체험 활동과 같은 관련 교과 내용과 연계하여 프로그램을 개발하고 해당 교과의 수업 시수를 활용할 수 있다. 그러나 국내 교육현장의 여건상 이와 같은 프로그램은 단기간의 프로그램으로 시행되는 경우가 대부분이다. 특히 사회정서적 역량은 단기적인 교육으로 습득되고 함양되는 것이 아니므로, 일회성이나 단기적인 운영은 실효성이 부족할 수밖에 없다. 따라서 전체 학교교육과정 측면에서 장기적으로 프로그램을 계획하여 운영하거나, 학교나 교실 내 수업과 함께 교실 외의 다양한 연계 활동으로 통합하여 운영함으로써 학생의 사회정서적 역량 내재화 및 일반화를 도모하고 효과를 극대화해야 한다. 이러한 노력은 교육현장의 모든 학생을 대상으로 학교 폭력과 괴롭힘, 따돌림 등의 문제를 예방하는 데 도움이 될 뿐만 아니라, 정서행동상의 어려움을 지닌 장애 학생 및 위험 학생의 학교 적응 및 학업 수행, 또래 관계를 효과적으로 개선할 수 있을 것이다.

제 5 장

공격성 대체 훈련

1. 소개

공격성 대체 훈련(Aggression Replacement Training: ART)은 골드스타인(Goldstein, A. P.)과 그릭(Glick, B.)이 12세에서 17세 사이의 청소년을 위해 1980년대에 개발한 프로그램이다. 공격성 대체 훈련은 1987년 첫 번째 매뉴얼 출간 이후 학교, 지역사회기관, 청소년 기관 및 기타 환경에서 30년 이상 꾸준히 적용되어 왔으며, 1998년과 2011년에는 공격성 대체 훈련의 매뉴얼이 개정되었다(Goldstein et al., 1998; Glick & Gibbs, 2011).

이 프로그램은 공격적이고 폭력적인 문제를 가진 청소년의 행동 변화를 목표로 하며, 공격성과 폭력성을 유발하는 행동, 정서, 인지적인 원리를 강조하면서 이론과 실습, 기술을 하나의 포괄적인 체계로 통합한 다중 모델 기반의 중재다(Goldstein & Glick, 1994). 프로그램의 세 가지 중심축은 공격 행동을 친사회적 행동으로 대체하는 행동적 접근, 과격한 행동을 유발하는 분노를 조절하는 정서적 접근, 그리고 행동의 결과를 예측하고 통제하도록 훈련하는 인지적 접근으로 구성된다. 이는 프로그램 안에서 행동적 측면의 스킬스트리밍, 정서적 측면의 분노 조절 훈련, 인지적 측면의 도덕 추론 훈련 과정으로 실현된다(Goldstein et al., 1998). 공격성 대체 훈련은 효과가 검증된 증거 기반의 프로그램으로서 현재 북미뿐만 아니라 유럽, 남미, 호주에서도 학교와 청소년 사법 체계 및 성인 범죄자 교정 등에 널리 사용되고 있다.

2. 중재의 내용과 전달 방식

1) 공격성 대체 훈련의 기본 요소

공격성 대체 훈련은 학교, 가정, 지역사회에서 아동과 청소년이 보이는 공격성이 이들의 내적 또는 외적 측면에서 다양한 원인을 가진다는 관점에서 출발한다. 특히 부모와 또래로부터 받는 외부 영향이 상당하다고 주장하며, 이와 함께 만성적인 공격성을 가진 청소년의 내적 원인으로 다음의 세 가지를 설명한다. 첫째, 이러한 청소년은 효과적인 친사회적 행동을 구성하는 대인관계 기술과 사회적 인지 기술이 약하거나 부족하다. 둘째, 일상적인 필요와 장기적인 목표를 충족하기 위해 공격적인 수단에 과도하게 의존하고 자주 충동을 느끼는 것은 분노 조절의 결핍을 나타낸다. 마지막으로, 가치관 측면에서 이들은 더 자기중심적이고 도덕 추론에서 원시적인 수준의 반응을 보이는 것으로 나타났다(Goldstein et al., 1998).

이러한 각 문제를 다루기 위한 다중 모델적 개입인 공격성 대체 훈련은 세 가지 요소로 구성된다. 첫째, 행동적 요소로서 구조화된 친사회적 기술을 학습하는 스킬스트리밍이다. 둘째, 정서적 요소로서 자신이 화가 나고 공격적으로 행동하게 되는 원인이 무엇인지 이해하고, 자신의 분노와 공격성을 감소시키기 위해 사용할 수 있는 기법을 습득하는 분노 조절 훈련이다. 셋째, 인지적 요소로서 도덕 추론 발달의 지연과 자기중심적 성향을 반영하는 반사회적 행동을 교정하는 도덕 추론 훈련이다.

2) 공격성 대체 훈련의 적용 절차

공격성 대체 훈련은 집중적인 집단 프로그램으로서 매주 3회기씩 10주간 총 30회기로 이루어진다. 일반적으로 1회기는 45~50분 동안 실시되지만, 도덕 추론 훈련 회기는 더 오래 진행될 수 있다. 프로그램 매뉴얼(Goldstein et al., 1998)에서 제시한 공격성 대체 훈련 프로그램의 대표적인 예는 〈표 5-1〉과 같다. 이 표에 포함된 Jim, Mark 등의 이름은 특정한 10가지 상황에서 문제를 보이는 청소년을 묘사한다.

표 5-1 공격성 대체 훈련 프로그램의 예

주	스킬스트리밍	도덕 추론 훈련	분노 조절 훈련
1	불만 말하기 1. 불만 사항이 무엇인지 결정하기 2. 누구에게 불평할 것인지 결정하기 3. 그 사람에게 불만 말하기 4. 그 사람에게 자신이 그 문제에 대해 무엇을 하고 싶은지 말하기 5. 자신이 말한 것에 대해 상대가 어떻게 느끼는지 물어보기	Jim의 문제 상황	안내 1. 분노 조절 훈련의 목표를 설명하고 안내하기 2. 참가 규정과 교육 절차 설명하기 3. 공격적인 행동의 A-B-C에 대한 초기 평가 제공하기(A=원인은 무엇인가?, B=무엇을 했는가?, C=결과는 무엇인가?) 4. 목표, 절차, A-B-C 검토하기
2	타인의 감정 알기 1. 다른 사람 관찰하기 2. 다른 사람의 말에 귀 기울이기 3. 그 사람이 느끼는 감정 파악하기 4. 상대의 감정을 이해한다는 것을 보여줄 방법에 대해 생각하기 5. 최선의 방법을 결정하고 실행하기	Jerry의 문제 상황	트리거(계기) 1. 첫 번째 회기 돌아보기 2. 분노 일지 소개하기 3. 무엇이 자신을 화나게 하는지 토론하기 4. 트리거 역할극 5. 분노 일지와 트리거 검토하기
3	어려운 대화 준비하기 1. 대화하는 동안 자신이 어떻게 느낄지 생각하기 2. 상대가 어떻게 느낄지 생각하기 3. 하고 싶은 말을 할 수 있는 다양한 방법 생각하기 4. 상대가 자신에게 뭐라고 대답할지 생각하기 5. 대화 중에 일어날 수 있는 다른 모든 일에 대해 생각하기 6. 자신이 생각할 수 있는 최선의 방법을 선택하고 시도하기	Mark의 문제 상황	신호와 분노 감소 기법 1, 2, 3 1. 두 번째 회기 돌아보기 2. 화가 났을 때(신호)를 아는 방법에 대해 토론하기 3. 화가 난 것을 알았을 때 해야 할 일에 대해 토론하기 • 분노 감소 기법 1: 깊은 심호흡 • 분노 감소 기법 2: 거꾸로 세기 • 분노 감소 기법 3: 즐거운 이미지 4. 트리거 역할극 + 신호 + 분노 감소 기법 5. 분노 일지, 트리거, 신호, 분노 감소 기법 1, 2, 3 검토하기
4	타인의 화에 대처하기 1. 화를 내는 사람의 말 들어보기 2. 화난 사람의 말과 감정을 이해하려고 노력하기 3. 상황에 대처하기 위해 자신이 말이나 행동을 할 수 있는지 결정하기 4. 가능하다면, 상대의 화를 다루기	George의 문제 상황	알림 1. 세 번째 회기 돌아보기 2. '알림' 소개하기 3. 미리 알림을 사용하여 모델링하기 4. 트리거 역할극+신호+분노 감소 기법+알림 5. 미리 알림 검토하기

5	싸우지 않기 1. 멈추고, 왜 싸우려고 하는지 생각하기 2. 장기적으로 어떤 일이 일어나기를 원하는지 생각하기 3. 싸우는 것 외에 상황을 다룰 다른 방법 생각해 보기 4. 상황을 다루는 가장 좋은 방법을 결정하고 실행하기	Leon의 문제 상황	자기평가 1. 네 번째 회기 돌아보기 2. '자기평가' 소개하기 • 자기강화 • 자기코칭 3. 트리거 역할극+신호+분노 감소 기법+알림+자기평가 4. 자기평가 검토하기
6	타인 도와주기 1. 다른 사람이 자신의 도움을 필요로 하고 원하는지 결정하기 2. 자신이 도움이 될 수 있는 방법 생각하기 3. 상대가 자신의 도움을 필요로 하고 원하는지 물어보기 4. 다른 사람 돕기	Sam의 문제 상황	미리 생각하기(분노 감소 기법 4) 1. 다섯 번째 회기 돌아보기 2. '미리 생각하기' 소개하기 • 단기 및 장기적 결과 • 내부 및 외부 결과 3. "만약에" 미리 생각하기 역할극 4. 트리거 역할극+신호+분노 감소 기법+알림+자기평가 5. 미리 생각하기 검토하기
7	비난에 대처하기 1. 다른 사람이 자신을 비난한 것에 대해 생각해 보기 2. 그 사람이 자신을 비난한 이유 생각해 보기 3. 그 사람의 비난에 답할 방법 생각해 보기 4. 최선의 방법을 선택하고 실행하기	Reggie의 문제 상황	분노 행동 주기 1. 여섯 번째 회기 돌아보기 2. '분노 행동 주기' 소개하기 • 자신의 분노를 유발하는 행동 식별하기 • 자신의 분노를 유발하는 행동 바꾸기 3. 트리거 역할극+신호+분노 감소 기법+알림+자기평가 4. 분노 행동 주기 검토하기
8	집단 압력에 대처하기 1. 집단이 자신에게 무엇을, 왜 하기를 원하는지 생각해 보기 2. 무엇을 하고 싶은지 결정하기 3. 무엇을 하고 싶은지를 집단에게 어떻게 말할지 결정하기 4. 결정한 것을 집단에게 말하기	Alonzo의 문제 상황	전체 상황 시연하기 1. 일곱 번째 회기 돌아보기 2. 공격을 대체하는 스킬스트리밍 기술 사용 소개하기 3. 트리거 역할극+신호+분노 감소 기법+알림+스킬스트리밍 기술+자기평가

9	애정 표현하기 1. 상대에 대해 좋은 감정을 갖고 있는지 판단하기 2. 상대가 자신의 감정을 알고 싶어 하는지 결정하기 3. 감정을 표현하는 가장 좋은 방법 선택하기 4. 감정을 표현하기에 가장 좋은 시간과 장소 선택하기 5. 자신의 감정을 친근하게 표현하기	Juan의 문제 상황	전체 상황 시연하기 1. 분노 일지 검토하기 2. 트리거 역할극+신호+분노 감소 기법+알림+스킬스트리밍 기술+자기 평가
10	실패에 반응하기 1. 무엇에 실패했는지 결정하기 2. 왜 실패했는지 생각해 보기 3. 다음에 실패하지 않기 위해 무엇을 할 수 있을지 생각해 보기 4. 다시 시도할지 결정하기 5. 새로운 아이디어를 사용하여 다시 시도하기	Antonio의 문제 상황	전체 돌아보기 1. 분노 일지 검토하기 2. 분노 조절 기술 요약하기 3. 트리거 역할극+신호+분노 감소 기법+알림+스킬스트리밍 기술+자기 평가 4. 참여를 강화하고 참가자가 계속하도록 격려하기

출처: Goldstein et al. (1998), pp. 38-41.

(1) 스킬스트리밍 방법

공격성 대체 훈련의 첫 번째 요소인 스킬스트리밍의 주요 목적은 대인관계 상황에서 유능한 행동을 증가시키는 것으로, 모델링, 역할극, 피드백, 전이 등의 행동주의적 기법을 사용하여 상호작용 기술을 교육하고 기술의 유지와 일반화를 촉진하는 데 활용된다(Curulla, 1991). 전체 과정은 초급 사회성 기술, 고급 사회성 기술, 감정 다루기, 공격에 대처하기, 스트레스 다루기, 계획하기의 6개 영역으로 범주화되는 50개 기술 훈련으로 구성되어 있으며(Curulla, 1991; Goldstein & Glick, 1994), 이 프로그램에서 활용하는 청소년을 위한 스킬스트리밍 목록은 〈표 5-2〉와 같다. 스킬스트리밍에 대한 자세한 설명은 제2장에 제시되어 있다.

골드스타인과 그의 동료들(Goldstein et al., 1998)은 50가지 기술 중에서도 타인의 감정 알기, 타인의 화에 대처하기, 애정 표현하기, 타인 도와주기, 싸우지 않기, 불만 말하기, 실패에 반응하기, 비난에 대처하기, 어려운 대화 준비하기, 집단 압력에 대처하기의 기술이 공격적 행동을 보이는 청소년에게 특히 취약함을 강조하면서, 이 10가지 기술(〈표 5-2〉에서 진하게 표시된 기술)을 프로그램의 각 회기에 중점적으로 반영하였다.

표 5-2 청소년을 위한 스킬스트리밍 목록

영역	사회성 기술
영역 1: 초급 사회성 기술	경청하기, 대화 시작하기, 대화하기, 질문하기, 고맙다고 말하기, 자기소개하기, 타인 소개하기, 칭찬하기
영역 2: 고급 사회성 기술	도움 요청하기, 함께 참여하기, 지시하기, 지시 따르기, 사과하기, 타인 설득하기
영역 3: 감정 다루기	나의 감정 알기, 나의 감정 표현하기, **타인의 감정 알기**, **타인의 화에 대처하기**, **애정 표현하기**, 두려움에 대처하기, 자기보상하기
영역 4: 공격에 대처하기	허락 구하기, 공유하기, **타인 도와주기**, 협상하기, 자기통제하기, 나의 권리 옹호하기, 괴롭힘에 대처하기, 타인과의 문제 상황 피하기, **싸우지 않기**
영역 5: 스트레스 다루기	**불만 말하기**, 불만에 답하기, 깨끗이 수용하기, 난처함에 대처하기, 따돌림에 대처하기, 친구를 위해 옹호하기, 설득에 반응하기, **실패에 반응하기**, 상반되는 메시지에 대처하기, **비난에 대처하기**, **어려운 대화 준비하기**, **집단 압력에 대처하기**
영역 6: 계획하기	할 일 결정하기, 문제의 원인 알기, 목표 설정하기, 자신의 능력 알기, 정보 수집하기, 중요도에 따라 문제 해결하기, 의사 결정하기, 과제에 집중하기

출처: Goldstein et al. (1998), p. 51.
주: 진한 글씨로 표시된 10가지 기술은 특히 강조되는 기술로, 〈표 5-1〉의 각 회기에 반영됨.

스킬스트리밍의 핵심 교육 절차를 수행하기 위해 중재자는 다음의 9단계 과정으로 집단을 지도한다: 1단계 기술 정의, 2단계 기술 모델링, 3단계 기술의 필요성 확인, 4단계 역할극 연기자 선정, 5단계 역할극 준비, 6단계 역할극 실행, 7단계 피드백 제공, 8단계 기술 과제 배정, 9단계 다음 역할 수행자 선택. 공격성 대체 훈련 저자들은 성공적으로 역할극을 수행한 후 각 회기에서 연습한 사회성 기술을 실제 환경에서 수행하도록 [그림 5-1]과 같이 점검지를 제시하였다(빈 서식은 〈부록 1〉 참조).

이름: 김○○ 날짜: 2022. ○. ○.

※ 과제 수행 전에 작성할 것

1. 어떤 기술을 사용할 것인가요? (비난에 대처하기)
2. 기술의 단계는 무엇인가요? (그 사람이 자신을 비난한 이유 생각해 보기)
3. 어디에서 기술을 시도할 것인가요? (교실에서)
4. 누구와 함께 기술을 시도할 것인가요? (친한 친구와 함께)
5. 기술을 언제 시도할 것인가요? (놀이 시간 또는 수업 시간에)
6. 매우 잘 수행했다면 자신에게 어떤 보상을 할 것인가요? (게임 3시간 하기)
7. 잘 수행했다면 자신에게 어떤 보상을 할 것인가요? (게임 1시간 하기)
8. 적당히 수행했다면 자신에게 어떤 보상을 할 것인가요? (동영상 30분 보기)

※ 과제 수행 후에 작성할 것

1. 과제 수행 후에 무슨 일이 일어났나요? (비난한 친구에게 화를 냈고, 친구도 화가 나서 싸움이 일어남)
2. 실제로 어떤 기술 단계를 따랐나요? (다른 사람이 자신을 비난한 것에 대해 생각해 보기)
3. 기술을 얼마나 잘 사용했나요?(하나에 동그라미 표시) 매우 잘함 잘함 보통 (부족함)
4. 다음 과제는 무엇이어야 한다고 생각하나요? (그 사람이 자신을 비난한 이유 생각해 보기)

※ 과제 수행 전 질문 중 6, 7, 8번은 학생이 아직 기술을 완전히 습득하기 전일 때에만 작성한다.

그림 5-1 스킬스트리밍 기술 수행 점검지 예시

출처: Goldstein et al. (1998), p. 68.

(2) 분노 조절 훈련 방법

분노 조절 훈련은 청소년이 훈련 과정에 참여함으로써 다른 대안들을 충분히 고려할 수 있게 되고, 자기도 모르게 나타나는 자신의 공격적 반응을 보다 잘 조절할 수 있게 될 것이라는 가정에 바탕을 둔다(Goldstein et al., 1998). 분노 조절 훈련 또한 모델링, 역할극, 피드백, 전이 등의 행동주의적 기법을 적용하고, 자신의 분노와 공격성에 대한 이해를 증진시키기 위해 'ABC 분노 주기'를 활용한다. 이는 선행 사건(antecedents), 행동(behavior), 결과(consequences)로 연결되는 분노 주기에 근거하여 분노를 일으키는 상황을 이해하고, 이완 대처 훈련과 같은 분노 감소 기법을 사용하며, 자기지시, 자기평가, 자기강화 등을 수행하면서 결과를 예측하는 연습을 한다(Curulla, 1991). 이 훈련에서는 자신에게 나타나는 정서적 반응인 분노의 단서를 민감하게 알아차리고 분노 감소 기법을 적용하는 것이 가장 중요한데, 주로 사용되는 감소 기법으로는 심호흡, 거꾸로 세기, 즐거운 이미지, 알림 목록, 예측되는 결과 미리 생각하기 등이 있다(Goldstein et al., 1998).

분노 조절 훈련은 〈표 5-1〉에서 제시한 10주 프로그램을 따르지만, 모든 교육 계획은 학생의 요구와 환경적 제약을 고려하여 개발되어야 한다. 분노 조절 훈련은 학생에게 하지 말아야 할 것(공격적 행동)과 그것을 하지 않을 수 있는 방법(분노 조절 기술)을 지도한다. 또한 학생이 도발적인 상황에서 공격성에 의존하지 않고 적절한 사회적 기술을 사용하는 방법을 알아야 하므로 마지막 세 회기에서 사회성 기술을 연습할 수 있

이름: 이○○ 날짜: 2022. ○. ○.

☐ 오전 ☑ 오후 ☐ 밤

● 당신이 있던 장소는 어디였나요?

☐ 교실 ☐ 화장실 ☐ 학교 바깥 ☐ 기숙사 ☐ 팀 사무실 ☐ 홀
☑ 체육관 ☐ 식당 ☐ 과제 중 ☐ 레크리에이션실 ☐ 운동장 ☐ 기타

● 무슨 일이 일어났나요?

☑ 누군가가 나를 놀렸다 ☐ 누군가가 내 것을 가져갔다 ☐ 누군가가 내가 좋아하지 않는 일을 하였다 ☐ 내가 뭔가 잘못했다 ☐ 내가 누군가와 싸우기 시작했다 ☐ 기타

● 다른 사람은 누구였나요?

☑ 다른 청소년 ☐ 보조 인력 ☐ 교사 ☐ 상담원 ☐ 기타

● 당신은 무엇을 했나요?

☐ 반격했다 ☐ 친구나 어른에게 말했다 ☐ 도망쳤다 ☐ 무시했다 ☐ 소리 질렀다
☑ 분노 조절 기술을 사용했다(깊은 심호흡) ☐ 울었다 ☐ 침착하게 물러났다
☐ 무엇인가를 부숴 버렸다 ☐ 말을 했다 ☐ 자제했다
☐ 스킬스트리밍 기술을 사용했다( ) ☐ 보조 인력이나 상담원에게 말했다

● 얼마나 화를 냈나요?

☐ 심각하게 ☐ 매우 ☐ 보통 ☑ 약간 ☐ 전혀

● 자신을 잘 다스렸나요?

1 매우 부족함 2 부족함 3 보통 4 잘함 5 (매우 잘함)

그림 5-2 분노 일지 예시

출처: Goldstein et al. (1998), p. 78.

는 기회(스킬스트리밍 기술)를 추가하였다. 중재자는 프로그램의 핵심인 분노 조절 기술의 적절한 사용을 모델링하고, 역할극과 같은 분노 조절 단계의 연습을 이끌며, 연습의 결과에 대한 피드백을 제공하고 외부에서 이루어지는 학생의 연습을 감독한다. 이 프로그램은 회기 중과 후, 회기 사이에 배부된 과제에 학생의 적극적인 참여가 요구된다. 이 프로그램에서는 일반적으로 [그림 5-2]와 같은 '분노 일지'를 사용하며, 학생이 소속된 특정 학교, 기관 또는 기타 시설의 상황에 맞게 수정할 수 있다(〈부록 2〉 참조).

(3) 도덕 추론 훈련 방법

도덕 추론 훈련은 콜버그(Kohlberg, L.)가 제시한 '인지적 갈등을 경험함으로써 도덕적 인지 추론 능력이 보다 높은 단계로 발달한다'는 가설을 근거로 한다. 콜버그의 도덕성 발달 단계는 한 개인의 삶 전반에서 나타나며, 각 단계가 질적으로 다른 사고 및 추론 방법을 사용한다. 또한 이전 단계의 도덕성 구조가 다음 단계의 도덕성 구조 발달에 바탕이 되며, 단계 사이의 이동이 고정적이고 위계적인 순서로 나타난다고 본다. 도덕성 발달의 1단계와 2단계에서는 미성숙하거나 피상적인 도덕적 판단이 나타나고 3단계와 4단계에서는 성숙하거나 심오한 도덕적 추론이 나타나게 되는데, 청소년기에 2단계 이후의 도덕적 추론을 보이지 않는 경우 도덕성 발달 지연으로 간주된다. 이는 가정이나 학교, 지역사회에서 이들이 어떤 역할을 맡거나 다른 사람의 관점을 고려할 충분한 기회가 없었기 때문일 수 있다. 따라서 도덕 추론 훈련에서는 다양한 도덕적 딜레마 상황에 대해 토론함으로써 인지 재구성을 유도하며, 이는 리더와 구성원이 적극적으로 참여하는 집단 맥락에서 이루어질 때 효과적이다(Goldstein & Glick, 1994; Goldstein et al., 1998). 골드스타인과 그릭(Goldstein & Glick, 1987)은 행동적 요소인 스킬스트리밍과 정서적 요소인 분노 조절 훈련에 더하여 인지적 요소로 도덕 추론 훈련을 포함시켰고, 이처럼 도덕성 훈련을 보완함으로써 공격성이 좀 더 효과적으로 감소될 수 있다고 주장하였다(Curulla, 1991).

도덕 추론 훈련은 문제 상황을 활용한 사회적 의사 결정 회의를 통해 사회도덕적 추론 능력의 발달을 촉진한다. 여기에서 사용되는 10가지 문제 상황은 깁스와 그의 동료들(Gibbs et al., 2007)의 저서 『The EQUIP Program』에 제시된 것으로, 학생이 다른 사람의 관점을 경험할 수 있는 기회를 제공하기 위해 고안되었다. 각 상황은 가정, 학교, 교정 시설 또는 직장에 이르기까지 다양하고, 문제가 있는 청소년과 그들의 문제 상황이 묘사된다. [그림 5-3]은 10가지 문제 상황(〈표 5-1〉 참조) 중 하나(2주차 도덕 추론 훈

<문제 상황>

제리(Jerry)는 새로운 학교로 전학을 왔다. 외로운 시간을 보내던 제리에게 밥(Bob)이 다가와서 먼저 말을 걸었다. "안녕? 나는 밥이야. 얼마 전에 전학 왔지? 오늘 학교 끝나고 별 일 없으면 농구하러 올래?" 얼마 지나지 않아 둘은 좋은 친구가 되었다.

어느 날, 제리가 혼자 농구를 하고 있을 때, 농구 코치가 제리를 보고 농구부에 들어오라고 권유했다. 제리는 농구부에 들어가게 되었고, 매일 방과 후에 농구부원들과 함께 연습을 했다. 연습이 끝나면 제리와 농구부원들은 항상 함께 나가서 먹을 것을 사고 둘러앉아 이야기를 나누곤 했다. 주말에는 가끔 함께 여행을 가기도 했다.

제리가 농구부원들과 더 많은 시간을 보내면서 친구인 밥과 보내는 시간이 줄어들었다. 어느 날, 제리는 밥의 전화를 받았다. "목요일에 내 생일파티를 할 건데, 안 바쁘면 그날 밤 저녁 먹으러 올래?" 제리는 밥의 생일파티에 가겠다고 말했다. 하지만 목요일에 농구 연습을 하던 중 농구부원들은 제리에게 연습을 마치고 함께 멋진 곳으로 놀러 가자고 하였다.

제리는 어떻게 말하거나 행동해야 할까?(한 가지에 동그라미 표시)

1. 제리는 농구부원들과 함께 가야 할까?
   농구부원들과 함께 간다 / 밥의 파티에 간다 / 결정할 수 없다
2. 제리가 학교에서 밥에게 전화하여 미안하지만 일이 생겨 갈 수 없다고 말하고 나면, 제리는 농구부원들과 함께 가도 괜찮을까?
   농구부원들과 함께 간다 / 밥의 파티에 간다 / 결정할 수 없다
3. 농구부원들과 함께 가지 않으면 농구부원들이 화를 내거나 제리를 나쁘게 볼 것 같다면, 제리는 어떻게 해야 할까?
   농구부원들과 함께 간다 / 밥의 파티에 간다 / 결정할 수 없다
4. 외로울 때 도와준 건 밥이었다는 생각이 든다면, 제리는 어떻게 해야 할까?
   농구부원들과 함께 간다 / 밥의 파티에 간다 / 결정할 수 없다
5. 만약에 밥이 제리를 파티에 초대하기 전에 농구부원들이 제리에게 목요일에 함께 갈 수 있는지 물어보았고, 제리가 농구부원들과 먼저 약속을 했다면, 제리는 어떻게 해야 할까?
   농구부원들과 함께 간다 / 밥의 파티에 간다 / 결정할 수 없다
6. 매우 친한 친구 한 명과 일반적인 친구 여러 명 중 어느 쪽이 더 중요한가?
   친한 친구 한 명 / 일반적인 친구 여러 명 / 결정할 수 없다
7. 만약에 제리와 밥이 친한 사이가 아니라 단순히 아는 사이라면, 제리는 농구부원들과 함께 가야 할까?
   농구부원들과 함께 간다 / 밥의 파티에 간다 / 결정할 수 없다

그림 5-3 제리의 문제 상황

출처: Goldstein et al. (1998), pp. 108-109에서 발췌 및 재구성.

련의 문제 상황)를 다룬 것으로, [그림 5-4]는 [그림 5-3]의 문제 상황에 대한 집단의 대표적인 결정 형태를 보여 준다. 이는 문제 상황에 대한 다양한 의견을 나타내며, 활발한 토론을 촉진하고 발달이 지연된 집단 구성원에게 발달적으로 자극이 되는 불균형을 제공하게 된다. 즉, 긍정적인 결정을 보여 주는 집단 구성원은 다른 구성원이 성숙한 도덕성을 배양하는 데 결정적인 역할을 하게 된다. 리더는 가장 많은 수의 집단 구성원이 선호하는 결정을 가장 아래에 적고, 이것은 집단의 공식적인 결정이 된다. 토론의 리더는 다음의 4단계로 집단 구성원의 사회도덕적 발전을 촉진한다: 1단계 문제 상황 소개, 2단계 성숙한 도덕성 함양, 3단계 도덕성 발달 지연 교정, 4단계 성숙한 도덕성 강화.

집단 구성원	문제에 대한 대답						
	1	2	3	4	5	6	7
A	파티	농구부	파티	파티	농구부	친한 친구	농구부
B	농구부	농구부	농구부	파티	농구부	친한 친구	농구부
C	결정 못함	파티	농구부	파티	농구부	친한 친구	결정 못함
D	파티	파티	파티	파티	결정 못함	친한 친구	농구부
E	농구부	파티	농구부	농구부	농구부	결정 못함	농구부
F	파티	농구부	파티	파티	농구부	친한 친구	농구부
G	파티	파티	파티	파티	파티	친한 친구	파티
H	파티	파티	파티	파티	파티	친한 친구	농구부
I	파티	파티	파티	파티	파티	친한 친구	파티
집단 결정	밥의 파티?	밥의 파티?	밥의 파티?	밥의 파티?	농구부원들과 함께 간다?	친한 친구?	농구부원들과 함께 간다?
가능한 집단 결정 결과							
집단 결정	밥의 파티	밥의 파티	밥의 파티	밥의 파티	농구부원들과 함께 간다	친한 친구	농구부원들과 함께 간다

※ 문제 상황에 대한 다양한 의견을 내도록 하고, 다수의 구성원이 선호하는 결정을 집단의 공식적인 결정으로 한다.
※ G와 I는 긍정적인 결정을 보여 줌으로써 다른 구성원들이 성숙한 도덕성을 배양할 수 있도록 결정적인 역할을 한다.
※ 가능한 집단 결정 결과에서 음영으로 표시된 부분은 문제 상황에 대한 모범적인 대답에 해당한다.

그림 5-4 제리의 문제 상황에 대한 집단 내 반응 기록

출처: Goldstein et al. (1998), p. 110에서 발췌 및 재구성.

3) 공격성 대체 훈련 적용 시 유의 사항

(1) 학생 구성 및 유의 사항

학생이 매우 공격적이고 통제할 수 없는 경우에는 더 적은 수의 학생으로 집단을 구성하는 것이 바람직하며, 집단별로 6~8명 이상은 권장하지 않는다. 집단이 구성되면 학생이 적극적으로 참여하도록 준비시키고 동기를 부여해야 한다. 프로그램의 목적을 집단 구성원의 특성에 따라 설정하고, 프로그램의 절차와 내용을 학생들에게 설명해야 한다. 학생과의 개별 만남에서 보상에 대한 설명과 보상을 얻거나 잃게 되는 규칙을 안내하고, 첫 번째 집단 모임에서 이를 더 자세히 설명한다. 각 집단의 규칙은 구성원이 직접 결정하는 것이 효과적이고, 주인의식을 갖게 됨에 따라 규칙 준수 정도가 향상된다(Goldstein et al., 1998).

(2) 중재자의 자질

효과적인 중재자의 특징은 개별적으로든 집단으로든 학생을 편안하게 만들어 준다는 것이다. 중재자가 학생이 공유하는 관심사와 생각까지 진지하게 받아들이면 학생은 존경심을 가지고 경청하며 그들을 무시하지 않게 된다. 집단에서 공격적이거나 저항적인 행동들이 다양하게 나타날 수 있으나, 숙련된 중재자는 효과적으로 대응할 수 있다. 또한 유능한 중재자의 자질은 훈련 과제를 잘 전달하는 것이다. 다양한 학생의 능력과 스타일에 민감하며, 집단 회기 중 집단에 초점을 잃지 않는 동시에 개별 학생을 지도할 수 있다. 낭비되는 시간이 거의 없고, 한 활동에서 다른 활동으로 원활하게 전환되며, 다양한 방법으로 의사소통이 이루어진다. 중재자는 프로그램의 절차와 내용을 숙지하여 능숙하게 진행할 수 있어야 한다. 도제 방식에 따라 초보 중재자는 경험이 풍부한 마스터 중재자가 이끄는 모의 스킬스트리밍, 분노 조절 훈련, 도덕 추론 훈련 집단에 참여하여 마스터 중재자를 관찰하고 함께 집단을 공동으로 이끌게 된다. 마스터 중재자는 초보 중재자의 교육 및 감독, 회기 관찰, 진행 상황 모니터링 및 동기 유지와 같은 책임을 수행하기 위해 프로그램의 절차 및 관리에 대한 지식을 가지고 있어야 한다(Goldstein et al., 1998).

(3) 문화적 적합성

중재자와 학생이 서로 다른 문화 집단에 속한 경우, 문제 상황을 정의하고 해결하는 방법이 서로 맞지 않을 수 있으며, 교육 목표도 달성되지 않을 수 있다. 따라서 중재자는 자신과 다른 문화에 속한 학생의 행동을 정확하게 해석하고, 사회성 기술의 차이와 부족을 구별하며, 이러한 학생의 교육 경험을 최대화하도록 돕는 효과적인 교육 전략을 선택해야 한다. 이와 같이 공격성 대체 훈련은 문화적으로 반응적인 태도를 갖고 전달될 때 가장 효과적이다(Goldstein et al., 1998).

3. 국내외 적용 예시

1) Annsvill 청소년 센터에서 실시된 초기 연구(Goldstein & Glick, 1987, Goldstein et al., 1998에서 재인용)

이 연구에서는 폭력 및 약물 관련 문제로 Annsvill 청소년 센터에 입소한 청소년 60명을 대상으로 공격성 대체 훈련을 실시하여 새로운 기술 습득 및 공격적 행동화 양상의 빈도를 확인하였다. 60명 중 실험집단 24명은 매주 3회기씩 이루어지는 10주간의 공격성 대체 훈련 프로그램에 참여하였고, 통제집단 24명에게는 공격성 대체 훈련 없이 간단한 지도와 지침으로 이루어진 프로그램만 제공되었다. 나머지 한 집단은 그 어떤 개입이나 지도도 받지 않는 청소년 12명으로 이루어진 순수한 통제집단이었다.

연구 결과, 실험집단 청소년은 두 유형의 통제집단에 비해 10개의 사회성 기술 중 4개의 기술(불만 말하기, 어려운 대화 준비하기, 타인의 화에 대처하기, 집단 압력에 대처하기)에서 유의미한 변화가 나타났다. 이러한 유의미한 변화는 기관 내에서의 행동 문제 발생 빈도 및 심각성, 기관 직원이 평가하는 충동성 점수에서도 유사하게 나타났다. 사후 검사 이후에 통제집단이었던 36명을 대상으로 동일한 방식의 공격성 대체 훈련을 실시하였고, 훈련을 받지 않았던 1~10주까지의 결과와 비교하였을 때, 행동 문제 발생 빈도 및 심각성 모두 긍정적인 결과를 나타냈다. 또한 지역사회로의 전이를 평가하기 위해 전반적인 지역사회 기능 수행을 측정한 결과, 기관을 나온 54명의 청소년 중 공격성 대체 훈련을 받은 청소년이 그렇지 않은 청소년에 비해 6가지 영역 중 4가지 영역(가정 및 가족, 또래, 법적, 전반적 기능)에서 지역사회 적응 정도가 통계적으로 유의미하게 높게 나타났다.

2) 행동장애 청소년 대상의 연구(Coleman et al., 1992)

이 연구는 행동장애를 가진 39명의 청소년 집단을 대상으로 한 10주간의 공격성 대체 훈련 프로그램의 효과를 평가하였다. 연구 참여자 중 25명(64%)은 품행장애 진단을 받았고, 6명(16%)은 주요우울장애 또는 우울장애였으며, 총 39명 중 실험집단에 24명, 통제집단에 15명을 배치하였다.

실험집단을 대상으로 공격성 대체 훈련 프로그램을 10주 동안 실시했으며, 각 회기는 학교 시간표의 7교시에 매일 실시하여 총 50시간 동안 진행되었다. 월요일은 구조화된 스킬스트리밍, 수요일은 분노 조절 훈련, 금요일은 도덕 추론 훈련, 화요일과 목요일은 과제에 대한 토론과 기술을 연습하는 시간으로 배정되었다. 실험집단은 6명씩 4개의 집단으로 구성되어 집단별로 2명의 리더에게 훈련받았고, 통제집단은 소규모 집단 환경에서 7교시 정규 수업에 참여하였다.

연구 결과, 실험집단 청소년은 사회성 기술에 대한 지식(불만 말하기, 싸우지 않기, 집단 압력에 대처하기) 척도에서 통제집단보다 유의하게 큰 폭의 향상을 보였다.

3) 러시아에서 실시된 아동 대상의 대규모 연구(Koposov et al., 2014)

이 연구는 러시아 북서부 4개 지역의 6개 학교와 4개 사회기관에서 모집된 평균 연령 10.9세의 아동 232명을 대상으로 공격성 대체 훈련을 적용하여 아동의 사회성 기술 향상과 문제 행동 감소에 효과적인지를 평가하였다. 아동 232명 중에 145명이 중재집단에, 90명이 통제집단에 배치되었고, 교사와 학부모도 참여하였다.

관련 기관 및 학교의 교사가 공격성 대체 훈련 프로그램을 제공하였으며, 중재 전에 교사는 자격이 있는 프로그램 훈련자로부터 72시간의 연수를 받았다. 중재집단의 아동은 4~6명의 집단으로 배치되어 10주에 걸쳐 세 가지 구성 요소를 포함한 30회기의 프로그램에 참여하였고, 각 회기는 45분에서 90분 동안 자격을 갖춘 2명의 중재자와 교사가 진행하였다. 중재집단이 프로그램을 진행하는 동안 통제집단의 아동은 학교 또는 기관의 정규 교육과정 이외의 다른 중재는 받지 않았다.

연구 결과, 중재집단의 아동은 자기보고형 사회성 기술 평정 척도(Social Skill Rating System: SSRS)의 전반적인 점수와 4가지 하위 척도(협력, 주장, 공감, 자기통제) 모두에서 수준이 증가한 것으로 나타났고, 통제집단은 전반적인 점수와 하위 척도 모두에서 변화가 없었다. 반면에 부모와 교사 보고에 따른 사전 및 사후 점수를 분석한 결과, 두 집단 모두 아동의 사회성 기술이 긍정적 변화를 보였고 외현화 문제가 덜 나타났다. 이러한 결과는 중재집단의 긍정적인 행동 변화가 통제집단의 아동에게 전이되어 일종의 간접적 치료 확산이 나타난 것으로 추측되었다.

4) 터키에서 실시된 범죄 시도 청소년 대상의 연구(Kaya & Buzlu, 2016)

이 연구는 터키에서 범죄를 시도했던 청소년의 문제 해결, 분노 및 공격적 행동에 대한 공격성 대체 훈련의 효과를 확인하기 위하여 범죄를 시도한 경험이 있는 14~17세 청소년 65명을 대상으로 실시되었다. 연구 참여자 중 실험집단에 32명, 통제집단에 33명이 배치되었으며, 평균 연령에서 집단 간 차이가 없었다.

이 연구에서는 공격성 대체 훈련 프로그램을 터키어 및 현지 환경에 맞게 조정하여 실시하였다. 중재는 기존의 공격성 대체 훈련과 같이 스킬스트리밍, 분노 조절 훈련, 도덕 추론 훈련의 30회기로 총 10주 동안 진행되었고, 중재 전과 후에 검사를 실시하여 t검정으로 결과를 분석하였다. 연구 결과, 중재 프로그램이 분노 수준, 신체적 공격성 및 적개심을 감소시키는 동시에 분노 조절 및 사회적 문제 해결 수준을 증가시켜 청소년의 행동을 개선하는 것으로 나타났다.

5) 비행청소년을 대상으로 한 국내 연구(박현선, 2001)

이 연구에서는 공격성 대체 훈련 프로그램을 국내 상황에 맞게 개발하고 시범 운영을 거쳐 수정 보완한 후 상해 폭행과 특수절도 비행력을 가진 만 16세부터 19세까지의 학생을 대상으로 적용하여 그 효과를 확인하였다. 집단의 동질성을 확보하기 위해 유사한 배합으로 실험집단과 통제집단에 각 13명씩 배치하였고, 실험 후 두 집단 간의 비교분석을 통해 개입의 효과를 확인하였다. 실험집단을 대상으로 연구자가 주 1회씩 10주간 공격성 대체 훈련 프로그램을 운영하였고, 종속 변인으로 공격성 감소 여부를 일차적으로 분석하였으며, 공격성을 대신하여 친사회적 대인관계 기술, 문제 해결 기술, 도덕성 발달에서 유의미한 향상을 보였는지 확인하였다.

공격성 대체 훈련은 기본적으로 주 3회기씩 10주로 이루어지는 집중적인 프로그램이지만, 이 연구의 참여자는 보호관찰 청소년으로 집중적인 회기 편성이 불가능하였기에 프로그램을 변형하여 10주간 주 1회기씩 실시하였다. 이때, 세 가지 구성 요소를 골고루 포함하기 위하여 1~3회기는 분노 조절과 관련된 정서적 요소를, 4~6회기는 바람직한 사회 기술과 대인관계에서의 합리적인 문제 해결 기술을 습득하고, 7~9회기는 도덕적 상황을 대인관계 상황인 용서 관계를 통해 이해시키고 도덕적 딜레마 토론을 경험하게 구성하였으며, 마지막 10회기는 미래에 대한 조망 기회를 갖고 프로그램 전체를 평가하는 종결 회기로 진행하였다. 이 연구에서 개발하고 적용한 공격성 대체 훈련 프로그램은 〈표 5-3〉과 같다. 연구 결과, 공격성 대체 훈련이 보호관찰 청소년의 공격성 감소에 유의미한 효과를 보였으며, 도덕성 평가에서도 프로그램에 참여한 청소년이 통제집단에 비해 높은 수준의 도덕성을 보였다. 반면에 문제 해결 기술이나 대인관계 기술 영역에서는 유의미한 차이가 나타나지 않았다.

표 5-3 박현선(2001)의 연구에서 사용한 공격성 대체 훈련 프로그램

주제	회기	목표	활동 내용	매체
공감 훈련 및 긍정적 감정 표현하기	1회기 90분	1. 구성원 간의 긴장감을 해소하고 자기개방과 신뢰감을 형성한다. 2. 프로그램의 목적과 내용을 이해한다. 3. 자신의 기분이나 느낌을 인식하고 표현하는 방법을 습득한다.	1. 프로그램의 목적 및 내용 설명 2. 자기소개하기 3. 프로그램 참가 서약서 작성 및 집단의 규칙 정하기 4. 비디오 시청 5. 지금 내 느낌과 표정까지 표현 6. 자신의 긍정적 감정 전달하기 연습	워크북/ 녹음기/ 비디오 카메라/ 비디오 테이프
자신의 분노 다루기	2회기 90분	1. 분노 상황에 대한 이해를 통해 자신의 분노 표현 방식을 인식한다. 2. 분노 감정을 다루는 구체적인 방법과 기술을 습득한다.	1. 비디오 시청 2. 화가 날 때 어떻게 되는가 3. ABC 단계에 맞게 자신의 경험 이야기하기 4. 분노 감소를 위한 방법 활용	워크북/ 비디오 테이프/ 녹음기/ 필기도구
타인의 분노에 반응하기	3회기 90분	1. 자신이 남을 화나게 하는 상황과 행동에 대해서 이해한다. 2. 타인의 분노에 반응하는 적절한 행동 양식을 습득한다.	1. 비디오 시청(ABC 단계 적용) 2-1. 타인의 분노에 대한 ABC 단계 적용 2-2. 타인 분노 상황에 대한 나의 생각과 감정 표현하기 3. 실제 행동 양식에 대한 연습	워크북/ 비디오 테이프 / 녹음기/ 필기도구

친사회적 문제 해결 과정	4회기 90분	1. 자신의 문제 해결 방식의 장단점을 인식한다. 2. 바람직한 문제 해결 과정을 이해한다.	1. 기존 자신의 문제 해결 방식 탐색하기 2. 문제 해결 3단계 인식하기 1) 문제 파악하기 2) 다양한 해결책 모색 3) 최선의 해결책 선택 3. 문제 해결 3단계 포스터 만들기	칠판/ 워크북/ 녹음기/ 전지/ 물감
갈등 해결	5회기 90분	1. 상호 관계에서 갈등은 피할 수 없는 정상적 부분임을 이해한다. 2. 갈등을 적절하게 다루고 해결하는 방법을 습득한다.	1. 비디오 활용 2. 갈등이 생기는 이유에 대해서 설명 3. 역할극 "친구와의 다툼": 상황을 간단히 제시 4. 싸움 말고 그 상황을 다룰 수 있는 방법 모색하기 5. 문제 해결을 위한 방법: 문제 해결 3단계 적용	문제 해결 차트/ 워크북/ 비디오 테이프/ 녹음기/ 필기도구
집단 압력 다루기	6회기 90분	1. 자신의 주장을 상대방에게 정확하게 전달하는 방법을 안다. 2. 집단의 압력을 거절하는 방법을 알고 대처한다.	1. 비디오 시청 2. 역할극 "우리 본드 할래?" 3. 자기주장적 의사소통 방법 연습 4. 주장적이기 위해 필요한 의사소통 자세	문제 해결 차트/ 워크북/ 비디오 테이프/ 녹음기/ 필기도구
대인 상황에서의 도덕적 판단: 진정한 용서	7회기 90분	1. 도덕성 발달 단계로서 대인 간의 용서 발달 단계를 이해한다.	용서 상황에서의 딜레마 토론 1. 용서해 준 경험 이야기하기 2. 용서를 해 줄 때의 느낌 공유하기 3. 사례를 제시하고 주인공들의 삶 이야기하기, 결말 예상하기 4. 주인공들의 용서에 대해 토론해 보기 5. 상대방을 용서하고 자존감이 생겼을 때 경험 공유	용서 단계 차트/ 비디오 테이프/ 녹음기
도덕적 선택과 도덕적 딜레마	8회기 90분	1. 바람직한 도덕적 판단 능력을 함양한다.	1. 도덕적 딜레마 토론: "중고차" 2. 도덕적 딜레마 토론: 예측의 사다리 타기 3. 도덕적 딜레마 토론: 모의법정 운영 4. 도덕적 선택에 대한 논의	용서 단계 차트/ 비디오 테이프/ 녹음기

딜레마 토론: 행복한 삶	9회기 90분	1. 행복한 삶에 대한 가치관을 정립한다.	1. 딜레마 토론: 행복한 삶과 불행한 삶(비디오 시청을 통한 토론의 실마리 제공) 2. 가치관 비교 3. 딜레마 토론: 어떻게 사는 것이 행복한 삶인가	가치관 목록/ 종이돈/ 워크북/ 녹음기/ 비디오 테이프
환상의 타임머신	10회기 90분	1. 프로그램을 회고하고 평가한다. 2. 자신의 미래에 대한 목표와 계획을 수립한다.	1. 환상의 타임머신 2. 마음의 선물 3. 사후 검사 실시	워크북/ 녹음기

출처: 박현선(2001), pp. 174-175.

4. 요약 및 결론

선행 연구마다 연구 방법과 환경은 다양하였으나, 전반적으로 공격성 대체 훈련이 청소년의 공격적인 행동을 개선하고 사회 기술과 지식의 증가에 긍정적인 영향을 미쳤음을 확인할 수 있었다. 또한 높은 수준의 도덕성과 지역사회 기능 수준을 이끌었고, 분노 조절 및 사회적 문제 해결 수준을 증가시켰으며, 프로그램에 참여하지 않은 대상에게도 효과가 전이되는 것으로 나타났다. 결과적으로, 공격성 대체 훈련은 증거기반의 실제로서 청소년의 공격적이고 폭력적인 행동 문제를 개선시키며 긍정적인 행동 및 친사회 기술을 습득하게 함으로써 사회화 과정, 재활 및 사회 재적응에 효과적이므로, 범죄와 관련된 청소년뿐만 아니라 정서행동 측면에서 문제를 보이는 학생도 이러한 교육에 참여하도록 권장해야 한다.

이와 같은 효과에도 불구하고 국내에서 실시된 공격성 대체 훈련 연구는 매우 부족한 실정이다. 공격성 대체 훈련을 국내에 적용할 때 고려할 점은 다음과 같다. 먼저 프로그램 내용 측면에서 문화적인 차이가 존재할 수 있으므로, 역할극의 주제나 도덕적 딜레마 상황을 우리나라 문화와 상황에 적합한 내용으로 변경하여 활동을 진행할 필요가 있다. 또한 정해진 학교교육과정 내에서 실행하기에는 시간적 제약이 따르므로 관련 교과나 창의적 체험 활동의 시수를 부분적으로 활용하거나 방과 후 프로그램으로 운영할 수 있으며, 선행 연구와 같이 연구 참여자나 상황에 따라 기본적인 프로그램의 흐름은 유지하면서 회기 수를 조절할 수도 있다. 마지막으로, 초기 선행 연구에서도 언급되었듯이 중재 환경 이외의 가정 또는 지역사회 환경 등에서도 긍정적인 변화가 유지 및 일반화되는 것이 중요하므로, 가정 연계를 위한 부모교육이나 학급에서의 지도를 위한 교사 연수를 실시함으로써 긍정적이고 바람직한 행동을 지속적으로 강화하기 위한 체계적인 접근이 필요할 것이다.

제 6 장

용기 있는 마음상자*

* Coping Power Program은 흔히 '대처 능력 프로그램'으로 번역하지만 이 장에서는 '용기 있는 마음상자'로 제시하였다. 이는 라르손과 로크만(Larson & Lochman, 2010/2014, p. 125)이 "대처 능력 프로그램의 목표는 아동이 문제 행동 감소를 위한 인지행동 기술의 도구상자(tool box)를 얻는 것"이라고 한 점에 착안한 것으로, 학생이 이 프로그램을 '자신에게 유용한 도구가 되는 기술들을 배워 필요한 순간마다 꺼내어 쓸 수 있는 마음속 도구상자를 얻는 과정'으로 인식할 수 있도록 하기 위함이다.

1. 소개

용기 있는 마음상자 프로그램(Coping Power Program: CPP)은 로크만(Lochman, J. E.)과 웰스(Wells, K.)가 분노와 공격성을 보이는 아동을 위해 맥락적 사회인지 모형에 기초하여 1990년대에 개발한 프로그램이다. 그 이전에 로크만과 그의 동료들(Lochman et al., 1981)은 분노 대처 프로그램(Anger Coping Program: ACP)을 개발하였으나, 심각한 문제 행동의 경우 중재 효과를 유지하기 위해서는 좀 더 폭넓고 장기적인 중재가 필요하였다(Lochman, 1992). 이에 기존 프로그램에 회기 수를 연장하고 부모집단 요소를 추가한 중재가 바로 용기 있는 마음상자 프로그램이다. 이후 여러 효과 연구와 보급 연구를 통해 효과성이 검증되었으며(Lochman et al., 2009; Van De Wiel et al., 2007), 기존 프로그램의 회기 수(아동 34회기, 부모 16회기)를 각각 24회기, 10회기로 단축한 버전의 효과도 확인되었다(Lochman et al., 2006). 아동집단과 부모집단을 동시에 운영하는 것이 가장 효과적인 중재 방안으로 권장되지만, 상황에 따라 아동 또는 부모집단만 운영할 수도 있다(Lochman & Wells, 2004).

이 프로그램은 대개 중학교 시기부터 심각해지는 경향이 있는 행동 문제를 예방하기 위한 것으로, 사회적·인지적 왜곡이나 결핍으로 인해 학교 내 보편적 예방 프로그램만으로는 분노와 공격성을 감소시키기 어려운 초등학교 고학년 및 중학교 저학년 학생과 그들의 부모를 대상으로 한다. 일반적으로 중학교 전환기 학생(중학교 입학 직전~중 1)을 주요 대상으로 하지만 초등학교 3학년부터 중학교 중반까지의 학생에게도 실시 가능하며, 더 어리거나 나이가 많은 학생을 대상으로 할 때는 약간의 수정이 필요하다(Wells et al., 2008/2019). 아동집단에 대한 중재와 병행되는 부모집단 프로그램은 아동의 문제 행동과 긴밀하게 관련된 부모의 양육에 초점을 두며, 부모집단은 주로 6~8명으로 구성된다.

2. 중재의 내용과 전달 방식

1) 용기 있는 마음상자 프로그램의 기본 원칙

용기 있는 마음상자 프로그램은 맥락적 사회인지 모형에 기초하여 아동 요인과 맥락적 요인을 동시에 고려하면서 반사회적 행동에 접근한다(Wells et al., 2008/2019). 먼저, 공격성을 보이는 아동은 사회적 정보를 처리하거나 해석하는 과정에서 인지 왜곡을 보이고, 문제 해결 과정에서도 인지적 결함을 나타낸다. 따라서 아동집단을 대상으로 한 프로그램은 "아동이 실생활 속에서 문제 행동 감소를 위해 적재적소에 사용할 수 있는 인지행동 기술의 '도구상자(tool box)'를 얻는 것(Larson & Lochman, 2010/2014, p. 125)"을 목적으로 한다. 아동집단 회기는 다음의 9가지 요소에 초점을 두고 진행된다(Larson & Lochman, 2010/2014): ① 집단 규칙을 지킬 때 받을 수 있는 보상 확립하기, ② 자기대화, 이완/분산 기법 사용하여 분노 각성하기, ③ 그림 및 실제 문제 상황을 통해 관점의 변화 살펴보기, ④ 대안적 방법을 생각해 내고 그 결과 고려하기, ⑤ 화났을 때 생리적 각성을 인지하는 모델링 비디오를 보고, 자기대화(예: 멈춰, 생각해, 어떻게 해야 하지?)와 문제 해결 기술 연습하기, ⑥ 계획하고 조절하는 자기대화 비디오를 촬영하고 사회적 문제를 해결해 보기, ⑦ 사회성 기술 향상시키기, ⑧ 또래 압력에 대처하기, ⑨ 학습 및 조직화 기술 향상시키기.

다음으로, 아동의 왜곡되고 결함이 있는 사회인지 처리는 주변의 사회적 맥락(부모, 또래 등)과 관련된 경험으로 형성되므로, 그중 가장 큰 영향을 미치는 부모에 대한 중재도 병행된다. 부모집단에서는 다음과 같은 기본적인 양육 기술을 배운다(Wells et al., 2008/2019): ① 구체적이고 측정 가능한 언어로 자녀의 행동 목표 판별하기, ② 아동의 적절한 행동에 보상하기, ③ 가정에서 효과적으로 지시하기와 연령에 적합한 규칙과 기대 수준 정하기, ④ 아동의 문제 행동에 효과적인 결과 적용하기, ⑤ 집 밖에서도 아동의 행동 관리하기, ⑥ 가정에서의 지속적인 의사소통 구조 확립하기(예: 매주 가족 회의) 등. 이러한 기본적인 양육 기술 외에도 아동집단에 특정 기술을 가르칠 때 부모집단에게도 그 기술을 안내하여 아동이 습득한 사회인지 및 문제 해결 기술을 가정에서도 사용하게 하고 부모의 강화를 받을 수 있도록 지원한다. 또한 부모가 자녀와의 상호작용에서 평정심을 유지하고 스트레스를 관리하도록 돕는다(Boxmeyer et al., 2007).

2) 용기 있는 마음상자 프로그램의 적용 절차

(1) 선별

용기 있는 마음상자 프로그램은 아동집단 34회기와 그에 상응하는 부모집단 16회기로 구성되며, 대략 15~18개월 동안 진행된다(Boxmeyer et al., 2007). 이 장에서는 학교에서 교사에 의해 실시될 가능성이 더 큰 '아동을 위한 프로그램'의 적용 절차를 좀 더 자세히 제시하고자 한다. 용기 있는 마음상자 프로그램의 첫 단계는 대상 아동을 선별하는 것이다. 아동의 행동이 프로그램에 선정될 정도로 높은 공격성에 해당하는지 평가하기 위해 다관문 선별 절차를 따른다([그림 6-1] 참조).

첫 번째 관문에서는 어려운 가정환경에 있는 아동인지를 확인하게 되는데, 이는 낮은 사회경제적 지위(SES)로 인해 더 많은 위험 요인이 존재할 수 있기 때문이다. 두 번째 관문에서 담임교사는 교사용 추천서를 사용하여 네 가지 항목(대인 간 문제 해결과 분노 조절에 뚜렷한 어려움, 교사 지시에 대해 반항적이고 파괴적인 반응, 적응적인 또래 문화로부터의 따돌림, 학업성취 실패 또는 낮은 학업성취) 중 세 가지 이상에 해당하는 아동을 추천한다(Larson & Lochman, 2010/2014). 이후 부모로부터 사전 동의를 받아, 세 번째 관문에서는 교사용 선별 척도를 통해 전반적인 점수를 비교하여 프로그램에 적합한 아동들과 순위를 대략적으로 파악할 수 있게 된다. 마지막으로, 세 번째 관문을 통과한 아동의 교사와 부모는 아동을 대상으로 한 표준화된 검사와 면담에 참여한다. 이때 두 장면(가정과 학교) 모두에서 명백한 외현화 행동 문제를 보이는 아동을 1순위로 고려하며, 학교 환경에서는 문제를 나타내나 가정에서는 그렇지 않은 아동은 2순위 후보군으로 한다(Larson & Lochman, 2010/2014). 두 번째 관문에서의 교사용 추천서와 세

1. 가장 낮은 사회경제적 계층	2. 교사 추천	3. 교사용 선별 척도	4. 광범위한 평가
어려운 가정환경에 있는 아동을 우선 확인	교사용 추천서를 사용하여 대인 간 문제 해결과 분노 조절의 어려움, 교사 지시에 반항적인 반응 등을 보이는 아동을 담임교사가 추천	(부모의 사전 동의 필요) 교사용 선별 척도를 사용하여 대략적인 우선순위 파악	교사/부모: 표준화검사도구 (CBCL, BASC 등) 완성 & 부모와의 면담 → 학교와 가정에서 명백한 외현화 행동 문제를 보이는 아동을 우선 고려

그림 6-1 다관문 선별 절차

출처: Larson & Lochman (2010/2014), pp. 107-111에서 발췌 및 재구성.

번째 관문에서의 교사용 선별 척도는 라르손과 로크만의 프로그램 가이드북(Larson & Lochman, 2010/2014) 부록에서 참고할 수 있다.

(2) 개별 아동 평가 및 아동 면담

선별된 각 아동에 대해서는 분노, 문제 해결 능력의 정도, 공격 행동의 기능을 확인하는 과정이 필요하다. 또한 아동이 학교에서 겪는 문제를 파악할 수 있도록 출결 기록, 숙제 제출 빈도나 정학 등과 같은 학습 및 규율과 관련된 기록을 지속적으로 확인한다. 프로그램 담당 교사는 친밀한 분위기에서 아동과 첫 면담을 하여 아동의 왜곡된 인지 처리 과정과 현재 사용하고 있는 문제 해결 기술을 파악하며, 아동에게 '용기 있는 마음상자'의 의미와 프로그램 내용 및 실시 방법을 설명하고 참여에 대한 동의를 얻는다. 이 과정에서 [그림 6-2]와 같은 '합의서'를 작성함으로써 아동이 프로그램에 책임감을 갖고, 좌절과 실패를 마주할 수 있다는 사실을 인지하여 준비된 마음가짐으로 프로그램에 참여할 수 있도록 한다. 라르손과 로크만(Larson & Lochman, 2010/2014)에 의하면, 이러한 합의서는 아동이 집단 내에서 해야 할 일과 학교에서 지켜야 할 행동 간의 관계를 명확히 설정하는 계기가 된다.

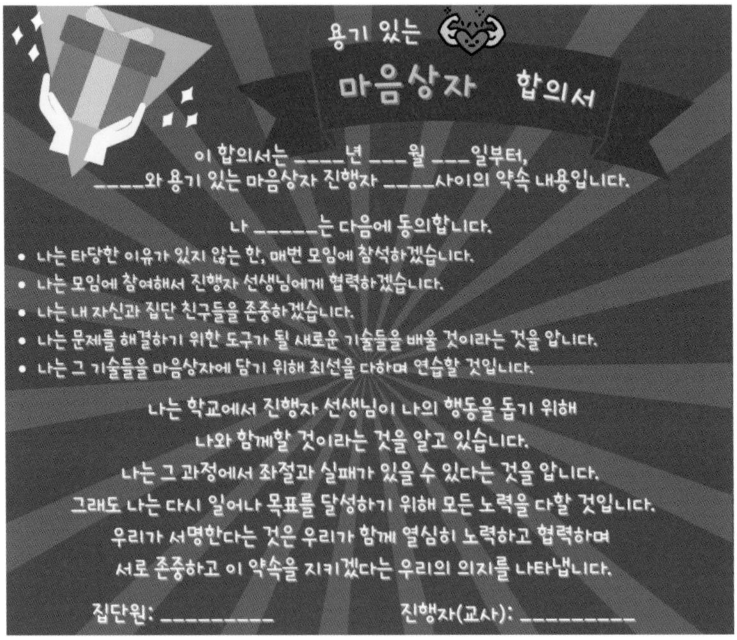
용기 있는 마음상자 합의서

이 합의서는 ____년 ___월 ___일부터,
____와 용기 있는 마음상자 진행자 ____사이의 약속 내용입니다.

나 _____는 다음에 동의합니다.

- 나는 타당한 이유가 있지 않는 한, 매번 모임에 참석하겠습니다.
- 나는 모임에 참여해서 진행자 선생님에게 협력하겠습니다.
- 나는 내 자신과 집단 친구들을 존중하겠습니다.
- 나는 문제를 해결하기 위한 도구가 될 새로운 기술들을 배울 것이라는 것을 압니다.
- 나는 그 기술들을 마음상자에 담기 위해 최선을 다하며 연습할 것입니다.

나는 학교에서 진행자 선생님이 나의 행동을 돕기 위해
나와 함께할 것이라는 것을 알고 있습니다.
나는 그 과정에서 좌절과 실패가 있을 수 있다는 것을 압니다.
그래도 나는 다시 일어나 목표를 달성하기 위해 모든 노력을 다할 것입니다.
우리가 서명한다는 것은 우리가 함께 열심히 노력하고 협력하며
서로 존중하고 이 약속을 지키겠다는 우리의 의지를 나타냅니다.

집단원: ________ 진행자(교사): ________

그림 6-2 용기 있는 마음상자 합의서 예시

출처: Larson & Lochman (2010/2014), p. 313에서 발췌 및 재구성.

(3) 집단 회기

아동집단은 4~6명의 참여자로 구성하며 34회기(45~60분)의 구조화된 인지행동치료를 실시한다(Boxmeyer et al., 2007). 집단 회기 장소는 해당 수의 아동이 앉을 수 있는 정도의 공간이면서도 최대한 자극이 적은 환경이어야 하며, 기본적으로 학교심리학자(전문상담교사)가 집단 진행자 역할을 맡되, 가능하다면 2명의 교사가 공동으로 진행하는 것이 좋다(Larson & Lochman, 2010/2014). 보통 1년차에 22회기를, 2년차에 12회기를 운영하며, 회기별 주제는 〈표 6-1〉과 같다.

각 회기는 이전 회기 내용을 복습하는 것으로 시작한다. 아동이 새로운 사회정서 기술 및 대처 기술을 학습할 수 있도록 모델링과 연습(게임, 역할극, 비디오 제작 등), 피드백이 주어지고, 토큰 체계를 활용한 상점/벌점 제도가 운영된다(Boxmeyer et al., 2007). 또한 일반화를 촉진하기 위해 초기(2, 3회기)에 아동이 집단 밖인 '자신의 교실'에서의 행동 목표를 설정하여 이를 목표 기록지에 기록한다. 이후 각 집단 회기를 마치면 목표 기록지를 담임교사에게 전달하여 하루 일과가 끝날 때마다 목표 달성 여부에 대한 담임교사의 피드백을 받는다. [그림 6-3]은 목표 기록지 예시다(빈 서식은 〈부록 3〉 참조).

표 6-1 아동집단 회기별 주제

1년차		2년차	
회기	주제	회기	주제
1	익숙해지기, 집단의 구조 및 목표 설정하기	23	1년차 내용 복습 및 2년차 소개
2, 3	장단기 개인적 (교실 행동) 목표 설정하기	24	교사와 아동의 공통 관심 영역 논의하기
4, 5	분노와 관련된 신체적 각성과 느낌 인식하기	25, 26	사회성 기술 훈련-새로운 또래집단에 들어가기, 또래와 협상하기
6~8	놀림받는 상황에서 친사회적 자기대화 사용 연습하기		
9	조직화와 학습 기술	27	형제 갈등과 문제 해결
10, 11	대처하는 자기대화 사용과 분노 가라앉히는 방법 연습하기	28, 29	또래 압력과 거절 기술

12	문제확인-선택-결과(문제 해결 모형)	30	이웃 문제
13~15	또래와 교사의 관점 취하기	31, 32	또래집단과 집단 구성원: 또래의 압력에 저항하고 긍정적인 또래집단에 합류하기
16~19	사회적 문제 해결 훈련하기		
20~22	아동 주도의 비디오 제작하기	33, 34	프로그램 복습 및 종결

출처: Boxmeyer et al. (2007), pp. 167-168.

준수 의 목표 기록지

이름: 김준수 목표 기록지 번호: 1 오늘 날짜: 2022. 3. 22.

* 목표란? 내가 갖고 싶은 것 또는 일어났으면 하는 것, 그것을 위해 기꺼이 노력할 만한 것

나의 목표는,

쉬는 시간에 화가 나는 게 느껴지면, 타임아웃을 하고 혼잣말을 사용하는 것이다.

5일 동안 최소한 3번

집단원 서명 준수 집단 진행 교사 서명 김선생

그날 목표에 도달하면 '예', 아니면 '아니요'라고 선생님이 적고 서명해 줄 것입니다.

	1일	2일	3일	4일	5일
교사 서명	예 김선생	예 김선생	아니요 김선생	예 김선생	예 김선생

주간 목표를 달성했나요? (예) 아직 아님 날짜: 2022. 3. 27.

그림 6-3 목표 기록지 예시

출처: Larson & Lochman (2010/2014), p. 318에서 발췌 및 재구성.

대표적인 몇 회기를 살펴보면 다음과 같다(Boxmeyer et al., 2007). 먼저, 4, 5회기에서는 화가 날 때 동반되는 생리적 특징을 알아보고, 아동이 이러한 특징을 경고 신호로 인식할 수 있도록 돕는다. 교사는 빠른 맥박, 달아오르는 얼굴, 근육 긴장, 무심코 이 악물기와 같은 다양한 신체적 신호의 예를 활용하여 아동이 분노 조절을 시작해야 하는 순간을 알아챌 수 있도록 한다. 또한 분노에 대처하는 데 도움이 되는 자기대화를 익히고 역할극을 통해 연습할 수 있도록 기회를 제공한다. 뿐만 아니라 [그림 6-4]의 왼쪽에 제시된 분노 온도계 기록지를 활용하여 매일 교실 내에서 아동이 자신의 분노 신호에 집중해 보고, 연습한 자기대화를 사용해 볼 수 있도록 과제를 제시한다.

6~8회기와 10~11회기에서는 [그림 6-4]의 오른쪽 예시와 같이 분노 상황에서 사용할 수 있는 다양한 자기대화를 소개한다. 먼저, 6~8회기에서 아동은 놀림받는 인형을 활용하여 자기대화를 연습해 보고, 이후 10~11회기에는 자신이 직접 놀림받는 상황에서 외부 자극을 무시하면서 숫자 카드의 숫자를 기억하거나, 도미노를 높이 쌓는 등의 게임 활동을 통해 자기대화를 사용해 보는 연습 기회를 갖게 된다. 이때 집단 회기를 진행하는 교사는 놀림 상황에서 분노에 대처하는 자기대화를 어떻게 할 수 있는지 모델링해 주고, 차별적인 말이나 욕설은 사용할 수 없다는 규칙을 명확히 제시한다(Larson & Lochman, 2010/2014).

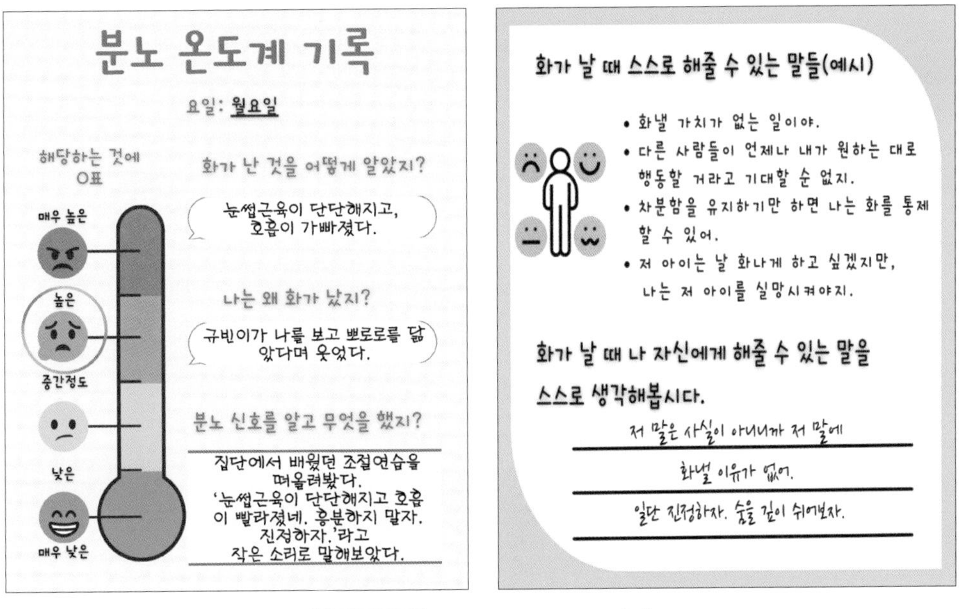

그림 6-4 학생용 워크북 예시

출처: Lochman et al. (2008), p. 36, 38에서 발췌 및 재구성.

12회기에는 아동이 문제 해결 모형을 적용하여 문제를 확인하고, 어떤 행동을 할 수 있는지 선택지를 나열하여 그에 상응하는 결과를 예상해 보고, 최선의 대안을 선택하는 법을 가르친다. 문제 해결 모형을 학습하는 과정을 통해 아동이 좋은 결과를 위해서는 좋은 선택이 필요하며, 좋은 선택을 하려면 분노 조절을 배우는 것이 도움이 될 수 있음을 깨닫게 한다. [그림 6-5]는 문제 해결 모형을 학습할 때 사용할 수 있는 문제 확인-선택-결과 활동지 예시다(빈 서식은 〈부록 4〉 참조).

후반부(20~22회기)에 진행되는 비디오 제작 활동은 아동이 자신의 갈등 상황에 대한 스크립트를 쓰고 스크립트대로 연습하여 녹화한 후, 영상을 보면서 분석하는 활동이다. 따라서 활동 전 아동과 보호자로부터 영상 촬영을 위한 별도의 동의서를 받아야 하는데, 동의서에는 아동이 그동안 배운 기술을 선보이게 하려는 목적으로 녹화를 하는 것이며, 사본은 제작되지 않고 일정 기간이 지난 후 원본 역시 파기할 것임을 명시한다(Larson & Lochman, 2010/2014). 훈련 종결 단계에서는 아동에게 자신이 새로운 행동이나 접근 방법을 선택할 수 있었던 이유를 자신의 말로 설명해 보는 기회를 제공한다. 또 이 기술을 언제, 어떻게 사용할지 설명하는 역할 놀이를 하거나 광고를 촬영해 보도록 할 수 있으며, 구체적인 재발 방지 계획을 문서화할 수 있도록 돕는다. 아동 집단 회기를 좀 더 자세히 살펴보고 싶은 독자는 국내에 번역된 『프로그램 가이드북』(Larson & Lochman, 2010/2014)을 참고하기 바란다. 또한 이 장에서 재구성하여 제시한 워크북 양식의 원본 서식은 다음의 온라인 사이트에서 참고할 수 있다(http://doi.org/10.1093/med:psych/9780195327861.001.0001).

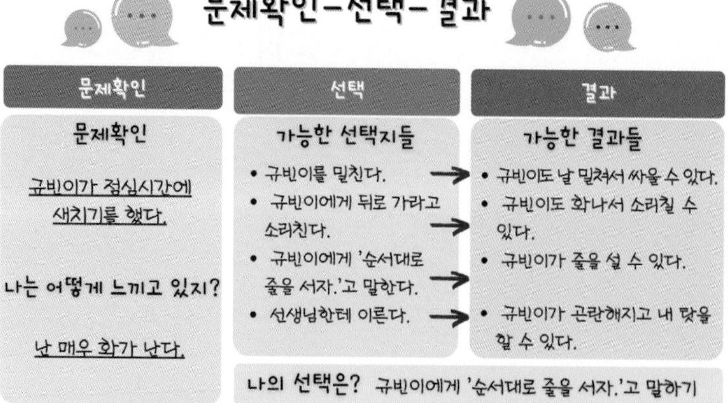

그림 6-5 문제확인-선택-결과 활동지 예시

출처: Lochman et al. (2008), p. 66에서 발췌 및 재구성.

(4) 개별 회기

아동과 프로그램 진행 교사가 함께 매달 정기적으로 개별 회기를 실시한다. 이는 교실에서의 성취와 행동 목표를 확인하고 강화하면서 프로그램 내용을 일반화하기 위한 것이다(Boxmeyer et al., 2007). 교사와 아동은 최근에 친구/교사/부모와 사회적 갈등을 겪은 일을 이야기하며 사회적 인지 처리와 문제 해결 기술에서의 결함을 다룬다. 이 과정에서 각 아동과 교사는 긍정적인 관계를 맺고 긍정적 강화의 효과를 높일 수 있다.

(5) 주기적인 교사 자문

프로그램 진행 교사와 대상 아동 담임교사 간의 협력적 관계와 담임교사의 적극적인 참여는 용기 있는 마음상자 프로그램에서 매우 중요한 요소다. 아동의 담임교사가 자연스러운 학교 환경에서의 일반화를 도울 수 있도록 프로그램 진행 교사는 담임교사에게 중재의 목표와 과정을 안내해야 한다. 매주 회기를 시작하기 전 30분~1시간 정도 담임교사 연수를 진행하여 각 회기의 목적을 요약하고 교실에서 기술의 일반화를 촉진하는 방법을 제안하는 자료를 제공하는 것이 권장된다(Larson & Lochman, 2010/2014).

(6) 부모집단 프로그램

부모집단 프로그램을 간단히 살펴보면 다음과 같다(Wells et al., 2008/2019). 부모집단 회기는 2~3주에 한 번(50~75분) 총 16회기로 진행되며, 6~8명의 부모와 집단 진행자 2명으로 구성한다. 모임 장소는 학교를 비롯하여 구성원이 편한 장소로 자유롭게 정한다. 1년차에 11개의 집단 회기를, 2년차에 5개의 집단 회기를 운영하며 회기별 주제는 〈표 6-2〉와 같다. 각 회기는 공통적으로 '지난 회기 내용 복습', '숙제 확인', '새로운 기술(회기 주제) 제시', '새로운 기술 관련 숙제 내주기', '자유토론'으로 구성되며, 주기적으로 가정 방문 또는 전화 통화로 개별 지원을 제공하여 기술을 일반화하도록 돕기도 한다(Wells et al., 2008/2019). 부모집단 회기를 좀 더 자세히 살펴보고 싶은 독자는 국내에 번역된 프로그램 가이드북『아동·청소년의 분노 조절 부모교육』(Wells et al., 2008/2019)을 참고하기 바란다.

표 6-2 부모집단 회기별 주제

1년차		2년차	
회기	주제	회기	주제
1	소개, 개요, 학습지원	12	가정에서의 학습지원 복습
2	가정에서의 학습지원		
3, 4	스트레스 관리	13	화목한 가정 만들기
5	기본 사회학습 이론 및 부모-자녀 관계 증진		
6	사소한 문제 행동 무시하기	14	가족 내 문제 해결
7	아동에게 효과적으로 지시하기	15	가족 대화
8	규칙과 기대 행동 정하기		
9, 10	훈육과 처벌	16	장기 계획과 종결
11	방학 준비하기		

출처: Wells et al. (2008/2019), p. 47.

3. 국내외 적용 예시

국내에서 김보라와 신현균(2017)은 Coping Power 프로그램 절차 및 매뉴얼을 각색하여 인지행동적 분노 조절 프로그램의 효과성을 확인하였다(이 장에서 '용기 있는 마음상자'로 표현하였으나, 선행 연구를 소개할 때에는 기존 프로그램명인 'Coping Power'로 명시함). 그러나 해당 연구는 학교가 아닌 아동센터에서 진행되었고, 부모집단 교육을 포함하지 않았다. 따라서 이 장에서는 학교현장에서 아동 및 부모 집단을 대상으로 실시한 2단계 예방 전략으로서의 프로그램 내용 및 방법에 대한 이해를 돕기 위해 국외 연구 두 편을 소개하고자 한다.

1) 미국에서 실시된 학교기반의 대규모 효과 연구(Lochman & Wells, 2002b)

Coping Power 프로그램에 대한 초기 효능 연구에서 프로그램의 긍정적인 결과를 확인한 후(Lochman & Wells, 2002a), 로크만과 웰스(2002b)는 프로그램을 학교에서 교직원이 실시해도 비슷한 효과가 나타나는지 살펴보는 대규모 연구를 실시하였다. 이 연구는 17개 초등학교 4학년 담당 교사들이 공격적인 학생으로 추천한 학생 중 동의를 얻은 총 245명을 대상으로 이루어졌다. 선별된 학생들은 임의로 네 집단(① 보편적 중재집단, ② Coping Power 중재집단, ③ 보편적 중재+Coping Power 중재집단, ④ 통제집단)에 무작위로 배정되었다. Coping Power 프로그램이 약물 남용의 네 가지 예측 변수인 '아동의 부족한 사회적 능력', '자기조절/충동 조절의 어려움', '적은 학교 유대감', '아동에 대한 부모의 개입 부족'에 효과적인지 검증하는 것이 이 연구의 목적이었다.

먼저, 중학교 전환을 위한 보편적 중재가 실시되었으며 교사 회의와 학부모 회의가 이루어졌다. Coping Power 직원이 함께한 교사 회의는 아동과 학부모를 촉진하는 방안, 적극적인 교실 관리 전략 등을 주제로 진행되었고, 학부모 회의에서는 전환기에 대한 우려 및 부모의 역할 등을 다루고 학부모의 긍정적인 참여를 촉진하였다.

Coping Power 중재 대상에 아동집단과 부모집단이 모두 포함되었고, 중재는 사전에 훈련을 받고 진행 과정에서도 슈퍼비전을 받는 상담교사 또는 학교 사회복지사가 진행하였다. 아동집단 중재는 16개월간 학교의 방과 후/전 담임교사의 비교과 시간에 이루어졌으며, 각 아동은 2개월 정도에 한 번씩 학교에서 개별 중재를 받았다. 집단 회기에서는 Coping Power의 9가지 초점을 다루었고, 개별 회기에서는 아동의 행동 목표 달성 정도를 점검하고 강화하거나 최근에 아동이 겪은 갈등 상황에 대한 문제 해결 방법을 토론하였다. 부모집단 중재 역시 아동집단과 동일한 16개월간 진행되었으며, 기본적인 양육 기술, 아동이 배운 사회적 인지 및 문제 해결 기술을 지원하는 방법, 부모 자신을 위한 스트레스 관리 등의 내용으로 자녀가 5학년일 때 11회기, 6학년일 때 5회기 실시되었다.

연구 결과, 세 실험집단(① 보편적 중재집단, ② Coping Power 중재집단, ③ 보편적 중재+Coping Power 중재집단)에서 통제집단보다 '물질남용의 비율'이 낮게 나타났다. 먼저, 보편적 중재집단은 보편적 중재를 받지 않은 아동집단보다 자기조절 및 사회적 능력 측면에서 긍정적인 효과를 보였지만 학부모 회의 출석률이 매우 낮았으므로, 이러한 효과는 주로 교사 회의의 결과인 것으로 추측되었다. 두 번째로, Coping Power 단독 중재집단의 경우 부모와 교사가 평정한 주도적 공격 행동이 각각 유의하게 감소하거나, 감소하는 경향을 보였으나 반응적 공격 행동은 개선되지 않았다. 마지막으로, 보편적 중재와 Coping Power 중재를 동시에 받은 아동집단은 '또래와의 사회적 유능감'에 대한 인식이 향상되었고, 교사들 역시 이 아동들의 문제 해결과 분노 대처 기술이 매우 증가하였다고 평가했으며, 부모와 교사가 평정한 주도적 공격 행동이 감소하였다. 이 연구의 결과는 전환기 아동의 사회적 행동이 Coping Power 단독 중재만으로도 향상될 수 있지만, 통합학급 교사와 학급 내 모든 아동이 보편적 중재를 받을 때 더 효과적일 수 있음을 시사하였다고 볼 수 있다.

2) Coping Power와 Check-in/Check-Out(CICO)의 영향을 비교한 국외 연구(McDaniel et al., 2018)

맥다니엘과 그의 동료들(2018)은 Coping Power가 공격성과 불안을 동시에 다룰 수 있는 프로그램처럼 개인의 다양한 기능성에 영향을 미치는 '초진단적(transdiagnostic)' 중재라고 가정하고, 외현화 행동과 전반적 정서행동 위험을 감소시키기 위한 2단계 예방 중재로서의 Coping Power와 Check-in/Check-Out(이하 CICO)의 효과를 비교하였다.

연구에는 학업성취도가 낮고 징계율이 높은 3~5학년 초등학생 중 고위험군으로 분류되어 추가적인 중재가 필요하다고 판별된 33명의 학생이 참여하였고, 그들은 세 집단(① 통제집단-13명, ② CICO-7명, ③ Coping Power-13명)에 할당되었다. 중재자는 연구팀 내 교육학 박사과정생 연구 조교 2명이었고, 이들은 사전에 Coping Power 관련 훈련 및 교육을 받았다.

통제집단은 보편적 지원(학교 전체의 기대 및 토큰경제 강화)만 받을 수 있었고, CICO 집단의 학생들은 CICO 중재 절차를 따랐으며, Coping Power집단의 학생들은 단축된 Coping Power 프로그램에 참여하여 첫 학기에 16회기(아동 자신의 감정에 대해 배우는 기초 수업), 다음 학기에 6회기(고급 기술과 기초 수업 관련 추가 실습) 중재를 받았다.

Coping Power집단은 중재자 1명당 학생 4~5명으로 구성되었고, 학생들은 매주 1시간씩 정규 수업에서 나와 아동집단에 참여했다. 학생들은 감정과 사회적 문제를 확인하고 다루는 방법에 대해 명시적으로 토론하고 연습했고, 이 과정에서 중재자는 담임교사와 의사소통하면서 각 학생의 목표와 관련된 학급 내 행동지원 방안에 대해 안내했다. 부모집단의 경우, 동일한 중재자가 자녀교육, 부모의 스트레스, 가족 구성원 간의 유대감 향상 등과 관련한 활동을 제시하였다. 그러나 부모집단 구성원의 참여율은 매우 저조하였다.

연구 결과, 외현화 행동의 변화 측면에서는 CICO와 Coping Power집단 모두 통제집단에 비해 외현화 행동이 감소한 것으로 나타났으나, Coping Power집단의 변화만 통계적으로 유의하였다. 전반적 정서행동 위험 프로파일의 변화 측면에서는 Coping

Power집단이 CICO집단과 통제집단에 비해 위험 범주가 감소하고, 교사가 평정한 전반적인 정서행동적 위험이 감소한 것으로 나타났다. 이러한 연구 결과는 심각한 문제 행동을 보이는 학생들의 문제 행동 위험 수준을 낮추기 위해서는 반드시 적절한 개입이 뒷받침되어야 한다는 점과, Coping Power 중재가 CICO에 비해 전반적 정서행동 위험을 감소시키는 데 효과적일 수 있음을 시사한다.

4. 요약 및 결론

용기 있는 마음상자 프로그램은 초·중등 전환기의 공격적인 아동을 위해 학교에서 실시할 수 있는 증거기반의 인지행동적 중재다. 이 프로그램은 분노와 공격성을 아동의 인지·정서적 왜곡 및 결함과 가족의 부적절한 양육에서 비롯되는 것으로 보는 맥락적 사회인지 모형에 근거하여 개발되었다. 따라서 아동을 대상으로 한 집단 회기에서는 아동 자신의 분노와 관련된 생리적 각성과 감정을 인식하고 조절하며, 자신과 타인의 관점을 이해하고, 사회적 문제 해결을 하는 등의 효과적인 인지행동 기술을 획득하는 것을 목표로 한다. 동시에 부모에 대한 개입을 병행하여 아동의 행동이 개선될 수 있도록 돕는 양육 기술, 자녀가 집단에서 학습한 문제 해결 기술을 지원하거나 가족 상황에 적용하는 방법, 부모 자신의 스트레스를 관리하는 방법 등을 부모가 직접 배우고 연습할 수 있도록 돕는다.

초등학교에서 분노 및 공격성과 같은 정서행동 문제를 보이는 아동이 적절한 개입을 받지 못하고 중고등학교로 진학할 경우에 문제가 매우 심각해질 수 있음을 고려할 때, 용기 있는 마음상자 프로그램은 '전환기에 실시되는 집중적 예방 전략'이라는 중요한 의미를 가진다고 볼 수 있다. 특히 용기 있는 마음상자 프로그램은 다양한 증거를 기반으로 매뉴얼화되어 있으므로, 학교현장에서도 프로그램의 각 요소들이 충분히 의미 있게 적용될 수 있을 것으로 보인다. 그러나 미국에서 개발되고 연구되어 온 이 프로그램을 우리나라에 도입했을 때 몇 가지 어려움이 예상되는데, 이에 예상되는 어려움과 이에 대한 대안을 제시하면 다음과 같다.

첫째, 용기 있는 마음상자 프로그램은 주로 훈련된 학교심리학자가 집단 진행자 역할을 하도록 설계되었으며, 웰스 등(Wells et al., 2008/2019)은 프로그램이 성공적으로 이루어지기 위해서 집단 진행자가 진행자용 매뉴얼 2권을 읽고 프로그램 관련 워크숍에 참여할 것을 제안하였다. 우리나라에서 학교심리학자에 가장 부합하는 교내 인력은 전문상담교사라고 볼 수 있지만, 이들이 미국의 Coping Power 단체에서 실시하는 워크숍에 직접 참여하기는 어려울 것이다. 그러므로 분노 조절의 어려움을 가진 정서행동장애 학생을 지도하는 전문상담교사, 특수교사 및 일반교사는 용기 있는 마음상자 진행자용 매뉴얼을 참고하여 이 학생들을 위한 개별 및 소집단 프로그램을 계획할 수 있다. 다만, 이 중재를 원형 그대로 진행하고자 할 경우에는 대학 및 대학원, 기타 교육기관 또는 그 외의 방법으로 인지행동적 중재 및 상담 기법에 대한 기본적인 지식과 경험을 갖추는 것이 바람직할 것이다. 또한 중재 전 교사가 반드시 사전에 매뉴얼을 숙지하고 연습해 볼 수 있는 시간이 확보되어야 하며, 낙인 효과를 방지하기 위해 프로그램 실시 장소는 특수학급이 아닌 특별실 및 상담실로 정하기를 추천한다. 사전에 교내외 슈퍼바이저와 연계하여 프로그램 진행 과정에서 피드백이나 조언을 받을 수 있도록 준비되어 있다면, 보다 효과적이고 순조로운 진행이 가능할 수 있다.

둘째, 이 프로그램은 아동집단과 부모집단 모두에 대한 개입을 중시하나, 부모 및 보호자에게 참여를 요청하고 집단을 유지하는 것은 어려운 일일 수 있다. 최근에 이루어진 맥다니엘 등(McDaniel et al., 2018)의 연구에서도 부모집단 운영 시 참여율이 저조하고 참여한 부모들도 모든 회기를 완료하지 못하였음을 밝히고 있다. 따라서 학교에서 용기 있는 마음상자 프로그램을 운영할 경우, 가족의 참여를 촉진하기 위한 방안을 미리 계획하여 적용할 필요가 있다. 예를 들어, 부모들에게 집단 모임의 시간 및 장소를 일방적으로 통지하지 않고 참여를 요청하는 가정통신문에 참여 여부와 함께 소집단 모임에 참여 가능한 시간과 원하는 장소를 기입할 수 있도록 하여, 그 결과를 바탕으로 집단 모임 시간과 장소를 정할 수 있다. 코로나 바이러스 감염증과 같은 감염병으로 인해 대면으로 모임을 할 수 없는 상황에는 ZOOM이나 Google Meet과 같은 화상 회의 플랫폼을 사용하여 집단 모임을 진행할 수 있다. 대면으로 집단 모임을 진행하더라도 종종 구성원에게 집단 모임에 참여할 수 없는 생활 사건이 발생하였을 때 화상 회의로라도 참여할 수 있도록 하는 등 참여 방법을 다양화하여 지속적인 참여를 독려할 수 있을 것이다. 또한 이전에 학교에서 부모집단을 대상으로 한 연수나 자조 모임이 진행된 적이 있다면, 이미 프로그램을 수료한 선배 부모를 짝지어서 충분히 지지받는 경험을 통해 집단 참여에의 동기를 높이도록 한다. 또한 종결 회기에만 수료증을 제공하기보다는 출결과 참여에 따라 회기 진행 과정에서 소정의 선물을 제공할 수 있도록 예산을 계획해 두는 것이 도움이 될 것이다.

셋째, 용기 있는 마음상자 프로그램은 학교 차원의 학업 및 행동 예방의 3단계 모형 중 2단계에 해당하는 소집단 프로그램이다. 따라서 1단계 보편적 예방 중재가 반드시 우선되어야 한다. 미국의 경우 이러한 다층 지원 체계가 전 지역에서 보편적으로 적용되고 있으나, 우리나라의 경우 학교마다 구축되어 있는 체계나 문화가 다를 수 있다. 따라서 용기 있는 마음상자 프로그램에 참여할 학생을 선정하는 단계부터 중재를 적용하는 모든 과정에서 학교 구성원들은 프로그램을 보편적 지원의 연속체로 인식하도록 유의해야 한다. 단순히 '말을 듣지 않는' 학생들을 모아 특별한 중재를 제공하는 것이 아니어야 하며, 소집단을 적용하기 전에 학교 및 학급에서 실시되고 있는 보편적 지원에는 어떤 것이 있으며, 그것이 일관적으로 적용되고 있는지, 더 시도해 보아야 할 보편적 지원은 없는지 등을 확인하는 절차가 반드시 선행되어야 할 것이다.

넷째, 용기 있는 마음상자 프로그램의 주요 적용 대상은 5학년과 6학년이라고 소개되었으나, 미국과 한국의 학년 체계에는 차이가 있어 국내에서 주요 적용 대상 학년은 초등학교 6학년과 중학교 1학년에 해당한다. 따라서 우리나라의 경우 초등학교 6학년에 22개의 집단 회기, 중학교 입학 후 12개의 집단 회기에 참석하게 되는 셈인데, 현실적으로 학교급이 달라지는 과정에서 통일성 있게 학교기반의 중재가 지속되는 것은 어려울 수 있다. 그러므로 우리나라 학교현장에서는 초등학교 5학년과 6학년에 걸쳐 집단 회기를 운영하거나, 단축된 프로그램을 적용하여 6학년 학생을 대상으로만 적용해 볼 수 있겠다.

마지막으로, 용기 있는 마음상자 프로그램의 원리와 구성 요소를 선택적으로 적용하거나 다른 중재 방법과 함께 유연하게 결합해 보는 것도 의미 있는 시도로 보인다. 용기 있는 마음상자 프로그램이 매뉴얼화된 중재이긴 하지만, 34회기의 아동집단과 16회기의 부모집단에 대한 중재를 국내 학교현장에 그대로 적용하는 것은 학교 구성원들에게 상당한 부담이 될 수 있다. 또한 이 프로그램이 적용된 국내 연구가 아직 많이 이루어지지 않아, 국내에서 학교기반 프로그램을 운영할 때 교사들이 참고할 수 있는 자료도 매우 부족하다. 그러나 박명화(2013)의 연구나 천한나와 박지연(2013)의 연구와 같이, 분노 조절에 어려움이 있고 공격성을 보이는 아동을 대상으로 한 인지 행동적 프로그램의 효과성을 확인한 국내 연구는 다수 존재한다. 따라서 학교기반의 2단계 예방 프로그램을 계획하고 실시할 때에는 기존의 인지행동적 중재와 용기 있는 마음상자 프로그램의 요소들을 결합하여 아동과 부모 모두를 대상으로 한 인지행동 중재를 적용해 볼 수 있을 것이다.

제 7 장

일일 행동 점검

1. 소개
2. 중재의 내용과 전달 방식
3. 국내외 적용 예시
4. 요약 및 결론

1. 소개

일일 행동 점검(Check-in/Check-out: CICO)은 학생과 성인 멘토 간의 긍정적인 상호작용을 기반으로 이루어지는 체계적인 행동 중재 전략이다. 국외에서는 체크인 체크아웃 혹은 행동교육 프로그램(The Behavior Education Program: BEP)으로도 불린다. 국외의 경우, 학교 차원의 긍정적 행동지원 체계에 기반하여 중재를 적용할 대상을 결정한다. 일반적으로 학교 차원의 긍정적 행동지원 중 보편적 지원(1차 예방)에 반응하지 않는 표적집단 지원(2차 예방) 학생이 일일 행동 점검의 주 대상이 된다. 그러나 국내에서는 일반 학교 차원에서 긍정적 행동지원을 적용하는 사례가 많지 않기 때문에 학생이 보이는 도전 행동의 유형이나 기능에 따라 중재의 적용 여부를 결정할 수 있다. 일일 행동 점검은 개별 지원을 필요로 할 정도로 심각한 수준은 아닌 문제 행동을 보이는 학생에게 적용될 수 있으며, 문제 행동이 학교 내의 다양한 환경과 맥락에 걸쳐 관찰되는 경우에 더 유용하게 활용될 수 있다(Crone et al., 2010). 이 중재는 적절한 행동에 대한 성인의 점검과 피드백을 기반으로 하기 때문에 성인과의 상호작용을 좋아하거나, 문제 행동의 기능이 '관심'인 경우에 가장 효과적인 것으로 알려져 있다(Campbell & Anderson, 2008; Ennis et al., 2012). 일일 행동 점검은 학생과 환경의 요구에 따라 자기점검, 행동계약, 강화 등과 연계하여 다양한 형태로 운영될 수 있다.

2. 중재의 내용과 전달 방식

1) 일일 행동 점검의 기본 요소

일일 행동 점검은, ① 오전 점검(체크인), ② 일일 진보 기록 ③ 피드백 제공, ④ 오후 점검(체크아웃), ⑤ 가정과의 의사소통이라는 5가지 핵심 요소를 포함한다(Crone et al., 2010).

첫 번째 요소는 오전 점검(체크인)이다. 학생은 매일 아침에 등교한 후 특수교사나 학교상담가와 같은 성인 멘토를 만나 체크인의 시간을 가진다. 이 시간에 멘토는 학생의 기대 행동을 상기시키고, 학생이 목표를 달성할 수 있도록 격려를 제공한다. 또한 일일 행동 점검을 위한 기록지를 제공하고, 오늘의 목표 달성 수준을 함께 정한다(Commisso et al., 2019). 오전 점검 때 성인 멘토가 학생에게 할 수 있는 말의 예시는 〈표 7-1〉과 같다.

표 7-1 오전 점검(체크인) 때 할 수 있는 말

- 부모님의 서명을 잘 받아 왔구나.
- 시간에 맞춰서 왔구나. 아주 잘했어.
- 인사를 정말 잘하는구나.
- 오늘도 목표를 달성해 보자. 파이팅!
- 오늘의 목표를 이렇게 결정했구나. 넌 할 수 있을 거야.

일일 행동 점검의 두 번째 요소는 일일 진보 기록(Daily Progress Report: DPR)이다. 학생은 기대 행동과 점수 체계가 포함된 기록지를 들고 다니며, 수업이 끝날 때마다 해당 수업의 교사에게 서명을 받는다. 기대 행동으로는 학교 및 학급 차원의 규칙 혹은 학생 개개인의 요구에 맞는 규칙이 포함될 수 있다. 기록지의 양식은 학생의 연령 및 특성에 따라 [그림 7-1], [그림 7-2]와 같이 다양하게 구성될 수 있다(빈 양식은 〈부록 5〉

※ 매 교시 수업이 끝나고, 선생님들의 점검과 서명을 받으세요. 날짜: 2022. 4. 3.

목표 \ 교시	1교시	2교시	3교시	4교시	5교시	6교시
교재 준비하기	③ 2 1	③ 2 1	③ 2 1	③ 2 1	③ 2 1	③ 2 1
존중하는 말하기	3 ② 1	③ 2 1	③ 2 1	3 ② 1	③ 2 1	③ 2 1
지시 따르기	3 ② 1	③ 2 1	3 ② 1	③ 2 1	③ 2 1	3 ② 1
선생님 서명	김○○	이△△	주○○	장◇◇	박△△	권◇◇

오늘의 목표: 70%(38점) 80%(43점) (90%(49점)) 100%(54점)

오늘의 점수: 49 **목표 달성**: (성공(90%이상)) 보통(70%이상) 실패(70% 미만)

내가 오늘 잘한 것: 수업 시간 전에 교과서랑 준비물을 잘 챙겼다.

선생님 서명: 김○○ **부모님 서명**: 이△△

그림 7-1 중·고등학생을 위한 일일 진보 기록지 예시

그림 7-2 초등학생을 위한 일일 진보 기록지 예시

참조). 성인 멘토는 이 기록지를 근거로 매일 매일의 학생의 진보를 기록하고, 일일 행동 점검 중재의 지속 여부를 결정할 수 있다.

일일 행동 점검의 세 번째 요소는 피드백 제공이다. 각각의 수업이나 활동이 끝나는 자연스러운 시점에 해당 수업의 교사는 기록지를 사용하여 피드백을 제공한다. 교사는 적절한 행동에 대해 긍정적이고 구체적인 칭찬을 해 주고, 필요하다면 부적절한 행동에 대한 피드백을 제공한 후, 점수표에 평정을 해 준다(Hawken et al., 2014).

다음으로, 일일 행동 점검의 네 번째 요소는 오후 점검(체크아웃)이다. 학생은 학교가 끝나는 시점에 오전에 만났던 성인 멘토를 다시 만나 체크아웃을 한다. 이 시점에는 기록지에 대한 점수 집계가 이루어진다. 멘토는 학생이 목표를 달성했는지 확인하도록 하고, 점수에 따라 〈표 7-2〉와 같은 구어적 칭찬이나 사전에 약속한 강화를 제공한다. 만약 목표를 달성하지 못했다면 멘토는 학생을 격려해 주고, 기대 행동을 다시 가르치거나 상기시킨다.

표 7-2 오후 점검(체크아웃) 때 할 수 있는 말

- 오늘 정말 멋진 하루를 보냈구나!
- 너희 부모님께서 정말 기뻐하시겠다.
- 오늘 하루 정말 열심히 살았구나.
- 오늘의 목표를 달성했구나!
- 오늘은 일이 잘 안 풀린 모양이구나. 내일은 할 수 있을 거야.
- 오늘 많이 힘들어 보이는구나. 무슨 일이 있었니?

일일 행동 점검의 마지막 요소는 가정과의 의사소통이다. 학생은 매일 작성한 기록지를 가정으로 가지고 가서 부모님 혹은 보호자로부터 피드백을 받는다. 가정에서는 기록지의 기록란에 서명을 하거나 간단한 격려글을 남길 수 있다. 작성된 기록지는 다시 다음 날에 학교로 가지고 가서 성인 멘토의 확인을 받는다. 기록지를 통해 학교와 가정 간의 의사소통이 촉진되고, 학생은 추가적인 긍정적 피드백을 받을 수 있다 (Campbell & Anderson, 2011).

2) 일일 행동 점검의 적용 절차

일일 행동 점검은 [그림 7-3]과 같은 흐름에 따라 중재가 이루어진다. 첫째, 학생을 선정한다. 일일 행동 점검은 개별 지원이 필요한 정도의 심각한 문제 행동을 보이지는 않지만 보편적 지원(1차 예방)에는 반응하지 않는 학생을 대상으로 한다. 둘째, 학생을 위한 기대 행동을 정의하고, 일일 진보 기록지를 개발한다. 일일 진보 기록지는 학생의 연령과 요구에 따라 기록지의 형태와 구성을 개별화하여 제작할 수 있다. 셋째, 오전과 오후의 정기적인 행동 점검 사이클에 따라 성인 멘토와 가족들이 피드백과 강화를 제공한다. 넷째, 학생의 매일의 자료를 수집하고, 이를 바탕으로 진보를 평가한다. 다섯째, 격주 혹은 한 달 단위로 프로그램의 지속 여부 및 수정 사항을 결정한다.

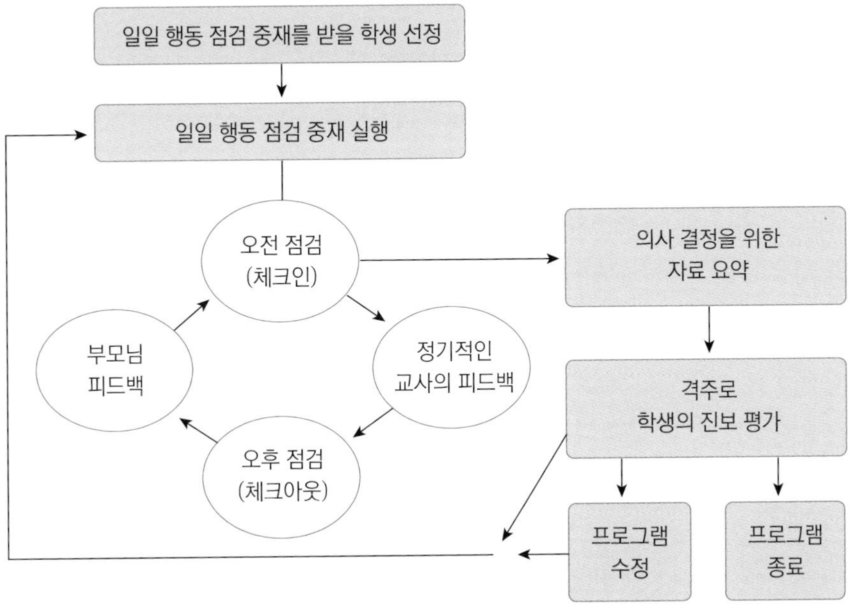

그림 7-3 일일 행동 점검(CICO) 중재 흐름도

출처: Crone et al. (2010), p. 16에서 발췌 및 재구성.

3. 국내외 적용 예시

1) 문제 행동을 보이는 중학생에게 일일 행동 점검을 적용한 연구(Simonsen et al., 2011)

시몬슨과 그의 동료들(Simonsen et al., 2011)은 문제 행동을 보이는 중학생 42명(실험집단 27명, 통제집단 15명)을 대상으로 일일 행동 점검을 적용하고, 기존의 일반적인 지도 방식과 그 효과를 비교하는 무작위 통제 실험을 진행하였다. 이 연구에 참여한 성인 멘토는 학교상담가 3명, 사회복지사 2명, 졸업생 선배 3명이고, 총 6주에 걸쳐 중재가 이루어졌다.

이 연구에서 적용한 일일 행동 점검은 다음의 5가지 핵심 요소를 포함하였다: ① 성인 멘토와 매일 아침 체크인, ② 강화 체계를 포함한 일일 진보 기록지, ③ 매 수업 시간 교사들에게 받는 피드백, ④ 하루가 끝나고 성인 멘토와 체크아웃(목표 달성 여부에 따라 강화 제공), ⑤ 가정에서 부모님 혹은 보호자의 확인. 연구 결과, 기존의 지도 방식보다 일일 행동 점검을 적용했을 때 학생들의 과제 이탈 행동이 더 많이 감소하였고, 이 차이는 통계적으로 유의하였다. 그러나 사회성 기술과 그 하위 영역에는 통계적으로 유의한 차이가 없고, 효과 크기도 작거나 중간인 것으로 나타났다. 이에 대해 연구자는 두 가지의 설명을 하고 있는데, 첫 번째는 검사도구(Social Skills Improvement System)가 목표로 한 구체적인 기대 행동을 측정하기보다는 전반적인 사회성 능력을 측정하였다는 점과, 두 번째로는 기간이 6주로 다소 짧았다는 점을 지적하고 있다.

이 연구가 현장교사 및 후속 연구자들에게 주는 시사점은 다음과 같이 정리해 볼 수 있다. 첫째, 일일 행동 점검을 실행하는 데 필수적인 인력인 성인 멘토로 특수교사뿐 아니라 학교상담가, 졸업생 선배 등의 인적 자원을 고려해 볼 수 있다. 둘째, 일일 행동 점검을 강화 체계와 결합하여 학생의 동기를 유발하는 데 활용할 수 있다. 마지막으로, 일일 행동 점검을 통해 학생의 행동 변화를 이끌기 위해서는 6주 이상의 충분한 시간이 필요하며, 학생의 진보에 대한 체계적인 점검을 통해 프로그램 종료 여부를 결정해야 한다.

2) 일일 행동 점검을 수정 적용한 연구들(Majeika et al., 2020)

일일 행동 점검은 다양한 형태로 응용되어 교육현장에 적용되어 왔다. 마제카와 그의 동료들(Majeika et al., 2020)은 일일 행동 점검에 다른 중재를 결합하거나, 단계를 일부 수정하여 사용한 여러 사례에 대한 분석을 실시하였다. 예를 들면, 털투라와 그의 동료들(Turtura et al., 2014)은 일일 행동 점검을 실시하기 전에 기능적 행동 평가(FBA)를 실시하여 문제 행동의 기능을 파악하였다. 그리고 기능이 과제 회피인 경우에 기록지에 기대 행동 외에 '준비물 챙기기'와 '숙제 완성하기'에 대한 추가 점검 사항을 포함하였다. 그 결과, 학생들의 수업 방해 행동과 과제 회피 행동이 감소되었다. 이와 유사하게 보이드와 앤더슨(Boyd & Anderson, 2013)은 과제 회피 행동이 나타나는 학생에게 학교 차원의 기대 행동과 학업 목표를 포함한 기록 카드를 제공하였다. 또한 누적된 점수로 수업 시간 중에 휴식을 요청할 수 있도록 하는 강화 체계도 포함하였다. 이 외 다수 연구에서 일일 행동 점검을 수정하여 사용하였으며, 이를 정리하면 〈표 7-3〉과 같다.

이상의 선행 연구들과 같이 국내 현장에서도 학생의 요구와 상황에 따라 행동 계약, 강화 체계, 자기점검 등의 전략과 연결하여 일일 행동 점검을 다양하게 활용할 수 있을 것이다. [그림 7-4]는 특수학교에서 일일 행동 점검과 강화를 연결하여 실시한 예를 보여 준다. 이 사례에서는 매일 제공되는 기록지 대신에 중복 활용할 수 있는 벨크로를 사용하였고, 강화 체계와 연결하여 학생의 동기를 유발하고자 하였다.

표 7-3 일일 행동 점검 핵심 요소별 수정의 예

일일 행동 점검 핵심 요소	수정 사례
① 오전 점검(체크인)	• 성인 멘토 대신 또래 멘토 활용(Collins et al., 2016; Dart et al., 2015) • 숙제도 함께 점검. 숙제를 하지 않았을 경우 별도의 숙제하기 시간 제공(Turtura et al., 2014) • 별도의 사회성 기술 수업(Collins et al., 2016)
② 일일 진보 기록	• 점수에 따라 휴식을 요청할 수 있는 강화 체계 포함(Boyd & Anderson, 2013) • 문제 행동의 기능에 맞게 기대 행동 조정(Fairbanks et al., 2007) • 행동 기록을 부끄러워하는 고등학생을 위하여 지갑 크기의 기록지 사용(Hawken et al., 2014)
③ 피드백 제공	• 칭찬과 피드백을 행동뿐 아니라 숙제의 완성에 기반하여 제공함(Turtura et al., 2014) • 피드백의 빈도, 피드백을 주는 사람 변경(Campbell & Anderson, 2011) • 점진적으로 피드백 소거(Campbell & Anderson, 2011) • 스스로 행동을 점검하는 자기점검의 형태로 변경(Cheney et al., 2009, Miller et al., 2015)
④ 오후 점검(체크아웃)	• 체크아웃 때 숙제 계획서도 체크(Turtura et al., 2014) • 수행에 따라 목표 수준 조정(Collins et al., 2016; Dart et al., 2015; McDaniel & Bruhn, 2016) • 정오 체크인도 실시(Swoszowski et al., 2013)
⑤ 가정 의사소통	• 일일 행동 점검에 대한 부모 훈련 제공(Turtura et al., 2014) • 가정기반의 강화물 제공(Campbell & Anderson, 2011)

출처: Majeika et al. (2020), pp. 25-37에서 발췌 및 재구성.

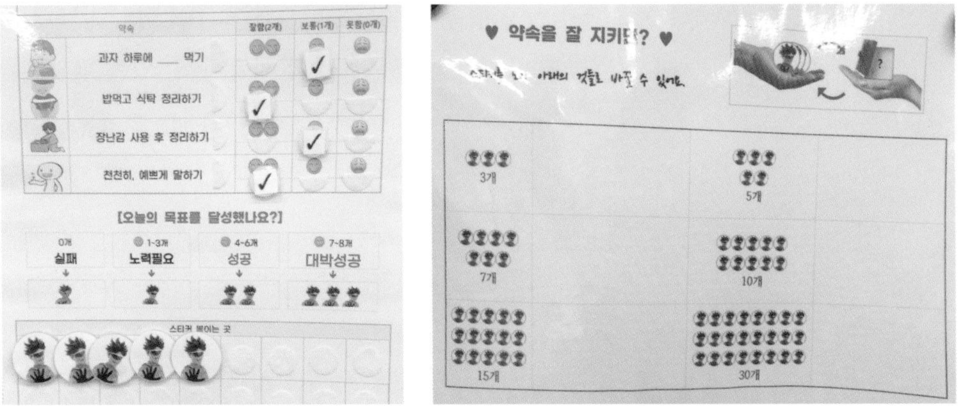

그림 7-4 특수학교에서 일일 행동 점검과 강화를 연결한 예

4. 요약 및 결론

일일 행동 점검은 성인 멘토와의 상호작용을 기반으로 이루어지는 체계적인 행동 중재 전략이다. 이 중재는 학교 차원의 긍정적 행동지원 중 표적집단 중재(2차 예방)에서 가장 흔히 사용되는 프로그램이며, 여러 연구를 통해 학생들의 적절한 교실 행동을 증가시키고 문제 행동을 감소시키는 것으로 나타났다. 그러나 국내에서는 표준화된 일일 행동 점검을 체계적으로 적용한 사례와 연구가 아직은 많이 부족한 실정이다.

우리나라 현장에서 일일 행동 점검을 적용할 때 고려해야 할 사항을 5가지로 살펴보면 다음과 같다.

첫째, 학생이 보이는 문제 행동의 기능을 고려하여 적절한 기대 행동을 수립해야 한다. 문제 행동의 기능이 관심인 경우에는 성인의 관심을 제공하는 일반적인 일일 행동 점검만으로 효과가 있을 수 있지만, 문제 행동의 기능이 과제 회피인 경우에는 학생이 중재에 반응하지 않을 수 있다. 이 경우에는 자료 준비하기, 숙제 점검하기와 같은 기대 행동을 포함하는 수정된 일일 행동 점검을 운영하여 긍정적 행동을 증가시킬 수 있다.

둘째, 학생의 연령과 수준에 맞는 기록 체계를 개발한다. 예를 들면, 학생의 특성에 따라 시각적 단서나 그림을 포함한 기록지를 개발할 수 있고, 점수 측정 체계도 단순하게 조정하여 운영할 수 있다. 학생이 매일매일 보고해야 하는 기록지이기 때문에, 학생이 점수를 기록하고 목표 달성 정도를 확인하기에 너무 어렵지 않도록 주의한다.

셋째, 낙인 효과를 고려하여 기록지 관리 방식에 유의한다. 예를 들면, 점수 기록지를 들고 다니며 매시간 교사들의 서명을 받는 것이 청소년들에게는 부끄럽게 느껴질 수 있고, 다른 학생들에게 낙인의 효과를 가져올 위험이 있다. 이 경우, 다른 친구들이 잘 볼 수 없도록 작은 카드 형태의 기록지를 제공하거나 앱을 활용한 기록 방법도 고려해 볼 수 있다.

넷째, 교사의 피드백이 부정적인 방향에 치우치지 않도록 주의해야 한다. 일일 행동 점검에서 교사가 제공하는 피드백의 목적은 학생에게 긍정적 관심을 표현하고, 적절한 행동을 격려하는 데 있다. 그러나 일일 행동 점검의 이러한 의도를 잘 이해하지 못한다면, 행동기록지에 평정하는 시간이 훈계와 잔소리의 시간이 되거나 평정 점수로 학생을 통제하려는 시도가 발생하여 학생과 교사 간 부정적인 상호작용이 초래될 수 있다. 따라서 일일 행동 점검을 실시하기 전, 참여하는 교사들에게 긍정적인 피드백의 중요성에 대한 안내나 사전 교육이 구체적으로 제공되어야 한다.

마지막으로, 일일 행동 점검 중재의 점진적인 소거를 고려해야 한다. 교사는 학생의 일일 진보에 대한 체계적인 자료 수집을 통해 점진적인 소거 일정을 계획할 수 있다. 또한 교사가 점검을 해 주던 방식에서 학생이 스스로 행동을 확인하는 자기점검의 방식으로 점차 변경하여 학생의 내적 동기를 강화하고 개선된 행동을 지속시키는 데 도움을 줄 수 있다.

표준화된 일일 행동 점검에 대한 국내의 연구 사례가 많지는 않지만, 특수교사들이 비구조화된 방식으로 일일 행동 점검을 실시하고 있는 모습은 현장에서 흔히 찾아볼 수 있다. 여기에 일일 행동 점검의 체계적인 진보 점검 방식과 절차가 더해진다면, 많은 장애 학생의 긍정적 행동과 수업 참여 행동을 증가시키는 데 유용하게 활용될 수 있을 것이다. 앞의 5가지 고려 사항을 참고하여 국내 교육현장에서도 학생들의 요구에 맞게 수정 적용된 체계적인 일일 행동 점검이 실시되기를 기대한다.

제 8 장

성공을 위한 첫걸음*

* 첫걸음 모델의 개정판인 『First Step Next(FSN)』를 번역하면 '첫걸음 모델의 다음 단계'다. 그러나 초기 모델명인 First Step to Success(FSS)에서 '성공'은 첫걸음 모델의 목표를 설명하기 위한 중요한 용어다. 이에 학교에서의 성공을 위해 조기에 개입한다는 초기 모델의 취지를 살려 이 프로그램의 이름을 '성공을 위한 첫걸음'으로 번역하였다.

1. 소개

『성공을 위한 첫걸음』(초판, First Step to Success: FSS)은 오레곤 대학의 워커 박사와 그의 동료들(Walker et al.)이 문제 행동을 보이는 아동을 위한 조기 개입을 목적으로 미국 교육부 특수교육분과에서 4년 동안 연방 보조금을 받아 개발한 교실 중재 프로그램이다(Walker et al., 1997). 성공을 위한 첫걸음이 개발된 후 거의 20년 동안 유아기 아동과 초등학교 저학년 학생을 대상으로 많은 실험이 진행되었고, 긍정적인 성과를 입증하여 증거기반의 실제로 자리 잡았다. 2015년에 개정된『성공을 위한 첫걸음』(개정판, First Step Next: FSN)은 기존의 핵심 기능을 유지하되 구성 요소를 추가하거나 간소화하여 좀 더 사용자 친화적으로 내용이 보완되었다(Frey et al., 2019). 성공을 위한 첫걸음 모델은 아동의 사회정서적 역량을 촉진하고, 아동의 가장 가까운 환경이라 할 수 있는 교사와 부모의 긍정적인 상호작용을 촉진하여, 유아의 문제 행동을 감소시키는 것을 목적으로 한다.

국내에 처음으로 성공을 위한 첫걸음을 도입한 연구(송서영, 허계형, 2021)에서는 이 모델의 특징을 크게 두 가지로 소개하였다. 첫째, 아동이 생활하는 자연스러운 환경인 유아교육기관에서 전문가(코치)의 코칭에 따라 교사, 대상 아동, 학급 전체 아동, 대상 아동의 가정이 연계하여 진행한다. 둘째, 아동의 문제 행동을 다루기 위해 학령전기 아동에게 필요한 사회정서 역량을 사회성 기술을 중심으로 가르친다.

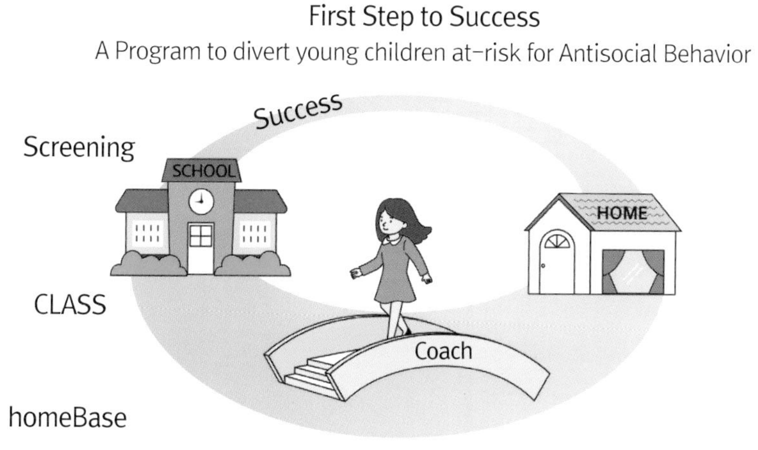

그림 8-1 첫걸음 모델의 주요 요소

출처: http://www.firststeptosuccess.org/resources.html

성공을 위한 첫걸음은 문제 행동이 있는 아동, 특히 외현화된 문제 행동이 있는 아동을 대상으로 한다. 여기서 말하는 '문제 행동'이란 구체적으로 탠트럼, 공격 행동, 다른 사람의 물건에 피해 주기, 갑자기 울거나 부적절하게 감정 표현하기, 교사의 경고 무시하기, 연령에 맞지 않는 성적 행동, 또래를 놀리거나 무시하는 행동 등을 의미한다. 이 모델은 외현화된 도전 행동을 초기에 개입하기 위하여 개발되었기 때문에 어린 아동을 대상으로 한다. 초기 모델에서는 대상 연령을 유치원에서 초등학교 3학년으로 명시하였고, 유치원과 초등학교 저학년으로 나누어 2개의 프로그램을 제시하였다. 프로그램을 개정함에 따라 연령에 따라 나뉘었던 프로그램을 하나로 통합하는 대신 대상 연령을 3학년에서 2학년으로 낮추었다(Walker et al., 2018).

이 모델은 행동 문제가 있는 아동의 조기 개입을 위하여 학부모 참여 요소를 강조하므로 학교에서 중재를 실행하는 동시에 가정과의 연계를 중시한다. 학급과 가정에서 중재를 시행하며 코치가 이 과정을 연계한다. [그림 8-1]은 성공을 위한 첫걸음의 초기 모델의 주요 요소를 설명하는 그림으로, 코치가 학교와 가정에서의 성공을 이어 주는 '다리(bridge)' 역할을 하는 것을 표현하고 있다.

2. 중재의 내용과 전달 방식

1) 성공을 위한 첫걸음 모델의 기본 원칙

성공을 위한 첫걸음 모델은 긍정적 행동지원의 기본 원칙을 공유하며, 특히 강조하는 기본 개념은 두 가지이다. 첫째, 행동은 가르쳐야 한다. 문제 행동이 있다면 먼저 대체 행동을 가르쳐야 한다. 행동을 가르치기 위해서는 모델을 보이고 안내하고 촉진하며 연습해야 한다. 행동은 사전에 수정하며, 가르친 행동은 반복하여 연습하고 강화한다. 그런데도 문제 행동을 보인다면 '정중하게' 다시 가르친다. 둘째, 관심은 행동을 강화한다. 따라서 성인은 아동이 적절한 행동을 할 때 최대한 관심을 보이고, 부적절한 행동을 할 땐 관심을 최소화한다. 코치는 교사가 행동에 영향을 미치는 '관심'을 적절하게 보일 수 있도록 촉진한다. 행동지원에 대한 아동 중심적인 가치관은 성인-아동의 긍정적인 상호작용에도 효과적이다(Walker et al., 1998).

2) 성공을 위한 첫걸음 모델의 적용 절차

성공을 위한 첫걸음 모델은 코치, 교사, 부모의 협력으로 이루어진다. 먼저, 코치의 역할은 학교의 심리전문가, 행동전문가, 상담가, 교육받은 보조 인력, 퇴직한 교사, 전공 학생이 담당할 수 있다. 코치는 10일 이상 하루에 한 시간가량 중재를 시행하게 된다. 교사는 23일 이상 하루 5분 교실 관리를 시행한다. 부모는 30일 이상 하루에 5~10분 중재를 시행한다. 중재 실행자들이 실제 중재에 할애하는 시간이 적다는 것이 이 프로그램의 강점이다(Ancora Publishing, 2019).

성공을 위한 첫걸음 모델은 총 5단계에 걸쳐 실행되며([그림 8-2] 참조), 각 단계에 대한 상세한 매뉴얼과 필요한 자료는 구매할 수 있으나 아직은 원서의 형태로만 구입 가능하고 번역서는 출간되지 않은 상태다. 이 장에서는 개발자들이 성공을 위한 첫걸음의 개정판을 소개하기 위하여 만든 자료(Walker et al., 2018)를 중심으로 간단히 살펴보고자 한다.

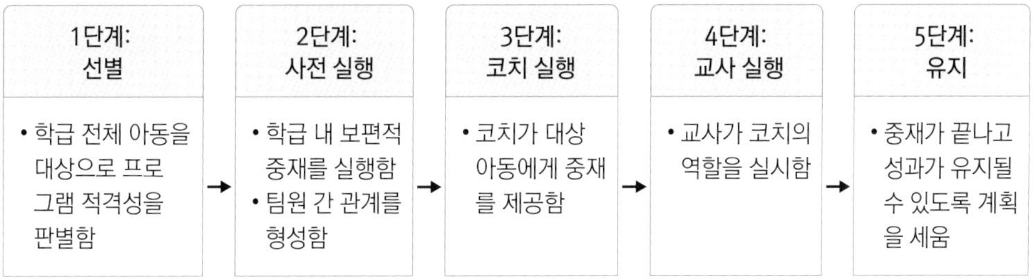

그림 8-2 성공을 위한 첫걸음 모델의 실행 단계

첫 번째 단계인 선별과 적격성 판정은 프로그램이 필요한 아동을 결정하는 절차로, 전체 아동을 대상으로 문제 행동, 특히 공격성의 정도를 측정한다. 이 모델의 개발자는 지원이 필요한 아동을 조기에 발견하기 위해 조기 선별 검사(Early Screening Project: http://esp.ori.org/index.html)를 강조하고 있다. 따라서 성공을 위한 첫걸음 모델에서는 전문가가 교사의 동의하에 전체 아동을 직접 관찰하여 선별한다. 모델이 개정되면서 선별 검사 결과만 활용하는 것이 아니라 반항적-공격적 행동에 대한 교사의 직접적인 평가, 기능 평가, 학교에서의 성공을 위한 기술인 '슈퍼 친구 기술(super student skills)'에 대한 교사의 평가가 포함되었다. 즉, 선별 과정에서는 4가지 질문에 답하게 되는데,

그 세부 사항은 〈표 8-1〉과 같다. 〈표 8-1〉에 제시된 4개의 질문 중 3가지에 해당한다면 이 프로그램의 적격성을 가지는 것으로 평가되어 두 번째 단계를 진행한다.

표 8-1 프로그램 적격성 판정을 위한 질문

주제	세부 사항
외현화된 문제 행동	• 공격성 행동 척도 결과, 그 정도가 보통/위험/심각 정도로 나왔는가? • 충동적이고 파괴적인 문제를 보이는가?
기능 평가	• 그 행동이 또래 또는 성인의 관심을 얻기 위한 것인가?
협력 의사 확인	• 교사는 코치와 기꺼이 함께 일할 수 있는가?
슈퍼 친구 기술	• 슈퍼 친구 기술의 7가지 행동 중 2가지 이상에서 우려가 되는가?

두 번째 단계는 사전 실행으로, 프로그램이 개정되면서 추가된 단계다. 이 프로그램은 긍정적 행동지원의 2차 예방에 해당하는 중재이기 때문에, 1차 예방에 해당하는 보편적 중재가 실시 중인 교실에서 효과적으로 구현된다. 이 단계에서는 중재를 시작하기 전에 대상 아동과 학급을 관찰하여 아동의 현행 수준과 목표를 파악하고, 보편적 지원의 목적으로 교실 기대 행동을 가르칠 수 있는 수업 자료를 제공한다. 사전 실행 단계에서 가르치는 교실 기대 행동은, ① 교사의 말 경청하기, ② 손과 발은 개인 공간 안에 두기, ③ 교실에서 걸어 다니기, ④ 교실에서는 교실 목소리 크기로 말하기이다. 이 단계에서는 중재를 실행하는 협력팀원인 코치, 교사, 학부모가 만나고 관계를 형성한다. 코치는 교사와 학부모를 대상으로 제작된 비디오를 활용하여 중재에 대한 교육을 진행한다. 협력팀원이 함께 참여하는 오리엔테이션은 모델이 개정되면서 추가된 절차로, 가정과의 긴밀한 연계를 위한 장치라고 볼 수 있다.

세 번째 단계부터는 코치 단계로, 학급에서의 중재가 시작된다. 이 단계는 5~10일 정도 이루어진다. 어린 유아라면 코치 기간을 연장할 수 있다. 이 단계는, ① 슈퍼 친구 기술, ② 교실에서 배우는 시간(CLASS), ③ 가정과의 연계, 세 가지의 실행 요소로 이루어진다. 첫 번째 요소인 슈퍼 친구 기술이란 성공적인 학교생활을 위한 사회-정서 및 학업 기술이다. 코치는 학급과 가까운 조용한 장소에서 대상 아동에게 1:1로 슈퍼 친구 기술을 가르치며, 이때 기술을 설명하는 그림, 초록 카드, 강화물 등이 활용된다. 두 번째 요소는 교실에서 배우는 시간(CLASS)이다. 교실에서 배우는 시간은 학급 내에서 즉각적인 피드백을 통해 사회성 기술을 학습하는 시간으로, 코치가 1:1로 교실

내에서 실행한다. 세 번째 가정과의 연계는 가정 연계 노트(Daily Connection Note)를 사용한다. 가정 연계 노트는 목표에 대한 평가와 가정에서의 강화에 대한 약속이 포함된다. 코치는 매일 가족과 노트를 주고받는다.

네 번째 단계는 교사 단계다. 교사 단계에서 코치는 직전의 코치 단계에서 담당하던 중재 역할을 교사에게 넘겨준다. 교사 단계로 전이를 준비하기 위해 코치, 교사, 부모는 오리엔테이션 이후 두 번째 회의를 통해 역할 전이 방안을 논의한다. 교사 단계는 11~30일간 이루어지며, 코치는 이 시기에 교사가 교실에서 실행하는 중재를 모니터하고 지원한다. 코치 단계에서는 가정과의 연계를 매일 확인하지만, 교사 단계에서는 일주일에 한 번만 확인한다. 아동의 행동을 관리하기 위해서 사전 교정, 대체 행동 개발 및 실행, 행동에 대한 기록과 보고가 요구되며, 아동의 행동에 대해 코치에게 보고하는 절차는 성공을 위한 첫걸음이 개정되면서 추가된 것이다. 이는 행동을 다루는 것이 성공적이었는지, 실패했을 때는 그 원인이 무엇인지 파악하기 위한 것으로, 교사가 행동 관리에 익숙해지면 점차 소거된다.

다섯 번째 단계는 유지 단계다. 유지 단계는 중재가 끝나고 대상 학생에게 필요한 행동지원을 제공하며 다음 학년으로의 전이를 지원한다. 선행 연구에 따르면, 성공적인 전이를 위해서는 유지 계획이 포함되어야 한다(Woodbridge et al., 2014).

3) 성공을 위한 첫걸음 모델의 실행 요소

이 모델을 구현하기 위한 구체적인 전략은 슈퍼 친구 기술, 교실에서 배우는 시간, 가정과의 연계다.

(1) 슈퍼 친구 기술

슈퍼 친구 기술은 '행동은 가르쳐야 한다'는 첫걸음 모델의 기본 개념에 근거한 전략이다. 문제 행동을 보이는 아동이 학교에서 성공적으로 적응하기 위해 갖추어야 할 7가지 기술을 슈퍼 친구 기술로 선정하였으며, 코치와 교사가 기대 행동인 슈퍼 친구 기술을 직접 교수하게 된다. 구체적인 슈퍼 친구 기술은, '① 최선을 다하자, ② 편안하게 생각해, ③ 실수해도 괜찮아, ④ 안전은 중요해, ⑤ 지시를 따라요, ⑥ 관심은 이렇게, ⑦ 우리는 같은 팀'이다. 〈표 8-2〉는 기술 목록과 이러한 각 기술의 교수 목표다.

표 8-2 슈퍼 친구 기술 목록 및 수업 목표

슈퍼 친구 기술	기술에 대한 설명과 수업 목표
최선을 다하자	이 기술은 조용하게 자신이 맡은 일을 수행하는 것을 뜻하며, 생산적인 작업에 참여하는 행동은 학교 적응에 필수적인 기술임. 최선을 다하는 행동을 조기에 강화하여 미래 학업 성공을 지원하고자 함
편안하게 생각해	많은 어린 학생들은 실패나 좌절을 겪었을 때 파괴적인 행동 또는 탠트럼을 보임. 따라서 짜증으로 바뀌기 전에 감정을 다루는 방법을 배워야 함. 학생이 좌절감을 인식하고 긍정적인 방법으로 3단계 절차를 사용하여 감정에 대처하는 방법을 가르침
실수해도 괜찮아	실수는 파괴적인 행동을 유발하기 때문에 좌절감을 분산하기 위한 기술을 배워야 함. 실수는 학습에 필수적이기 때문에 행동학습과 학업을 가르칠 때 모두 '실수해도 괜찮아' 기술을 가장 먼저 알려 줌
안전은 중요해	안전한 행동과 안전하지 않은 행동의 차이점을 아는 것은 모든 아동이 배워야 하는 중요한 기술임. 학교에서 안전한 행동의 세 가지 기본 규칙을 가르침
지시를 따라요	지시를 따르는 것은 기본적인 행동 기술로 단체 생활에서 협동과 관련되어 있음. 지시를 따르는 방법을 배우면 학교 성취를 위한 수단을 얻는 것임
관심은 이렇게	일부 아동은 또래와 기관 생활을 할 때 성인의 관심을 공유하는 데 어려움을 겪음. 교사의 도움을 요청하는 명백한 신호를 제공하여 수업 방해를 최소화하면서 성인의 관심을 요청하도록 가르침
우리는 같은 팀	학교에서는 팀이 되어 참여하는 경우가 많으므로, 팀을 구성하고 친구와 함께 활동할 때 친절하고 예의 바르게 말하며 팀원으로서 역할을 할 수 있도록 가르침

출처: Walker et al. (2018), p. 109.

교사와 코치가 각 기술의 목적에 따른 수업 계획을 통해 체계적으로 각 기술을 6단계로 가르친다. 기술을 가르치기 전에 교사는 기술의 우선순위를 정한다. 1단계는 대상 아동과 인사하고 가정 연계 카드를 다시 가지고 왔는지 확인한다. 2단계는 초록 카드 게임을 통해 전날 배운 기술을 복습한다. 3단계에서 새로운 기술을 소개하고 과제 분석을 통해 개별 기술을 단계별로 검토한다. 4단계는 코치가 모델링을 보여 준다. 5단계는 코치가 좋은 모델과 잘못된 모델을 보여 주면 아동은 초록 카드 게임에 참여한다. 6단계는 교실 세션으로 전환하는 단계로 교실에서 지켜야 할 약속, 보상을 명확하게 하는 것이다. 이 단계에서 코치는 아동에게 다음과 같이 말할 수 있다.

"이제 교실에 가서 우리가 배운 '최선을 다하자'를 해 볼 거야. 최선을 다하는 행동이 무엇인지 기억하지? 그래. 수업 시간 동안 초록 카드가 5번 있으면 수첩에 스마일을 받고 집에서 뽀로로를 볼 수 있어!"

(2) 교실에서 배우는 시간

성공을 위한 첫걸음 모델에서는 'Contingencies for Learning Academic and Social Skills'을 줄여 'CLASS'라고 중재 이름을 붙였다. 이 장에서는 교실 내에서 이루어지는 중재라는 중의적인 의미를 살려 '교실에서 배우는 시간'으로 번역하였다. 코칭 단계에서 교실에서 배우는 시간은 코치의 1:1 코칭을 통해 7일간 학급에서 이루어진다. 초록 카드와 빨간 카드를 사용한 즉각적인 피드백과, 아동이 목표 성취를 이루었을 때 제공하는 강화로 이루어지는 행동 중재다. 피드백과 강화를 위한 관찰 체계가 필요하므로, 성공을 위한 첫걸음 자료 키트는 이 단계에서 사용할 수 있는 관찰 체계를 제공한다(〈표 8-3〉 참고). 처음에는 빠른 강화를 위하여 30초 간격으로 점수를 주며 간격이 점차 증가한다. 그리고 관찰 시간 또한 처음에는 20분으로 시작하지만 점차 50분까지 증가해 나간다. 그리고 8일째 되는 날 코치의 역할을 교사에게 전이한다. 교사는 코치가 하던 것처럼 초록 카드 게임을 하고, 점차 점수를 주는 간격을 5분에서 10분까지 늘리고, 교실에서 배우는 시간 중재 길이를 1시간에서 하루로 늘려 나간다.

표 8-3 교실에서 배우는 시간에 사용하는 관찰 체계

'교실에서 배우는 시간(CLASS)' 계획표						
단계	차시	목표	관찰 시간	관찰 간격	목표/가능한 점수	강화 획득
코치	1	지시를 따라요	20분	30초	32/40점	매일
	2	안전은 중요해	20분	1분	16/20점	매일
	3	관심은 이렇게	20분	2분	8/10점	매일
	4	우리는 같은 팀	20분	4분	4/5점	매일
	5	최선을 다하자	30분	5분	5/6점	매일
	6	편안하게 생각해	40분	5분	7/8점	매일
	7	실수해도 괜찮아	50분	5분	8/10점	매일
전이	8	복습	1시간	5분	10/12점	매일
	9	복습	1.5시간	5분	15/18점	매일
	10	복습	2시간	5분	20/24점	매일

	11		2시간	8분	12/15점	매일
	12		2시간	8분	12/15점	매일
	13		144분	8분	15/18점	매일
	14		144분	8분	15/18점	매일
	15		176분	8분	18/22점	매일
	16		전체 일과	8분	36/45점	매일
교사	17	목표 기술이 필요한 상황에서 자연스럽게 사용하기	전체 일과	8분	36/45점	매일
	18		전체 일과	8분	36/45점	매일
	19-20		전체 일과	8분	36/45점	이틀
	21-22		전체 일과	10분	29/36점	이틀
	23-24		전체 일과	10분	29/36점	이틀
	25-27		전체 일과	10분	29/36점	사흘
	28-30		전체 일과	10분	29/36점	사흘
유지	30+	유지 계획 따르기				

출처: MU Center for SW-PBS (n.d.). First Step Next : An Intervention for young children with problem Behavior. http://pbismissouri.org/wp-content/uploads/2017/06/7B_STI2016.pdf

초록 카드 게임은 성공을 위한 첫걸음의 중요한 전략으로, 슈퍼 친구 기술 교수에서부터 교실에서 배우는 시간까지 활용된다. 초록 카드 그 자체는 시각적 단서로 즉각적인 피드백을 제공한다. 아동이 볼 수 있게 코치와 교사는 항상 카드를 걸고 있으며([그림 8-3] 참조) 초록 카드가 보인다면 아동이 올바르게 행동한다는 의미로 아동에게 강화가 된다. 아동이 부적절한 행동을 보인다면 빠르게 빨간 카드로 뒤집어서 아동이 스스로 자신의 행동을 점검할 수 있게 한다. 아동이 빨간 카드에 반응한다면 다음과 같이 긍정적인 피드백을 준다.

"잘 생각했어, 너는 어떻게 행동해야 하는지 스스로 생각할 수 있는 슈퍼 어린이야!"

그림 8-3 코치와 교사가 '교실에서 배우는 시간'에 사용하는 초록 카드

(3) 가정과의 연계

첫걸음 모델을 개정하는 과정에서 가정과의 연계, 특히 부모의 역할에 변화가 있었다. 기존 버전에서는 코치가 대상 아동의 가정을 방문하여 부모에게 학교에서의 성공을 돕는 기술을 모델링, 시연 및 역할극과 결합한 핸드북을 사용하여 가르치는 'homeBase' 단계가 있었다. 그러나 아동의 중재에 전적으로 부모가 책임을 지는 것과 가정 방문에 대한 가족의 부담감이 컸기 때문에 개정판에서 이 단계는 삭제하고(Feil et al., 2021), 전화 통화, 가정에서의 보상 제공, 활동 참여에 대한 가정 연계 노트와 같은 부모 참여 활동은 남겨 두었다. 가정 방문을 대체하여 부모는 프로그램 사전 실행 단계에서 역할에 대한 교육을 받고 코치, 교사와 관계를 구축하여 지속해서 피드백을 받을 수 있다. 또 자녀의 성공적인 학교생활을 위해 사용할 수 있는 가정 활동과 전략을 설명하는 워크북을 받는다. 매일 가정 연계 노트에 서명하고 가정에서 약속한 강화 활동을 실행한다. [그림 8-4]는 성공을 위한 첫걸음에서 사용하는 가정 연계 노트의 예시다. 성공을 위한 첫걸음 자료 키트는 이러한 연계 노트 서식을 포함하고 있어 빈칸만 채워 쉽게 활용할 수 있다.

가정 연계 노트

학생명: 김천사 날짜: ________

목표 1) 안전하게 지내기
2) 친구와 협동하기
3) 스스로 책임감 있게 행동하기

오늘 학교에서 다음 기술을 사용했어요.

- ☐ 지시를 따라요
- ☐ 안전은 중요해
- ☑ 관심은 이렇게
- ☐ 우리는 같은 팀
- ☑ 최선을 다하자
- ☐ 편안하게 생각해
- ☑ 실수해도 괜찮아

긍정적인 변화: 천사는 오늘 좋은 하루를 보냈어요. 하이파이브해 주세요! 오늘 스스로 목표를 지키려고 노력해서 38점이나 받았답니다.

목표 점수: 32점, **획득한 점수/총점**: 38점 /40점
교실 강화 약속: 악기 연주하기
코치 사인: 정혜림
(약속을 잘 지켰으면 스마일, 아니라면 내일 다시 도전!이라고 써 주세요.)

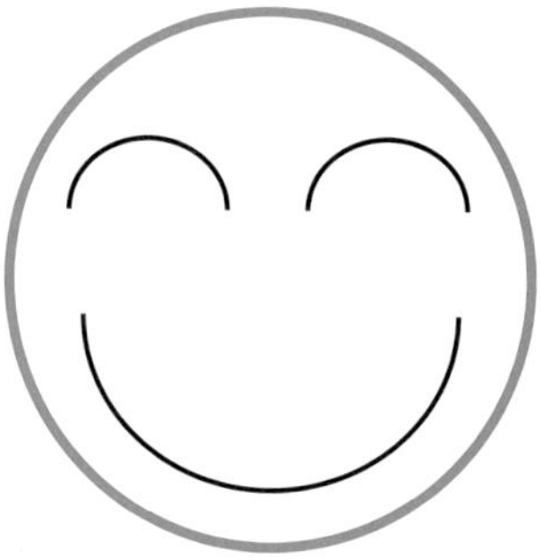

가정 강화 약속: 공원 가기
부모 사인: 김아빠

그림 8-4 **가정 연계 노트**

출처: MU Center for SW-PBS (n.d.). First Step Next: An Intervention for young children with problem Behavior. http://pbismissouri.org/wp-content/uploads/2017/06/7B_STI2016.pdf

4) 성공을 위한 첫걸음 모델의 자료

성공을 위한 첫걸음의 개정판인 『First Step Next』는 Pacific Northwest Publishing에서 발행하고 있으며, 프로그램을 시행할 수 있는 자료 키트는 해당 출판사 웹사이트에서 판매하고 있다. 성공을 위한 첫걸음 자료 키트([그림 8-5])는 현장에서 코치가 중재를 구현할 때 필요한 자료가 포함되어 있다. 실물 자료 외에도 현장에서 필요한 서류를 손쉽게 내려받아서 사용할 수 있도록 복사할 수 있는 프로그램 자료가 포함된 CD가 제공되며, 코치가 현장에서 학부모와 교사 회의 방법, 슈퍼 친구 기술교육 수업, 전체 학급과의 교육 세션을 수행하기 위한 절차를 모델링한 교육 DVD도 제공된다(Frey et al., n.d.).

그림 8-5 성공을 위한 첫걸음 자료 키트

출처: https://ancorapublishing.com/product/first-step-next/

3. 국내외 적용 예시

1) 성공을 위한 첫걸음이 개정된 후 실시된 대규모 무작위 통제 실험(Feil et al., 2021)

성공을 위한 첫걸음은 매뉴얼이 제시되어 있는 프로그램이기 때문에 대부분의 연구에서 프로그램에 대한 정확한 설명을 생략하고 있다. 따라서 구체적인 적용 예시를 보여 주기보다는 효과를 입증하는 것에 목적을 두고 최근에 이루어진 대규모 무작위 통제 실험을 소개하고자 한다.

개정되기 전 성공을 위한 첫걸음 프로그램은 무작위 통제 실험을 통해 효과가 입증된 바 있으나(Feil et al., 2014; Walker et al., 1998; Walker et al., 2009) 이 연구는 개정 이후 처음으로 실시된 무작위 통제 실험이다. 이 연구에서는 파괴적인 행동 문제를 보이며 학교 실패 위험에 있는 평균 연령 만 4세의 아동 160명을 대상으로 유아교육기관에서 프로그램을 실행하였다. 연구 결과, 프로그램 중재의 실행자인 코치와 교사의 중재 충실도가 높았으며 교사와 학부모 만족도가 높았다. 특히 연구 참여를 중단하는 아동과 가족이 적었고 중재가 충실하게 실행된 것은, 이 연구가 실제 현장에서 유용했으며 연구 결과가 타당함을 뜻한다. 아동의 결과로는 친사회적 행동이 증가하였고, 문제 행동은 감소하였으며, 이러한 변화는 통계적으로 유의하였다. 이 연구의 대상은 ADHD, 불안장애, 자폐성장애, 품행장애와 같은 진단을 받기 이전의 장애 위험 아동이며, 실제로 파괴적인 행동장애를 진단받기 전 예방을 목적으로 중재한 것에 의의가 있다. 프로그램이 개정됨에 따라 슈퍼 친구 기술이 추가되었고 가정 방문을 통한 부모를 대상으로 하는 직접 코칭이 삭제되는 변화가 있었으나, 첫걸음 모델은 유의한 결과를 보였다. 연구자들은 추후 장기적으로도 프로그램의 성과가 지속되는지에 대한 연구의 필요성을 제시하였다.

2) 국내 유아교육기관에서 실행한 성공을 위한 첫걸음(송서영, 허계형, 2021)

이 연구에서는 『성공을 위한 첫걸음』(개정판)을 처음으로 국내에 적용하였다. 연구자는 한국형 First Step Next 프로그램을 실시하기 위하여 3단계의 문화적 적용 과정을 거쳤다. 1단계로, 성공을 위한 첫걸음 프로그램의 원서와 웹사이트를 번역하고 출판사를 통해 이를 사용할 수 있게 허가를 받았다. 2단계로, 성공을 위한 첫걸음의 내용을 우리 문화에 적합하도록 내용 및 예시를 수정하였다. 3단계로, 예비 연구와 전문가 협의를 거쳤다. 한국형 성공을 위한 첫걸음 프로그램의 실행에 앞서 대상 유아 모집과 코치(이 연구에서는 '코칭상담사'로 번역함.) 교육이 이루어졌다. 대상 유아 모집은 교육지원청과 협력하여 관할 지역구에 위치한 전체 유치원과 어린이집을 대상으로 참여 신청을 받았다. 신청한 기관에는 유아 사회정서·문제 행동 선별 도구(Korea-Age and Strages Questionnaires: Social and Emotional)를 배포하였다. 선별 평가 결과, 기관의 참여 의사, 교사의 프로그램 실행 여건, 부모 참여 여부, 유아의 프로그램 적합도 등을 고려하여 최종적으로 5개의 유치원과 어린이집에서 6명의 교사와 5명의 만 4~5세 개별 지원 유아가 참여하였다. 참여 교사들을 대상으로 프로그램을 소개하는 오리엔테이션을 가진 뒤, 사전 실행, 코치, 전이, 교사 단계로 프로그램이 실행되었다. 사전 실행은 중재 전에 유아와 학급을 관찰하고 부모, 교사, 코치가 만나 프로그램 필요성을 안내하는 과정이다. 코치 단계는 코치가 1:1로 슈퍼 친구 기술을 가르치는 단계다. 전이 단계는 교사가 프로그램을 실행하도록 준비하는 단계로, 코치가 교사에게 피드백을 제공하고 역할극을 활용한다. 교사 단계는 교사가 독립적으로 프로그램을 시행하며 코치가 간접적 지원을 하는 단계다. 가정과의 연계는 중재에 대한 정보를 가정으로 보내는 방법으로 정보를 제공하는 형태로 실시하였다. 연구 결과, 유아의 문제 행동이 감소하였고 교실 내 전체 유아의 사회정서 역량은 증가하였다. 교사의 사회정서 교수 역량도 증가하여 유의미한 결과를 보였다. 교사의 인터뷰 결과, 유아에 대한 이해가 증가하였고, 긍정적인 피드백을 통해 유아와 친밀감을 형성하였으며, 일관된 규칙을 적용하는 것이 효과적이었다고 밝혔다.

4. 요약 및 결론

성공을 위한 첫걸음은 20년 이상의 역사와 연구를 통해 증거기반의 실제로 인정받은 행동 문제를 가진 아동을 위한 조기 개입 프로그램이다. 성공을 위한 첫걸음은 특수교육대상자로 선정된 아동이 아닌 전체 아동을 대상으로 선별하여 진행한다. 즉, 학급 내 전체 아동을 대상으로 시행하기 때문에 문제가 일어나기 전에 개입하는 예방적 중재라는 점이 주요 강점이다. 또 다른 프로그램에 비해 중재 요소가 적고, 비교적 짧은 기간 내에 실행 가능하며, 중재에 들어가는 노력과 비용도 적어 효율적인 중재라고 할 수 있다(Frey et al., 2019). 국내에 처음으로 성공을 위한 첫걸음을 도입한 연구는 유아교육 분야에서 시행되었으나, 문제 행동 예방 프로그램의 진행은 행동 문제에 관심을 가지고 중재를 시행할 수 있는 역량을 가진 특수교사가 중심이 되어 실시할 수 있을 것으로 기대된다. 다시 말해, 특수교사는 장애 위험 영유아를 발견하고 지원하는 역할을 하는 동시에 일반교육현장에서 강조되는 인성교육의 한 방안으로 성공을 위한 첫걸음 중재를 활용할 수 있다. 즉, 슈퍼 친구 기술, 초록 카드 게임, 교실에서 배우는 시간, 가정 연계 노트와 같은 성공을 위한 첫걸음의 중재 요소를 참고하여 유치원 교육과정을 수정하고 조정하여 운영할 수 있을 것이다. 그러나 첫걸음 프로그램에서 외부 인력이 실시했던 코치의 역할을 특수학급을 운영하는 특수교사가 맡는 경우, 특수교사의 업무가 늘어나 코치의 역할을 지속적으로 실행하는 데 어려움이 발생할 수 있다. 따라서 현재 시행하고 있는 교육청 차원의 긍정적 행동지원 업무에 성공을 위한 첫걸음 프로그램의 내용을 추가하여, 교육청 소속 또는 교육청의 의뢰를 받은 코치(외부 지원자)가 각 유치원에서 성공을 위한 첫걸음을 구현할 수 있도록 코칭을 제공하는 것도 하나의 대안이 될 것이다.

제 9 장

멋진 나날

1. 소개
2. 중재의 내용과 전달 방식
3. 국내외 적용 예시
4. 요약 및 결론

1. 소개

멋진 나날(Incredible Years)은 미국 워싱턴 대학의 웹스터 스트라톤(Webster-Stratton, C.)이 공격 행동을 보이는 아동의 부모를 위해 개발한 코칭 프로그램으로, 1984년에 시작되었다. 워싱턴 대학의 명예 교수인 웹스터 스트라톤은 임상심리학자이자 간호사로, 육아 클리닉에서 근무하며 고위험 아동의 사회정서 발달과 학교 준비 능력을 증진하고, 품행 문제를 예방하기 위하여 비디오 피드백과 코칭을 중심으로 하는 부모 중재 프로그램인 멋진 나날을 개발하였다(Webster-Stratton & Reid, 2010/2019).

많은 연구자가 이 모델의 효과를 평가하기 위해 다수의 무작위 통제 실험을 수행하여 그 효과를 입증하였으며, 프로그램은 여러 언어로 번역되어 24개국 이상에서 사용되고 있다(Webster-Stratton, 2020). 멋진 나날 프로그램은 증거기반의 실제로 인정받았고, 프로그램의 보급을 위해 공인된 코치, 멘토, 훈련자를 양성하고 있다. 웹스터 스트라톤 박사는 멋진 나날 프로그램을 개발하고 확장하기 위한 과정을 집을 짓는 것으로 비유하였다. 멋진 나날 프로그램의 개발자는 건축가이고, 교육기관의 관리자는 건물 품질을 감시하는 계약자이며, 멘토와 코치는 건축 현장 관리자, 그룹 리더는 잘 훈련받은 건설 노동자다. 멋진 나날 모델은 중재의 실행을 담당하는 '리더'를 양성하기 위한 별도의 프로그램을 운영하고 있다(Webster-Stratton & McCoy, 2015). 2020년을 기준으로 8명의 공인 훈련자, 75명의 멘토 및 110명의 동료 코치가 멋진 나날 중재를 하게 될 리더에게 교육과 지원을 제공한다(Webster-Stratton, 2020). 모델 개발자는 인증받지 않은 사람이 멋진 나날 프로그램을 실행하는 것은 불량 자재를 사용하여 건축 계획을 무시하면서 집을 짓는 것과 같다고 말할 정도로 공인 절차를 강조하고 있다. 이러한 인증 체계를 국내에 도입하는 것이 단기간에 가능한 일은 아니므로, 이 장에서는 멋진 나날 모델의 이론적 배경과 주요 요소를 간단히 소개하고, 이 모델이 국내 교육현장에서 문제 행동을 보이는 아동의 조기 개입에 주는 시사점을 제시하고자 한다.

멋진 나날 모델은 부모, 교사, 아동을 대상으로 하는 종합적인 프로그램으로, 적용 대상이 부모, 교사, 아동 중 누구인지에 따라 프로그램을 분류할 수 있다. [그림 9-1]은 멋진 나날 모델의 전체 시리즈를 보여 준다. 가장 먼저 개발된 모델은 부모 프로그램으로, [그림 9-1]의 제일 아랫줄인 1층에 해당한다. 부모 프로그램 중 걸음마기(1~3세), 유아기(3~5세) 및 취학 연령(6~12세)으로 나뉜 기본(BASIC) 프로그램은 멋진 나날 프로그램의 핵심으로, 예방 프로그램의 필수 구성 요소다. 기본 프로그램에서는 온정적 양육 방법을 가르치기 위하여 비디오 모델링과 코칭을 강조한다. 그러나 모델 개발자는 적절한 양육 방법을 알고 있는 부모도 스트레스, 우울 등으로 실제 양육에는 어려움을 겪는다는 것을 파악하였다. 따라서 기본 프로그램뿐 아니라 심화 프로그램을 구성하여, 행동 문제가 있는 아동이나 ADHD 아동의 부모들에게 도움을 주고자 하였다. 이 외에도 지원 요구에 따라 12개월 미만의 영아 부모 프로그램, 심각한 발달 또는 행동 문제가 없는 자녀(4~6세)를 둔 부모를 위한 프로그램, 자폐성 장애 또는 언어 지연(2~6세)이 있는 자녀의 부모를 위한 프로그램, 학교 준비를 위한 부모 프로그램으로 확장하였으며, 이는 [그림 9-1]의 2층에 해당한다.

다음으로, 교사를 대상으로 하는 프로그램은 교사 교실 관리(Teacher Classroom Management: TCM)로 불리고 [그림 9-1]의 3층에 해당한다. 교사 교실 관리 프로그램 시리즈는 3개의 프로그램으로 구성된다. 첫 번째, 3~8세 아동의 교사를 대상으로 코칭 기술을 효과적으로 사용하고, 아동의 주의를 집중시키며, 칭찬과 격려를 적절히 사용하고, 행동 문제에 강화를 사용하며, 아동 주도적인 교수 전략을 사용하는 등의 구체적인 학급 운영 방법을 담고 있다. 두 번째, 좀 더 어린 1~5세 아동의 어린이집과 유치원 교사를 대상으로 분리불안을 관리하는 방법, 언어 또는 사회정서적 발달 촉진, 행동 관리에 중점을 두는 프로그램이다. 세 번째, 3~5세 자폐성장애 또는 언어 지연 아동의 교사를 위한 프로그램이 추가로 개발되었다.

마지막은 [그림 9-1]의 가장 위층인 4층의 공룡 교육과정(Dinosaur curriculum)[1)]으로, 이는 아동 대상의 프로그램이다. 공룡 교육과정은 3~8세 아동의 전체 학급을 대상으로 하는 학급 예방 프로그램과, 4~8세 아동을 대상으로 하는 소그룹 치료 프로그램으로 구성된다. 예방 프로그램은 모든 아동을 대상으로 학급 내에서 실시하며, 치료 프로그램은 품행 문제를 보이는 아동들이 모인 소집단을 대상으로 교실이 아닌 공간에서 실시한다. 이 장에서는 교육현장에서 아동을 대상으로 교사가 직접 실행할 수 있는 공룡 교육과정을 중심으로 멋진 나날 프로그램을 설명하고자 한다.

---

1) 아동 공룡 학급 예방 프로그램(Child dinosaur classroom prevention program)과 아동 공룡 치료 프로그램(Child dinosaur treatment program)은 아동 훈련 프로그램(Child training program), 공룡 교육과정(Curriculum), 공룡 학교 교육과정(School curriculum), 공룡 프로그램(Program), 공룡 학교(School), 공룡 사회정서 및 문제 해결 중재(social, emotional and problem-solving intervention) 등으로 불린다. 이 장에서는 국내 초등학교 또는 유치원 교육과정에 통합하여 활용할 수 있는 프로그램으로 보고 '공룡 교육과정'으로 통칭하고자 한다.

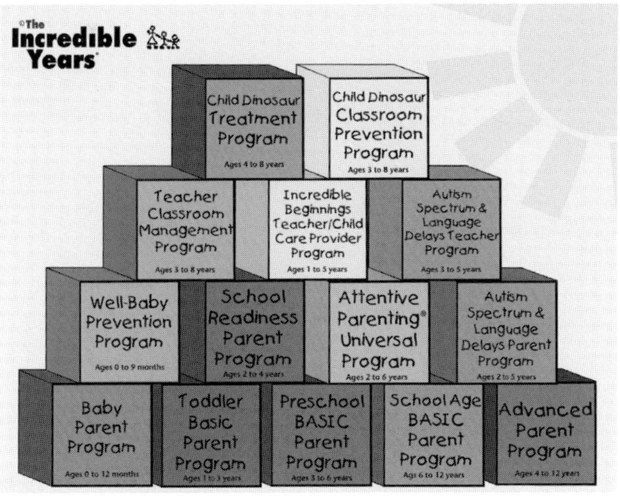

그림 9-1 멋진 나날 프로그램 시리즈

출처: https://incredibleyears.com/about/incredible-years-series/

2. 중재의 내용과 전달 방식

1) 멋진 나날 모델의 기본 원칙

프로그램 개발자는 멋진 나날 프로그램을 '거인의 어깨에 놓인 프로그램'으로 비유하며 여러 이론을 토대로 개발한 프로그램임을 강조하였다(Webster-Stratton, 2020). 먼저, 아동의 반사회적 행동 발달에 대한 인지적 사회학습 이론을 주장하는 패터슨(Patterson, C. H.)의 이론을 기반으로 하며, 패터슨의 주장에 따라 조기 개입과 자연스러운 환경인 가정에서의 중재를 강조한다(Webster-Stratton & Herma, 2010). 따라서 멋진 나날은 부모에게 능동적인 훈육 방법을 가르쳐 부정적인 관계를 차단하는 데 중점을 두고 있으며, 아동과 부모 간 관계에서 교사와 또래와의 관계까지 다루고 있다. 또 이 프로그램에서 다루는 어린이 발달지표와 관련하여 개발한 내용은 피아제(Piaget, J.)의 발달 인지 이론에 근거하며, 긍정적인 부모-자식 관계 구축을 목표로 하는 내용은 볼비(Bowlby, J.)의 애착 이론에 기반을 둔다. 부모의 화나고 우울한 내적 언어를 지원하기 위한 인지적 전략과 지원 시스템 개발의 중요성은 벡(Beck, A.)의 연구에 근거하였다. 학습 방법으로서는 사회-학습 이론을 기반으로 하며, 특히 모델링을 중요한 학습 방법으로 강조한다(Webster-stratton, 2006/2014). 따라서 멋진 나날 프로그램은 토론, 비디오 시청, 학습해야 하는 주요 개념에 대한 역할극을 교수 방법으로 사용한다(Hutchings & Williams, 2017).

멋진 나날 프로그램의 주요 특징 중 하나는 긍정적인 관심과 비폭력을 원칙으로 하며, 반응적이고 민감한 육아를 촉진하는 것이다. 이러한 원칙은 피라미드를 통해 시각적으로 설명할 수 있다. 피라미드 제일 아래는 부모와 자녀 사이에 강한 애착을 형성하기 위한 견고한 토대를 구축하는 방법을 포함한다. 구체적인 방법은 공감, 관심과 참여, 놀이, 문제 해결, 듣기 및 말하기이며, 부모는 이러한 방법을 자주 사용해야 한다. 또 칭찬, 격려, 강화, 축하도 좋은 상호작용 방법이다. 기본적으로 관계의 원칙은 긍정적 관계의 형성이지만, 잘못된 행동에 대한 적절한 반응도 필요하다. 피라미드의 위로 갈수록 꼭 필요한 경우에 사용해야 하는 방법이다. 명확한 한계, 가정 규칙 및 일관된 후속 조치를 사용하며, 필요한 경우에는 무시, 재지시와 같은 접근 방식을 사용해야 한다. 피라미드의 꼭대기는 선택적으로 사용해야 하는 타임아웃, 권한 상실, 논리적이고 자연스러운 결과가 있다(Webster-Stratton et al., 2005). [그림 9-2]는 멋진 나날들 프로그램의 특징인 양육의 기본 원칙을 피라미드 형태로 보여 준다.

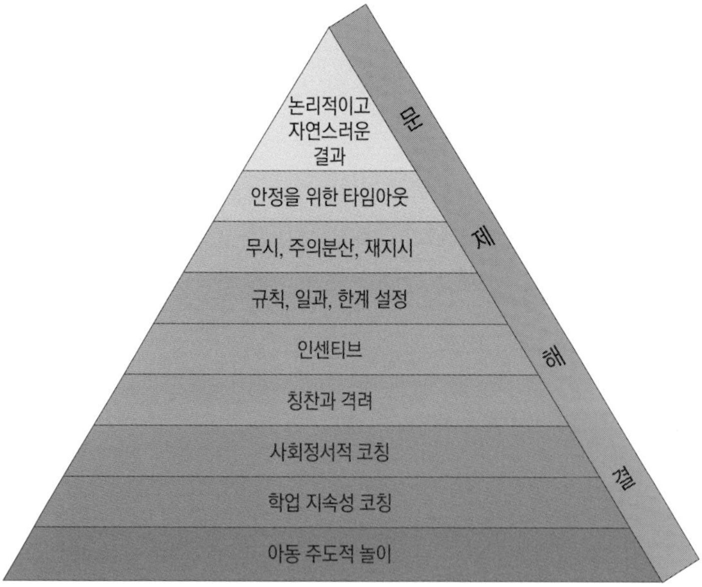

그림 9-2 멋진 나날에서 강조하는 부모-자녀 상호작용 원칙

출처: https://incredibleyears.com/programs/parent/supplementals/

초기의 멋진 나날 프로그램은 부모 훈련 프로그램으로 개발되었으나, 개발자는 가정에서의 변화가 교실에 일반화되지 않음을 발견하고 교사와 아동을 대상으로 하는 멋진 나날 프로그램을 추가로 개발하였다. 부모 훈련 프로그램에서의 원칙은 교사-아동 간의 상호작용에 유사하게 적용되며, 특히 공식 웹사이트(https://incredibleyears.com/programs/child/classroom-curriculum/)를 통해 밝힌 공룡 교육과정의 주요 철학은 다음과 같다.

- 아동 중심의 관계 구축 교육 철학 사용
- 연구기반의 학습 원리 통합
- 아동의 발달 단계와 능력을 평가할 때 기질과 학습 스타일의 개인차를 인정
- 문화적 다양성을 장려할 기회 제공
- 교과 과정 및 학습 과정의 모든 측면에서 학부모의 정기적인 참여
- 또래 및 다양한 자료와의 적극적인 경험을 바탕으로 한 학습 접근법 활용
- 학업 능력(예: 읽기, 쓰기, 수학, 듣고 말하기)을 사회정서적 능력과 통합
- 학습에서 아동의 선택과 자기주도성을 장려하는 활동
- 특정 학급이나 지역사회에서 의미 있는 주제를 다루기 위해 아동과 부모의 의견을 존중하고 조정함
- 언어, 문해력 및 작문 개발을 장려하기 위해 고안된 다양한 기회
- 아동의 정서 조절 및 문제 해결력 강화

2) 공룡 교육과정의 적용 절차

(1) 공룡 교육과정의 논리 모델

멋진 나날 프로그램은 행동 문제의 예방과 관련된 핵심 인물인 부모, 교사, 아동의 위험 요인 및 보호 요인 변화를 목표로 한다. 위험 요인과 보호 요인의 변화는 결국 자연스럽게 아동의 행동 변화로 이어진다. 아동의 행동은 1~2년 안에 보이는 단기적 결과와 청소년기의 긍정적인 효과라는 장기적 결과로 나타날 수 있다. 멋진 나날 프로그램은, ① 프로그램 요소 및 목표, ② 프로그램 양식, ③ 위험 요인과 보호 요인, ④ 단기적 결과, ⑤ 장기적 결과라는 논리적인 구조로 정리된다. [그림 9-3]은 논리적 모델을 시각화한 그림이다. 이 절에서는 공룡 교육과정의 논리 모델(Logic Model)에 따라

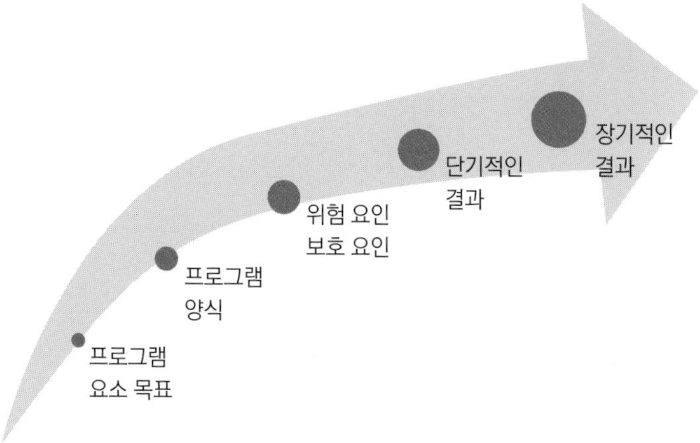

그림 9-3 멋진 나날의 논리 모델

프로그램의 핵심 요소 및 적용 절차를 설명하고자 한다. 공룡 교육과정을 비롯한 멋진 나날의 논리 모델의 자세한 내용은 공식 웹사이트(https://incredibleyears.com/about/incredible-years-series/series-goals/)를 참고할 수 있다.

가. 프로그램 요소 및 목표

공룡 교육과정은 크게 두 개의 요소 및 목표로 구성된다. 첫 번째 요소인 학급 차원의 공룡 프로그램은 전체 아동을 대상으로 사회, 정서, 학업 능력을 강화하여 문제 행동을 예방하는 것을 목표로 한다. 교사는 학급 내 모든 아동을 위한 예방 프로그램으로 학급 차원의 공룡 교육과정을 활용한다. 학급 차원의 공룡 교육과정은 아동 발달 연령에 따라 3가지 수준으로 구성되어 있다. 학급 교사는 적절한 수준의 교육과정을 선택하여 매주 2~3회 20~30분의 대집단 수업과 소집단 실습 활동과 연계하여 운영한다. 학급 예방 프로그램에는 가정과의 연계를 위해 부모가 자녀와 함께할 수 있는 활동이 담긴 가정통신문이 포함되어 있다. 두 번째 요소인 소그룹 차원 공룡 치료 프로그램의 목표는 문제 행동이 있거나 ADHD인 아동의 정서적·사회적·학업적 능력을 증가시키고 문제 행동을 감소시키는 것이다. 소그룹 공룡 교육과정은 18~22주 동안 매주 2시간의 소규모 그룹 회기로 실행되며, 각 그룹은 6명 이하의 아동으로 구성된다. 소그룹 치료 프로그램은 가정과 연계를 위해 이상적으로는 매주 2시간의 육아 프로그램 그룹 세션과 함께 제공되어 부모가 가정에서 자녀의 발달과 학습을 촉진할 수 있도록 한다.

나. 프로그램 양식

공룡 교육과정의 구체적인 전략과 방법 및 기술은 9개로 구성되어 있다. 비디오 모델링, 역할극과 행동 연습, 그룹 지원과 문제 해결, 간식, 부모와 집에서 할 수 있는 활동, 그룹 활동과 게임 노래 부르기, 손인형을 통한 상징 놀이, 긍정적인 자기조절 전략, 또래가 실시하는 학업, 지속성, 사회정서적 코칭이 포함된다.

다. 위험 요인과 보호 요인

공룡 교육과정은 아동의 위험 요인과 보호 요인을 파악하여, 위험 요인을 감소시키고 보호 요인을 강화하는 방향으로 진행된다. 〈표 9-1〉은 공룡 교육과정이 중점을 두는 아동의 위험 요인과 보호 요인이다.

표 9-1 공룡 교육과정에서 제시하는 아동의 위험 요인과 보호 요인

위험 요인	보호 요인
• 공격적인 행동 • 문제 해결 능력 부족 • 사회성 기술과 감정 이해 및 표현 어려움 • 조기에 시작되어 지속한 문제 행동 • 낮은 학업 준비 • 부모, 교사, 또래와의 관계 어려움	• 정서적 조절 • 사회성 기술과 긍정적 우정 • 효과적인 문제 해결 • 긍정적인 관계 및 부모와 교사로부터 받는 가르침

라. 단기적인 기대 효과

공룡 교육과정을 시행한다면 아동은 1~2년 안에 사회적 능력과 정서 조절, 학교 준비도가 향상될 것이다. 공룡 교육과정의 단기적 기대 효과로는 학급 내에서 또래와 함께 놀이할 때 사회정서적 능력 증가, 문제 해결 기술 향상, 공격적 행동 문제 감소, 학업적 준비도 증가, 아동의 학업 성취 및 과제의 지속성 증가, 사회정서적 코치 과정에서 부모 참여 비율 증가를 들 수 있다.

마. 장기적인 기대 효과

공룡 교육과정은 아동이 청소년기에 접어들었을 때 발생 가능한 반사회적 행동을 예방하는 데 도움이 될 것이다. 장기적 기대 효과로는 공격적이고 파괴적인 행동, 약물이나 알코올 남용, 위험한 또래 그룹에 속할 확률, 학업중단율, 범죄에 연루되거나 임신할 확률의 감소를 들 수 있다.

(2) 공룡 교육과정의 내용과 방법

이 모델의 내용과 방법은 체계적인 매뉴얼로 제시되며, 중재는 회기 전반에 걸쳐 매뉴얼에 따라 훈련받은 그룹 리더가 제공한다. 공룡 교육과정 중 예방 중심의 학급 차원의 프로그램은 그룹 리더에게 교육을 받은 학급 교사가 실행한다. 다음에 제시할 공룡 교육과정에 관한 내용 및 구체적인 교수 방법 및 지침은 학급 차원의 예방 프로그램을 자세히 설명한 웹스터 스트라톤과 라이드의 연구(Webster-Stratton & Reid, 2004)를 기반으로 한 것이다. 소그룹 치료 프로그램과 학급 차원의 예방 프로그램은 내용과 방법이 유사하나, 개별 아동의 특성에 적합하게 조정하여 사용한다. 특정 장애 아동을 위하여 소그룹 치료 프로그램을 조정하는 과정은 웹스터 스트라톤과 라이드의 연구(Webster-Stratton & Reid, 2008)에 제시되어 있다. 이 외에 공룡 교육과정에 대한 최신 자료 및 실제 수업 영상은 멋진 나날의 공식 웹사이트를 통해 접근할 수 있다.

가. 공룡 교육과정의 내용

공룡 교육과정은 3~8세 아동에게 필요한 긍정적인 사회성 기술, 갈등 및 분노 관리 기술, 감정 문해력, 적절한 학교 행동, 읽기 쓰기 및 의사소통 기술을 포함한다. 크게 7가지 내용으로 구성되어 있으며, 공룡 학교의 선생님과 학생 인형이 등장하여 각 기술을 소개하고 가르친다. 7가지의 내용은 다음과 같다: ① 공룡 학교를 소개해요, ② 다이나(Dina)는 학교에서 최선을 다하는 법을 가르쳐요, ③ 월리(Wally)는 감정을 이해하고 표현하는 걸 가르쳐요, ④ 월리(Wally) 형사는 문제 해결 단계를 가르쳐요, ⑤ 작은 거북이가 분노 조절을 가르쳐요, ⑥ 몰리(Molly)는 친절하게 대하는 법을 가르쳐요, ⑦ 몰리(Molly)는 친구와 대화하는 법을 가르쳐요. 〈표 9-2〉는 구체적인 공룡 교육과정의 수업 내용과 목표이며, 이러한 수업 목표는 국내 교육현장의 교육 목표로도 활용될 수 있을 것이다.

표 9-2 공룡 교육과정 수업 내용과 목표

수업 내용	수업 목표
1. 공룡 학교를 소개해요	• 규칙의 중요성 이해하기 • 규칙을 만드는 과정에 참여하기 • 규칙이 위반될 경우 어떻게 되는지 이해하기 • 좋은 행동에 대한 보상을 받는 방법 배우기 • 우정을 쌓는 법 배우기

2. Dina는 학교에서 최선을 다하는 법을 가르쳐요	• 듣기, 기다리기, 조용히 손 들어 질문하기 등을 배우기 • 놀리거나 방해하는 다른 아이들을 다루는 법 배우기 • 일을 멈추고 생각하고 확인하는 법 배우기 • 교사 및 다른 어린이들과의 협력의 중요성 배우기 • 집중력과 좋은 교실 기술을 연습하기
3. Wally는 감정을 이해하고 표현하는 걸 가르쳐요	• 다양한 감정에 대한 단어를 학습하기 • 감정을 감지하는 언어와 비언어적 형태를 통해 감정을 말하는 방법을 배우기 • 감정을 묘사하는 데 사용하는 비언어적 의사소통에 대한 인식 증가시키기 • 다양한 휴식 방법 배우기 • 다양한 관점에서 감정 이해하기 • 감정에 대해 말하는 연습하기
4. Wally 형사는 문제 해결 단계를 가르쳐요	• 문제를 식별하는 방법 배우기 • 가상의 문제에 대한 해결책을 생각하기 • 언어로 주장하는 능력을 배우기 • 충동적인 반응을 억제하는 방법을 배우기 • 사과의 의미 이해하기 • 놀림, 폭행 등 문제 상황에 대한 대안적 해결 방안 모색하기 • 해결책에는 결과가 따른다는 것을 이해하는 법 배우기 • 솔루션을 비판적으로 평가하는 방법 학습하기
5. 작은 거북이가 분노 조절을 가르쳐요	• 분노가 문제 해결에 방해가 될 수 있음을 인식하기 • 거북이 기법을 사용하여 분노 조절하기 • 사과가 도움이 될 때 이해하기 • 자신과 타인의 분노 인식하기 • 분노를 느끼는 것은 괜찮지만 다른 사람에게 상처를 주는 행위는 옳지 않음을 이해하기 • 분노 반응을 조절하는 법 배우기 • 화난 성인에게 놀림, 따돌림, 고함을 당할 때 대안적인 반응을 연습하기 • 다른 사람의 분노에 대처하는 기술 배우기
6. Molly는 친절하게 대하는 법을 가르쳐요	• 우정의 의미와 친해지는 법 배우기 • 다른 사람을 돕는 방법 이해하기 • 나눔과 도움의 개념 배우기 • 팀워크가 무엇인지 배우기 • 나눔, 도움, 팀워크의 장점 이해하기 • 우정 기술 연습하기
7. Molly는 친구와 대화하는 방법을 설명해요	• 친구에게 질문하고 무언가를 말하는 법 배우기 • 친구의 말을 주의 깊게 듣는 법 배우기 • 당신을 괴롭히는 것에 대해 말하는 법 배우기 • 사과나 칭찬을 어떻게 하는지 이해하기 • 이미 놀고 있는 아이들의 그룹에 들어가는 법 배우기 • 명령을 내리기보다 제안하는 법을 배우기

출처: Webster-Stratton & Reid (2004), pp. 101-102.

나. 공룡 교육과정 교수 방법 및 지침

어린 아동에게 사회성 기술을 가르치기 위해 공룡 교육과정에서 사용하는 교수 방법 및 지침은 다음과 같다.

첫째, 효과가 검증된 그룹 관리 기술을 사용한다. 그룹 관리 기술이란 효과적인 교실 관리 전략을 뜻하며, 높은 수준의 칭찬과 격려, 예측 가능한 규칙과 일정, 효과적인 한계 설정, 사전 예방적 교육 전략, 발달에 적절한 규율과 같은 전략을 포함한다. 공룡 교육과정은 아동 주도적인 프로그램이지만, 아동이 자유롭게 참여하고 주도적으로 활동하기 위해서 교사는 학급을 관리하기 위한 다양한 전략을 알고 활용할 수 있어야 한다.

둘째, 연습을 위한 소집단을 신중하게 구성한다. 공룡 교육과정에서는 아동을 소집단으로 구성하여 서로 모델링하고 학습할 기회를 제공한다. 유치원의 경우 그룹당 6명, 학교는 8명까지로 구성한다. 아동의 발달 수준과 기질에 따라 각 그룹 아동을 선택한다. 예를 들면, 주의력이나 행동 문제가 있는 학생은 사회적이며 자기통제 능력이 뛰어난 인기 있는 학생과 짝을 이룬다.

셋째, 공룡 교육과정의 내용에 기반을 둔 수업 준비가 필요하다. 공룡 교육과정은 한 해에 64개의 교육 계획안을 제공한다. 교사는 제공되는 교육 계획안을 기반으로 매주 그 수업을 할 수 있도록 준비하고 연습해야 한다. 예를 들어, 교사는 인형이 말할 내용을 미리 연습하고, 수업 내용에 적합한 활동을 준비하며, 수업 중에 사용할 강화 방법을 계획한다.

넷째, 구조화된 일과를 운영한다. 공룡 교육과정의 내용은 개별화하여 실시할 수 있으나 학습 시간은 구조화하여 진행되며, 아동의 수준에 맞춰 재미있게 운영된다. 서클 시간(대집단 시간)이 시작하면 공룡 인형과 노래하고 숙제를 이야기한다. 5분 동안 인사와 복습을 한 뒤 새로운 내용(수업)을 제시한다. 내용이 제시된 뒤 비디오와 인형을 활용하여 토론, 문제 해결, 역할극을 실시한다. 15~20분 동안 대집단 활동이 끝나면 소집단 활동으로 이동한다. 소집단 활동은 협동 프로젝트, 퍼즐, 게임, 인형극 등이 포함된다. 이는 국내 유아교육기관에서 실시되는 자유 놀이 시간 및 놀이 영역과 유사하다.

다섯째, 공룡 인형을 모델로 활용한다. 공룡 교육과정에서는 실제 아동 크기의 인형과 공룡 인형을 활용하기 때문에 교육과정의 명칭에 '공룡'이 들어가게 되었다. 공룡 인형 '다이나'는 공룡 학교 또는 유치원의 교사로, 학업을 가르치고 강화와 칭찬을 제공한다. 공룡 학교 또는 유치원의 학생 '윌리'와 '몰리'는 아동들과 비슷한 크기의 인형으로, 비디오 모델링의 해설을 맡는다. 윌리와 몰리는 아이들에게 흔히 발생할 수 있는 문제 상황을 보여 주고 아동들에게 도움을 요청하여 동기를 유발하는 역할을 한다. 윌리와 몰리 외에도 다양한 인형을 사용하는데, 인형은 아이들의 동기 유발과 감정 이입에 효과적이기 때문에 프로그램의 필수 요소다. [그림 9-4]는 인형을 활용하여 수업을 진행하는 모습이다.

그림 9-4 인형을 활용한 수업 모습

여섯째, 비디오 모델링과 실제 모델을 보여 준다. 멋진 나날 프로그램은 공통으로 비디오 모델링을 활용한다. 교사 주도의 설명식 수업과 비교하면, 비디오 모델링은 다양한 상황에서 다양한 모델을 반복해서 보여 줄 수 있다. 또 언어 발달이 느리거나 어린 아동, 주의 시간이 짧은 아동에게 매력적인 방법이다.

일곱째, 역할극과 연습 게임을 활용한다. 역할극은 편안한 환경에서 새로 배운 기술을 시도해 볼 기회를 제공한다. 또한 게임을 활용하여 배운 기술을 연습할 수 있다. 예를 들면, 모자 속에 문제 해결이 필요한 상황이 적혀 있는 쪽지를 넣고 모자를 돌린다. 음악이 멈추면 모자를 들고 있던 아이가 모자 속에서 쪽지를 뽑아서 문제 상황에 대한 해결 방안을 표현한다.

여덟째, 아동의 학습과 기억 전략을 돕는다. 영유아 인지 발달 특성을 고려하여 같은 개념을 다양한 매체로 제공하고, 핵심 개념은 시각적으로 제시하며, 그림책으로 반복하여 설명하고, 핵심 개념을 연습할 수 있는 게임을 실시하며, 가정에서도 연습하도록 숙제를 내는 등의 전략을 사용한다.

아홉째, 교사는 아동이 배운 기술을 연습할 수 있게 기회를 주고 코칭, 단서, 강화를 제공한다. 공룡 교육과정에서는 새로운 기술을 실제 상황에서 연습할 수 있도록 소집단 활동에 참여하는 것을 강조한다. 예를 들어, 미술 시간을 소집단 활동으로 운영한다면 재료가 한정되어 있을 때 어떻게 공유하면서 사용해야 하는지 나누어 쓰는 연습할 수 있다. 소집단 활동 동안 교사는 친사회적 기술을 사용할 수 있도록 코칭과 피드백을 제공한다.

열 번째, 학업 준비 기술을 강조한다. 공룡 교육과정의 활동 대부분은 쓰기 전 기술, 쓰기, 읽기 전 기술, 읽기, 순서 지정, 어휘 기술과 관련된다. 예를 들어, 읽고 쓰는 활동을 기반으로 하는 단어와 그림이 있는 단서 카드, 문제 해결 탐정 책, 연습 문제집을 활용하기 때문이다. 전학문 기술 외에도 협력하기, 듣기, 참여하기, 말하기, 질문하기와 같은 언어 및 비언어 의사소통 기술은 교실에서 성공하기 위한 핵심 기술로 공룡 교육과정 내에서 강조되기 때문에 일과 중에 자연스럽게 연습할 수 있다.

열한 번째, 인지, 정서, 행동 요소를 통합하여 제시한다. 공룡 교육과정의 수업은 인지, 정서행동 요소를 통합한다. 예를 들어, 소그룹 활동 중 감정 체온계 활동은 체온계라는 인지적 개념과 감정 조절이라는 정서적 요소, 화가 나는 상황을 함께 토론하고 문제 해결책을 마련하는 행동적 개념까지 결합한다.

열두 번째, 사회극 놀이를 지도한다. 공룡 교육과정에서는 사회극 놀이가 아동의 언어적 상호작용과 정서 발달에 미치는 영향을 강조하면서 교육과정 내에서 학습이 이루어지는 맥락으로 극 놀이를 강조한다.

열세 번째, 기술의 유지와 일반화를 촉진한다. 대집단 수업은 교실에서 이루어지나 사회성 기술은 운동장, 급식실, 버스 등 다양한 장소에서 사용되어야 한다. 따라서 교사는 일반화를 촉진하기 위해 운동장에 인형을 가지고 와서 문제 해결을 모델링하거나 다양한 장소에서 행동을 강화하는 등의 노력을 기울여야 한다.

공룡 교육과정의 내용과 방법은 심신의 건강 및 조화로운 발달과 함께, 바른 인성을 강조하고 유아 주도적이며 놀이를 중시하는 국가 수준의 유아교육과정인 누리 과정과 유사한 점이 많다. [그림 9-5]는 유치원 교육과정 내에서 인성교육 계획에 공룡 교육과정의 내용과 방법을 삽입한 예시로, 유치원 차원의 교육과정을 운영하는 동시에 공룡 교육과정을 체계적으로 계획하여 실행할 수 있음을 보여 준다.

3 인성교육(우리는 토끼 유치원)

1. 목적
- 올바른 품성과 가치관을 기르는 결정적 시기인 유아기에 다양한 사회 환경과 상호작용하며 인성을 가꾼다.
- 예절과 질서를 지키며, 자신의 감정을 조절하고 타인 감정을 이해하여 원만한 대인관계를 유지해 나간다.

2. 방침
- 웹스터 스트라톤이 개발한 공룡 교육과정의 내용과 방법을 참고로 하여 활동 주제 및 활동 방법을 계획한다.
- 일회적인 수업이 아니라 연간 교육과정 내에서 인성교육을 실시한다.
- 유아의 관심과 흥미를 끌기 위하여 손인형을 활용하며, 놀이를 통해 배우고 연습할 수 있게 한다.

3. 내용

월	활동명	목표	활동 방법
3	우리는 토끼 유치원	• 규칙의 중요성 이해하기 • 규칙을 만드는 과정에 참여하기 • 우정을 쌓는 법 배우기	**〈손인형 이야기 나누기〉** '규칙이 없으면 어떻게 될까?' '친구는 왜 필요할까?' **〈토끼가 들려주는 동화〉** 괴물 예절 배우기: 토끼가 친구 간 지켜야 할 예절을 모델링하여 보여 준다. **〈놀이와의 연계〉** 토끼 유치원 역할 놀이
4	분홍 토끼가 유치원에서 최선을 다하는 방법을 가르쳐요	• 듣기, 기다리기, 방해 피하기, 조용히 손 들어 질문하기 • 일을 멈추고 생각하고 확인하기 • 교사 및 친구와 협력하기 • 듣기, 기다리기, 방해 피하기, 조용히 손 들어 질문하기 • 일을 멈추고 생각하고 확인하기 • 교사 및 친구와 협력하기	**〈손인형 이야기 나누기〉** '최선을 다하는 건 무엇일까?' '기다리는 것도 중요해요' **〈토끼가 들려주는 동화〉** '서로 도우며 살아요.' **〈협력 게임〉** '혼자서는 들 수 없어.' **〈소그룹 미술 활동〉** 서로 도우며 사는 동물 만들기
5	파랑 토끼는 감정을 이해하고 표현하는 방법을 가르쳐요	• 다양한 감정에 대한 단어를 학습하기 • 감정을 감지하는 언어와 비언어적 형태를 통해 감정을 말하는 방법을 배우기 • 감정을 묘사하는 데 사용하는 비언어적 의사소통에 대한 인식 증가시키기 • 다양한 휴식 방법 배우기 • 다양한 관점에서 감정 이해하기 • 감정에 대해 말하는 연습하기	**〈손인형 이야기 나누기〉** '어떤 감정이 들었어?' **〈게임〉** '어떤 감정인지 맞춰 봐요.' (몸으로 표현하고 맞추는 게임) **〈과학 및 미술 놀이〉** 감정 온도계 만들기×소집단 활동 **〈환경〉** 다양한 감정을 다루는 그림책과 화보 제공
	이하 생략		

그림 9-5 유치원 교육과정 내 인성교육 계획에 공룡 교육과정을 삽입한 예시

3) 자료

멋진 나날 시리즈 중 하나인 공룡 교육과정은 공룡을 주제로 활동을 구성하며, 실물 크기의 인형을 사용하여 아동을 참여시키고 사회, 정서 및 학업 능력을 강화하기 위한 자료를 가지고 있으며 공식 웹사이트에서 판매하고 있다. 실물 자료 외에도 멋진 나날 시리즈는 USB, CD를 활용하여 자료를 제시하고 동영상 스트리밍 서비스도 유료로 제공한다. [그림 9-6]과 [그림 9-7]은 공식 웹사이트에서 판매하고 있는 공룡 교육과정 자료 키트다.

그림 9-6 소그룹 차원 공룡 교육과정

출처: https://incredibleyears.com/programs/child/dinosaur-curriculum/

그림 9-7 학급 차원 공룡 교육과정

출처: https://incredibleyears.com/programs/child/classroom-curriculum/

3. 국내외 적용 예시

멋진 나날 프로그램은 구체적인 매뉴얼 및 매뉴얼에 따라 중재를 실행하는 리더를 양성하기 위한 과정을 가지고 있다. 따라서 이 장에서는 구체적인 적용 예시를 보여 주기보다는 프로그램이 어떤 맥락에서 실행되었는지 보여 주기 위해 미국과 영국 웨일스에서 이루어진 대규모 무작위 통제 실험을 소개하고자 한다.

1) 헤드스타트 프로그램과 교사 훈련, 공룡 교육과정을 결합한 대규모 무작위 통제 실험(Webster-Stratton et al., 2008)

이 연구는 사회경제적으로 불리한 가정의 아동에게 제공되는 헤드스타트 프로그램에 등록한 아동을 대상으로, 보편적 예방 프로그램으로서 교사 교실 관리(TCM)와 공룡 교육과정을 실시하고 그 성과를 측정하였다. 153명의 교사와 1,763명의 학생이 이 연구에 참여하였으며, 교사들은 1년 동안 격주로 공룡 교육과정 수업을 제공하였다. 그리고 가정과의 연계를 위해 공룡 워크북을 집으로 보내 가정에서도 수업에서 배운 내용을 실습할 수 있게 하였다. 교과과정 목표와 공룡 교육과정 목표를 연계하였고, 긍정적인 교실 관리 기술을 지속적으로 사용하였다. 중재 결과를 측정하기 위하여 연구에 대해 알지 못하는 관찰자가 교실에서 학생과 교사를 직접 관찰하였다.

연구 결과, 먼저 높은 중재 충실도를 보였다. 그룹 리더는 30개의 필수 수업 중 평균 27개의 수업이 수행되었음을 평가하였다. 실험집단 교사는 통제집단과 비교하여 더 따뜻하고 허용적이며, 사회정서교육에 중점을 두어 긍정적인 학급 관리 전략을 사용하는 것으로 나타났다. 실험집단의 아동도 통제집단과 비교하였을 때 사회적 능력과 정서 조절이 증가하였고 문제 행동은 감소하였으며, 특히 실험 전 학교 준비 기술의 수준이 낮고 품행 문제가 높았던 아동에게 더욱 효과적이었다. 중재를 받은 교사들은 통제집단 교사보다 부모의 참여도가 더 높다고 보고하였다. 교사와 학부모의 프로그램에 대한 만족도도 매우 높았다. 연구 결과를 통해 기관에서 이루어지는 예방 중재의 효과를 검증하여 보편적인 교육과정 운영의 중요성을 환기하였으며, 헤드스타트 프로그램과 같이 기존에 실행되고 있는 프로그램에 멋진 나날 프로그램을 결합하여 사용하는 예시를 보여 주었다.

2) 소그룹 공룡 교육과정 중재의 효과를 검증하는 무작위 통제 실험 프로토콜(Bywater et al., 2011)

영국 웨일스는 탈산업화로 인해 영국 내 빈곤한 지역 중 하나로, 웨일스 지역사회는 웨일스 지역에 사회적·정서적·행동적 어려움을 가진 아동이 많다는 문제의식을 공유하였다. 이러한 문제를 해결하기 위해 웨일스 지역 Gwynedd 교육청은 2001년 사회적·정서적·행동적인 어려움으로 학교에 실패하는 아동을 예방하기 위해, 유아교육 및 초등학교 교육과정에서 전체 아동을 대상으로 하는 예방적 프로그램으로 공룡 교육과정을 구현하기 시작하였다(Hutching et al., 2004). 그러나 고위험 아동의 즉각적인 변화를 위해서는 추가 중재가 필요하였다. 이에 이 연구에서는 고위험 아동을 6명 이내의 소그룹으로 구성한 후 공룡 치료 프로그램(Incredible Years Therapeutic Dinosaur Program)을 시행하여 어떤 중재가 가장 효과적인지, 중재에 참여하는 기간이 효과에 영향을 미치는지, 가정에서 일반화되는지, 교사와 부모의 정신건강에 영향을 미치는지를 알아보았다. 이 연구는 3년 동안 진행되었으며, 북웨일스에 있는 초등학교에서 4~8세 아동 240명을 대상으로 실행되었다. 이 아동들에게는 학교 수업의 일부로 주 2시간씩 18주간 프로그램이 제공되었다. 프로그램은 감정 이해, 의사소통, 문제 해결 전략, 분노 및 우정 관리를 목표로 하였으며, 인형극, 역할극, 비디오 모델링 등 재미있는 경험을 통한 학습으로 구성되었다.

4. 요약 및 결론

멋진 나날은 오랜 역사가 있으나, 역사 속에 박제된 프로그램이 아니라 변화하고 있는 살아 있는 프로그램이다. 공격 행동을 보이는 아동의 부모에게 양육 방법을 코칭하는 프로그램으로 시작하였으나 현재는 자폐성장애, 언어 발달 지연, 정서행동장애 또는 장애 위험 영유아와 전형적인 발달 아동으로 그 대상이 확대되었다. 대상 아동의 연령도 신생아부터 학령기로 확장되었으며, 부모 외에 교사, 아동을 대상으로 중재의 대상이 확대되었다. 특히 아동을 대상으로 하는 공룡 교육과정은 전체 아동을 대상으로 하는 학급 중재와 소집단 치료 중재를 체계적으로 제시하기 때문에, 긍정적 행동지원의 다층적 지원을 보여 주는 좋은 예라 할 수 있다. 이 모델은 교육청 차원에서 실시하고 있는 긍정적 행동지원을 유치원과 초등학교 저학년에 구현하기 위한 구체적인 방안으로, 제8장에서 소개한 성공을 위한 첫걸음 모델과 함께 활용될 수 있을 것이다. 특히 공룡 교육과정의 구체적인 내용과 방법은 유아교육과정과 유사한 점이 많다. 손인형을 활용한 대집단 수업과 문제 해결을 배우고 연습하기 위해 놀이를 강조하는 점은 국내 유아교육현장에서 많이 활용되고 있는 방법이다. 또 내용 측면의 공룡 교육과정의 목표는 인성교육을 중시하는 누리 과정과 연계하여 사용할 수 있다. 따라서 특수교사뿐만 아니라 유치원 및 어린이집 교사도 쉽게 공룡 교육과정의 내용과 방법을 활용할 수 있을 것으로 기대된다.

멋진 나날은 학부모, 교사, 아동 모두를 대상으로 하는 체계적인 모델이다. 아동의 행동 중재는 가정과 기관에서 공동의 노력이 필요하다. 따라서 가정과 교육기관에서 함께 실시하며 아동과 직접 상호작용하는 부모와 교사의 변화를 모두 포함하는 멋진 나날 프로그램은 국가 차원에서 사회적·정서적·행동적 어려움이 있는 아동을 위한 조기 개입의 방안으로 활용될 수 있다. 실제로 영국 웨일스 지역에서는 1999년 정부 차원에서 멋진 나날 부모 프로그램을 시범 운영했고, 이에 대한 효과를 검증하였다. 효과가 검증되자 정부 자금이 지속적으로 지원되었으며 멋진 나날의 다른 프로그램에 관심이 이어졌다. 그 결과, 2001년 지역교육청은 공룡 교육과정을 도입하였고 효과를 입증하였다. 뒤이어 소그룹 공룡 치료 프로그램과 교사 교실 관리(TCM) 프로그램이 함께 개입되었다. 이처럼 아동의 행동지원을 위하여 정부 차원의 자금 지원을 통해 지자체 및 학교와 대학 기반의 연구센터가 협력하여 성과를 입증한 영국 웨일스 사례(Hutchings & Williams, 2017)는 최근 〈금쪽 같은 내 새끼〉와 같은 프로그램의 인기로 아동의 행동 문제에 관심이 높아진 국내에서 참고할 수 있는 좋은 본보기가 되어 줄 것이다.

제 10 장

공동행동 자문

1. 소개

공동행동 자문(Conjoint Behavioral Consultation: CBC)은 1990년대 학교심리학자인 셰리던과 그의 동료들(Sheridan et al.)이 개발하였다. 공동행동 자문은 행동주의적 접근(행동 자문)과 생태학적 체계 이론에 그 뿌리를 두고 있다(이동형, 2011). 즉, 아동의 문제가 아동의 내면 또는 환경 중 어느 한쪽에서 비롯된다기보다는 아동을 둘러싼 체계들 간의 상호작용에 의해 발생한다고 본다. 따라서 아동의 행동 문제를 해결하는 데 있어 가정-학교 간의 상호작용과 같은 중간 체계를 중요시한다. 개발 초기에 공동행동 자문은 '서로 책임을 공유하는 부모와 교사가 함께 협력하여 개인의 학업적·사회적·행동적 요구를 해결하는 구조화된 간접적 형태의 서비스'(Sheridan & Kratochwill, 1992, p. 122)로 정의되었다. 그러나 이후 '아동의 학업적·행동적·사회정서적 발달과 관련된 긍정적이고 지속적인 성과를 위해 부모, 교사, 기타 양육자 또는 서비스 제공자가 파트너로 협력하고 책임을 공유하는 강점 중심의 교차 체계(cross-system) 문제 해결 및 의사 결정 모델'(Sheridan & Kratochwill, 2007, p. 25)로 재개념화되었다. [그림 10-1]은 이러한 공동행동 자문의 개념적 모델을 도식화한 것이다. 학생의 요구를 해결하기 위해 부모(가족 체계)와 교사(교육 체계), 필요시 기타 지원 체계까지 자문가와 함께 문제 해결 과정에 협력적으로 참여하며, 모든 단계에서 '병행'이 아닌 '함께, 동시에' 수행되는 것이 핵심이다(Sheridan et al., 1996, as cited in Sheridan & Kratochwill, 2007).

그림 10-1 공동행동 자문의 개념적 모델

출처: Wilkinson (2006), p. 226에서 발췌 및 재구성.

미국심리학회에 소속된 '학교심리학에서의 증거기반 중재에 관한 위원회(Task Force on Evidence-Based Interventions in School Psychology)'가 제시한 지침에 따라 부모상담 연구를 평가한 굴리(Guli, 2005)의 분석 결과, 공동행동 자문은 방법론적 특징과 효과 측면 모두에서 가장 높은 점수를 받았다. 이후 대규모 연구(Sheridan et al., 2001; Sheridan et al., 2006)를 통해서 행동장애, 학습장애, ADHD 등의 장애를 가진 학생뿐만 아니라 인종, 사회경제적 지위, 가족 구성, 언어 등의 측면에서 다양성을 보이는 학생들에게도 공동행동 자문의 효과성이 확인되었다. 공동행동 자문을 적용할 수 있는 특정 연령이나 행동 특성이 정해져 있지는 않다. 그러나 공동행동 자문 효과의 예측 변인에 대한 셰리던과 그의 동료들(Sheridan et al., 2001)의 연구 결과에 따르면, 심각한 문제 행동을 교정하기 위한 학교에서의 공동행동 자문은 어린 연령의 아동(4~7세)에게 적용되었을 때 가장 효과적이며, 높은 연령인 학생(11세 이상)의 경우에는 문제 행동이 비교적 덜 심각할수록 공동행동 자문의 효과를 기대할 수 있는 것으로 나타났다.

2. 중재의 내용과 전달 방식

1) 공동행동 자문의 특성

공동행동 자문은 체계 간 협력적 문제 해결 과정을 통해 아동의 사회정서적·행동적·학업적 성과를 증진시키고, 이 과정에 부모의 참여를 독려하며 가정-학교 간 파트너십을 수립하고 강화하는 것을 목표로 한다(Sheridan & Kratochwill, 2007). 다음과 같은 네 가지 주요 특성(Sheridan & Kratochwill, 2007)에서 공동행동 자문이 파트너십 중심(partnership-centered)의 모델임이 드러난다.

첫째, 공동행동 자문은 결과(아동 목표의 달성)와 과정(협력적 관계)을 모두 중시한다. 아동을 위해 설정된 목표의 달성도 중요하지만, 가족과 교사가 기술을 개발할 수 있도록 자문가가 지속적으로 지원하고 협력하는 과정 역시 중요하게 다루어진다.

둘째, 공동행동 자문은 소비자(즉, 부모, 교사, 기타 지원자)의 요구에 부응한다. 목표 행동과 중재는 전문가에 의해 결정되는 것이 아니라, 아동 요구에 대한 부모와 교사 등의 평가를 통합하는 상호적인 과정으로 이루어진다.

셋째, 공동행동 자문은 모든 팀원의 역량 강화를 촉진한다. 구조화된 문제 해결 접근 방식을 적용하고, 자료기반의 의사 결정을 통해 전략을 실행하며, 적절한 중재 방안에 대한 지식을 증진하여 팀원의 역량을 강화한다.

넷째, 공동행동 자문은 가족-학교 간의 파트너십과 협력을 촉진한다. 가정과 학교는 아동의 목표를 설정하고 해결하는 과정에서 협력하고, 동등한 책임을 지며, 이를 통해 가정 및 학교 체계 전반에 걸친 협력 관계가 구축된다.

2) 공동행동 자문의 단계 및 절차

공동행동 자문은 공동요구 확인, 공동요구 분석, 계획 실행, 공동계획 평가로 구성된 4단계에 걸쳐 실시된다. 계획 실행 단계를 제외한 나머지 단계에서 구조화된 면담이 이루어지는데, 각각의 면담 양식에는 공동행동 자문의 단계별 목표와 절차가 구체적으로 드러나므로, 이 장에서는 셰리던과 크라톡윌(Sheridan & Kratochwill, 2007)이 제시한 면담 양식을 중심으로 공동행동 자문의 절차를 설명하였다.

(1) 공동요구 확인

첫 번째 단계의 핵심 활동은 팀이 협력하여 아동의 요구를 확인하고 우선순위를 정한 후, 목표 행동을 조작적으로 정의하고 자료 수집 절차를 결정하는 것이다(Wilkinson, 2006). [그림 10-2]는 공동요구 확인 면담 서식이며, 팀은 본 서식의 절차에 따라 면담을 실시한다(빈 서식은 〈부록 6〉 참조).

공동요구 확인 단계에서 고려해야 할 사항은 다음과 같다(Sheridan & Kratochwill, 2007). 첫째, 행동의 우선순위를 정할 때 단순히 문제 행동을 없애는 데 초점을 두기보

공동요구 확인 면담

아동명: 김준수 학교: 별밤초등학교 나이: 12세 학년: 5학년

부모명: 김규범 교사명: 김선생 자문가명: 손담자

• 자문가 노트

공동요구 확인 면담의 목표는 준수의 요구를 확인 및 정의하고, 자료 수집 절차를 결정하며, 팀원 간의 공동 목표 및 책임의 중요성을 확인하는 것 이다.

• 행동 목표

- 공동으로 아동의 우선순위를 행동적 용어로 정의한다.
- 여러 환경에서의 기초선 자료를 수집하기 위한 절차를 공동으로 수립한다.

• 관계 구축 목표

- 아동, 가족, 학교의 장점을 파악한다.
- 목표 설정 및 의사 결정에서 공동의 책임을 설정한다.
- 학부모와 교사 간, 자문가와 팀원들 간의 업무 관계를 수립하고 개선한다.
- 학생 지원에 대한 공유된 목표를 확인한다.
- 아동, 목표, 관심사, 가족과 학교의 문화에 대한 의사소통과 지식을 증가시킨다.

면담을 위한 자문 및 사례 목표

팀원들과 함께 행동을 정의할 때 구체적이고 관찰 가능한 용어로 정의할 수 있도록 조작적 정의의 예시를 다양하게 제시하고 팀원의 강점을 강화한다.

절차	공동행동 자문 내용
오프닝	친근하고 지지적인 분위기를 조성하고, 팀원들에게 관심을 보인다.
대화 시작하기	모든 사람의 정보가 중요하다는 태도를 확립하고, 한 문제에만 집중하지 않고 광범위한 영역에 관심을 보이는 포괄적인 언어를 사용한다. 관련된 모든 사람의 전문지식을 강조하며, 각 참여자의 중요성과 역할(예: 정보 제공, 진단 및 관찰 자료 수집)과 함께 모임의 단계를 논의한다.
강점 논의하기	잘 되어 가고 있는 것과 팀원의 선호와 불호를 논의한다. 우선순위를 다룰 때 아동, 가족, 교사의 강점을 바탕으로 하는 것의 중요성을 확립한다.
목표와 요구 논의	아동의 장단기 목표를 논의하고, 팀원들이 확인한 목표와 발달적 적합성에 관한 정보를 공유하는 것의 중요성을 강조한다.
요구 선택	목표와 요구를 방해하는 것이 무엇인지 토론하고, 일반적인 관심사를 탐색한다.
우선순위 선택 및 정의	하나의 우선순위를 선택하는 것에 대해 토론하고, 목표와 요구에 따라 우선순위를 선택하며, 구체적이고 관찰 가능한 용어로 우선순위를 정의한다.

초점과 장소의 선택	초점의 중요성에 대해 논의하고, 우선순위 행동이 발생하는 장소와 시기에 대해 구체적인 용어로 답변한다. 시작할 초점과 장소를 선택한다.
효과적인 것과 비효과적인 것	이미 시도했던 사항에 대해 논의하고, 추후 계획을 세울 때 사용될 수 있도록 이미 적용된 것의 장점과 팀원들의 강점을 강조한다.
정보 수집	정보 수집의 근거를 논의하고, 특정 시간/장소/절차를 선택한다. 팀원들에게 정보를 기록하기 위한 차트를 제공하며, 우선순위 행동 전후에 일어나는 일들과 특정 패턴을 관찰하기 위한 근거를 논의하고, 자문가의 관찰 시간을 설정한다.
다음 모임	다음 모임 단계에 대해 논의하고, 시간과 장소를 정한다.
마무리	팀원들의 전문성, 장점 그리고 이러한 정보가 아동이 성공하는 데 어떻게 도움이 되는지를 강조하면서 모임에서 이룬 성과를 요약한다. 전화번호와 이메일 주소를 교환하며, 부모와 교사들에게 질의 사항이나 우려되는 점이 있으면 연락해도 된다는 것과, 자문가가 정보 수집이 어떻게 진행되고 있는지 확인할 것임을 알려 준다.

그림 10-2 공동요구 확인 면담 서식

출처: Sheridan & Kratochwill (2007), pp. 171-174에서 발췌 및 재구성.

다는 아동에게 가장 이로운 것이 무엇인지 고려하는 것이 중요하다(예: 다른 행동으로 일반화될 가능성이 높거나, 삶의 질을 향상시킬 가능성이 있는 행동). 둘째, 목표 행동은 구체적이고 관찰 가능하게 정의되어야 한다. 셋째, 목표 행동은 직접관찰(사건기록법, 간격기록법, 순간표집법 등), 교육과정 기반 측정, 완료된 숙제 비율이나 학생이 읽은 페이지 수 등 다양한 방법으로 평가될 수 있으므로, 다양한 환경에서의 자료 수집 방법에 대해 논의한다.

(2) 공동요구 분석

기초선 자료를 바탕으로 기능적 행동 평가를 실시하여 행동에 영향을 미칠 수 있는 환경적·기능적 조건에 대한 가설을 수립하고 중재 계획을 협력적으로 개발하는 단계다. 이 단계에서는 [그림 10-3]과 같은 양식에 따라 공동요구 분석 면담을 실시한다(빈 서식은 〈부록 7〉 참조).

과잉행동은 일반적으로 관심 얻기, 회피하기, 선호하는 물건이나 활동 얻기, 감각 자극에 의해 유지되며, 학업 및 행동 문제는 동기 부족, 불충분한 연습, 불충분한 안내 또는 지원, 노출 기회의 부족, 높은 난이도 등에 의해 유지된다(Sheridan & Kratochwill, 2007). 공동행동 자문에서 자문가는 부모와 교사가 이와 같은 행동의 기능을 확인할 수 있도록 하여, 아동이 왜 이러한 행동을 보이는 것 같은지 혹은 이 행동을 해서 아동이 얻는 것은 무엇이라고 생각하는지를 묻는다. 이 과정에서 아동의 내부 요인보다는 환경적 요인을 설명하도록 강조한다(Sheridan & Kratochwill, 2007).

기능 평가 이후에는 자문가, 학부모, 교사 등의 팀원들이 여러 환경에 걸쳐 효과적일 것으로 짐작되는 중재 계획을 설계하기 위한 아이디어를 공유하는데, 이때 다음의 세 가지를 고려해야 한다(Sheridan & Kratochwill, 2007). 첫째, 행동의 기능과 관련된 중재 전략을 계획한다. 둘째, 가정과 학교에서 실시할 중재는 증거기반의 중재여야 하며, 증거기반의 중재가 선정될 수 있도록 지원하는 자문가의 역할이 중요하다. 셋째, 중재는 자연적인 환경에서 중재 절차를 실행할 교사와 부모에게 수용 가능해야 한다. 즉, 부모와 교사의 신념이나 가치와 맞고, 그들이 실제로 직접 실행할 수 있어야 하며, 시간과 노력이 비교적 적게 들어야 한다. 한편, 중재 계획의 세부 사항을 중재 계획 워크시트에 기록하면 중재 충실도를 높일 수 있다. [그림 10-4]는 교사가 교실에서의 중재 계획을 기록한 예시다.

공동요구 분석 면담

아동명: 김준수　학교: 별밤초등학교　나이: 12세　학년: 5학년
부모명: 김규범　교사명: 김선생　자문가명: 손담자

• 자문가 노트

공동요구 분석 면담의 목표는 준수에 대한 정보를 바탕으로 목표 행동의 패턴을 확인하여 준수와 가족의 강점을 바탕으로 한 계획을 개발하는 것 이다.

• 행동 목표

- 가정과 학교에서 수집된 정보를 평가한다.
- 가정과 학교 전반의 우선순위 행동을 위한 발달적으로 적합한 목표를 공동으로 개발한다.
- 우선순위 행동 전후에 일어난 일과, 그것이 집중된 시간 및 장소에서 발생하는 특정 패턴에 대해 논의한다.
- 가정과 학교 전반의 우선순위 행동을 해결하기 위해 강점과 역량을 기반으로 한 계획을 협력적으로 개발한다.
- 정보 수집 절차를 재확인한다.

• 관계 구축 목표

- 가정과 학교 간의 파트너십을 강화하기 위해 한 문제에만 집중하지 않고 포괄적인 언어를 사용한다.
- 우선순위 행동에 대한 부모와 교사의 관점을 공유하도록 장려하고 확인한다.
- 주고받는 의사소통을 촉진하는 환경을 조성한다.
- 계획을 개발하기 위한 협력적 의사 결정과 공유된 책임을 촉진한다.

면담을 위한 자문 및 사례 목표

팀원들이 행동의 기능과 증거기반의 실제에 대해 쉽게 이해할 수 있도록 안내하며 협력적으로 계획한 중재가 교사와 부모의 신념과 가치에 일치하는지 확인한다.

<table>
<tr><th>절차</th><th colspan="3">공동행동 자문 내용</th></tr>
<tr><td>오프닝</td><td colspan="3">친근하고 지지적인 분위기를 조성하고, 팀원들에게 관심을 보인다.</td></tr>
<tr><td>대화 시작하기</td><td colspan="3">모든 사람의 정보가 중요하다는 태도를 다시 강조하고, 포괄적인 언어를 지속적으로 사용하며 모임의 단계를 논의한다.</td></tr>
<tr><td>수집된 정보에 대해 논의/목표 설정하기</td><td colspan="3">우선순위의 정의를 재진술하고, 수집된 정보에 대해 논의하며, 수집된 정보를 기반으로 공동으로 결정된, 발달적으로 적합한 목표를 설정한다.</td></tr>
<tr><td>발생한 일</td><td colspan="3">초점을 둔 시간과 장소에서 발생하는 특정 패턴뿐만 아니라, 우선순위 행동 전후에 발생하는 상황에 대해 토론한다(발생 전/발생 후/기타 패턴들). 이 정보는 행동의 발생 원인과 변화시킬 수 있는 방법을 이해하는 데 도움이 될 것임을 강조한다.</td></tr>
<tr><td>발생 원인</td><td colspan="3">수집된 정보와 초점 시간 및 장소에서 일어나는 일을 요약한다(학생이 받게 된 관심, 영향을 미치는 주요한 사람들, 원하는 행동을 수행하는 데 필요한 기술과 같은 관련 정보를 요약하고 조직화하기). 우선순위 행동이 발생하는 이유에 대해 논의한다.</td></tr>
<tr><td>해야 할 일</td><td colspan="3">행동 발생 원인에 기초하여 변화의 초점을 선택하고 아동, 교사, 가족의 장점을 재진술한다. 가정과 학교에 걸친 계획을 협력적으로 수립하고, 장점을 바탕으로 계획을 수립한다. 부모와 교사를 위한 계획의 단계들을 요약하고, 부모와 교사에게 질문할 기회를 제공하며, 필요시 계획 절차를 모델링한다.</td></tr>
<tr><td rowspan="6">정보 수집</td><td colspan="3">정보 수집에 대한 근거를 다시 강조하고, 특정 시간/장소/절차를 선택하며, 부모와 교사에게 정보를 기록할 수 있는 차트를 제공한다.</td></tr>
<tr><td></td><td>가정</td><td>학교</td></tr>
<tr><td>무엇을 관찰?</td><td>세 번 안에 어머니의 지시를 따르는 행동</td><td>색깔 카드를 들어 도움을 요청하는 행동</td></tr>
<tr><td>어디에서 관찰?</td><td>부엌, 거실, 방</td><td>국어 시간 교실</td></tr>
<tr><td>어떻게 기록?</td><td>지시 따르기 행동의 비율 구하기</td><td>도움 요청하기 빈도 기록하기</td></tr>
<tr><td>관찰을 언제 시작?</td><td>2022. 4. 15.</td><td>2022. 4. 20.</td></tr>
<tr><td>다음 모임</td><td colspan="3">다음 모임 단계에 대해 논의하고, 시간과 장소를 정한다.</td></tr>
<tr><td>마무리</td><td colspan="3">팀원들의 전문성, 장점 그리고 이러한 정보가 아동이 성공하는 데 어떻게 도움이 되는지를 강조하면서 모임에서 이룬 성과를 요약한다. 질의 사항이나 우려되는 점이 있으면 자문가에게 연락하도록 안내하고, 자문가가 계획의 진행 상황을 확인하기 위해 빈번하게 소통할 것임을 알려 준다.</td></tr>
</table>

그림 10-3 공동요구 분석 면담 서식

출처: Sheridan & Kratochwill (2007), pp. 181-184에서 발췌 및 재구성.

날짜: ____________________

중재 계획

행동 목표 준수는 국어시간 과제가 어려울 때 색깔 카드를 들어 도움을 요청한다.

계획 요약 준수가 도움을 요청할 수 있게 색깔 카드 10장을 준비한다.
차트에 스티커를 붙여 진보를 확인하게 함으로써 카드 사용에 대한 동기를 높인다.

계획의 주요 단계를 아래에 있는 줄에 나열하세요. 그 다음, 매일 왼쪽 매트릭스의 적절한 칸 안에 각 단계가 완료되었는지도 체크해 주세요.

월	화	수	목	금
✓	✓	✓	✓	✓
	✓	✓	✓	✓
	✓	✓	✓	✓
✓	✓	✓	✓	✓

☑ 계획 단계

1. 도움 요청하기용 색깔 카드를 준수의 책상 위에 제시한다.
2. 준수가 카드를 들어 도움을 요청한다.
3. 요청하기 행동에 대한 칭찬 스티커를 제공한 후 과제에 도움을 준다.
4. 수업 후, 준수와 함께 차트를 보며 진보를 확인한다.

목표 평정

한 주의 끝에 다음 척도를 사용하여 위의 목표를 얼마나 근접하게 달성했는지 평가해 주세요. 자문가가 매주 이 양식을 수집할 것입니다. 감사합니다.

-2	-1	0	+1 ✓	+2
매우 나쁜 상황	다소 나쁜 상황	진보 없음	부분적으로 목표 달성	완전한 목표 달성

그림 10-4 중재 계획 워크시트 예시

출처: Sheridan & Kratochwill (2007), p. 122에서 발췌 및 재구성.

(3) 계획 실행

부모 및 교사가 중재 계획을 각각 가정과 학교에서 실행하는 단계이며, 이 단계에서는 구조화된 면담을 하지 않는다. 자문가는 부모 및 교사에게 필요한 지원을 제공하고 중재 노력을 강화해야 하며, 중재 충실도를 점검하고 아동의 즉각적인 중재 효과를 평가함으로써 계획을 수정할 필요가 있는지 결정한다(Sheridan & Kratochwill, 2007).

중재 충실도를 높이기 위한 전략으로는 중재 절차를 매뉴얼화하기, 중재 계획의 스크립트 또는 체크리스트 제공하기, 중재자가 중재 실행을 자기점검할 수 있도록 하기 등이 있다(Sheridan & Kratochwill, 2007). [그림 10-4]와 같은 중재 계획 워크시트는 중재자가 목표로 하고 있는 문제를 요약하고 중재 계획 단계를 나열하여 계획 실행에 대한 자기기록에 사용될 수 있다.

(4) 공동계획 평가

마지막 단계인 공동계획 평가 단계에서는 중재 기간의 자료를 분석한 후 공동 목표 달성 여부를 확인하고, 여러 환경에서 중재 계획의 효과성을 평가한다(Sheridan & Kratochwill, 2007). 중재 계획을 지속할 것인지, 수정하여 적용할 것인지 아니면 종결할 것인지를 논의하며, 필요시에 추가 면담 일정을 잡는다. 또한 추후 공동문제 해결을 지속하는 방법에 대해 논의한다. 이 단계에서는 [그림 10-5]와 같은 양식에 따라 공동계획 평가 면담이 진행된다(빈 서식은 〈부록 8〉 참조).

3) 고려할 점

공동행동 자문 4단계 절차를 실행하는 과정에서 자문가가 특히 주의할 점은 다음과 같다(Sheridan & Kratochwill, 2007).

첫째, 가족 구성원과의 초기 만남은 협력 관계를 구축하는 첫 단계이므로 결점과 문제보다는 구성원의 강점이나 요구에 중점을 두고 의사소통하는 것이 중요하다. 부모의 참여를 장려하기 위해서는 예정된 회의 전날 알림을 제공하고, 모임 장소까지의 교통수단을 마련하며, 모임에서 다과와 식사를 제공하고, 모임이 진행되는 동안 자녀에 대한 돌봄을 제공하는 방법 등을 고려할 수 있다.

둘째, 자문을 시작할 때 참여자 모두가 비밀 보장의 원칙과 한계 등에 대해 명확히 이해하고 자문 관계를 형성해야 한다.

공동계획 평가 면담

아동명: 김준수　　학교: 별밤초등학교　　나이: 12세　　학년: 5학년

부모명: 김규범　　교사명: 김선생　　자문가명: 손담자

• 자문가 노트

공동계획 평가 면담의 목표는 준수의 행동 목표가 달성되었는지 의논하고 공동행동 자문의 종결 여부를 결정하는 것 이다.

• 행동 목표

- 우선순위 행동을 위한 목표가 달성되었는지 확인한다.
- 무엇이 효과가 있고 무엇이 효과가 없었는지 평가한다.
- 계획의 지속 또는 유지에 대해 논의한다.
- 필요한 경우, 추가 면담 일정을 수립하거나 공동행동 자문을 종결한다.

• 관계 구축 목표

- 가정과 학교 환경 전반에서 열린 의사소통과 협력적 의사 결정을 지속적으로 촉진한다.
- 요구를 해결하기 위한 공동의 노력을 강화한다.
- 계획과 과정에 대한 부모와 교사의 인식에 대해 논의한다.
- 아동의 향후 요구를 해결하기 위한 부모와 교사의 강점과 역량을 강화한다.
- 부모와 교사가 향후에도 지속적으로 협력할 수 있는 수단을 마련한다.

면담을 위한 자문 및 사례 목표

준수를 위한 행동 목표와 팀원 간 관계 구축 목표를 달성하는 과정에서 효과적이고 좋았던 점, 비효과적이었던 점을 함께 확인한다. 팀원들에게 향후 문제 해결을 위한 협력 방안에 대한 의견을 묻는다.

절차	공동행동 자문 내용
오프닝	친근하고 지지적인 분위기를 조성하고, 팀원들에게 관심을 보인다.
대화 시작하기	모든 사람의 정보가 중요하다는 태도를 다시 강조하고, 포괄적인 언어를 지속적으로 사용하며 모임의 단계를 논의한다.
어떻게 운영되었나? 발생한 일은?	계획과 목표를 재작성하고, 계획이 운영된 방식과 목표가 달성되었는지를 논의한다. 여기서 어디로 나아가야 할지 결정한다(예: 계획 수정, 새로운 목표 설정, 다른 환경에서의 계획 사용, 자문 종결)
계획 변경	무엇이 효과적이고 무엇이 효과적이지 않았는지를 논의하고, 계획의 강점을 강조한다. 행동 발생 전후에 일어난 일과 특정 패턴, 그리고 우선순위 행동이 발생한 이유에 대해서 재평가하는 과정이 필요할 수 있다. 이전의 면담 양식을 언급한다.

계획 유지	시간이 지난 후에도 긍정적인 변화를 지속하는 방법에 대해 논의한다. 계획을 계속하거나(예: 다른 시간 및 장소) 점진적으로 계획을 소거해 나가는 것에 대해 논의한다.
향후 모임의 필요성 논의	형식적 모임이 필요한지와 비형식적 방법들(예: 메일, 통화, 알림장)에 대해 논의한다. 지속적인 의사소통의 가치를 강조하고 후속 계획을 논의하며, 부모와 교사에게 추가적인 계획 워크시트와 자료 수집 양식을 제공한다.
효과가 있는 것과 없는 것	협력적인 의사 결정, 강점, 전문 지식과 가정-학교 의사소통을 강조하면서, 계획과 파트너십 구축 과정을 요약한다. 부모와 교사가 생각할 때 행동이 변한 이유와 계획 및 과정에서 무엇이 효과적이고 무엇이 효과적이지 않았는지를 논의한다. 협력적인 의사 결정 과정과 우선순위 행동을 해결하기 위한 구체적인 계획을 강조하면서, 향후 요구를 해결하기 위해 유사한 아이디어를 사용할 수 있는 방법을 논의한다. 부모와 교사가 결과에 만족하는지 이야기를 나눈다.
자문 종결	자문가와 팀원들이 연락을 유지할 수 있는 방법에 대해 논의한다.

그림 10-5 공동계획 평가 면담 서식

출처: Sheridan & Kratochwill (2007), pp. 204-207에서 발췌 및 재구성.

셋째, 공동행동 자문 과정에서 부모나 교사의 개인적인 문제(예: 정서적 문제)보다는 학생 중심의 문제에 초점을 맞춘다.

넷째, 모임 시간이 한정되어 있으므로, 모임 전에 자문가는 효과적인 의사소통과 진행이 가능하도록 미리 자료를 준비하거나 효율적인 제시 방식을 계획해 둘 필요가 있다(예: 부모와 교사로부터 수집된 자료를 바탕으로 미리 그래프를 제작하여 학생 수행 수준을 시각화해 두기).

3. 국내외 적용 예시

1) 미국에서 정서행동장애 학생을 대상으로 실시된 연구(Wilkinson, 2005)

이 연구에서는 통합학급 내 정서행동장애 학생에게 공동행동 자문을 통해 행동지원을 제공하여 공동행동 자문의 효과를 확인하였다. 이를 위해 정서행동장애(적대적 반항장애 또는 심각한 정서장애)로 확인되거나 교사에 의해 추천된 2명의 학생(4, 5학년)과 그들의 부모, 교사와 함께 학교심리학자(제1저자)인 자문가가 참여하였다.

공동행동 자문 4단계(공동문제 확인, 공동문제 분석, 중재 실행, 중재 평가) 절차를 따라 [이 장에서 공동행동 자문 4단계를 '공동요구 확인, 공동요구 분석, 계획 실행, 공동계획 평가'로 설명하였으나, 윌킨슨(Wilkinson, 2005)의 연구를 소개할 때는 윌킨슨이 사용한 표현을 그대로 제시함.] 학교 회의실에서 훈련된 자문가가 45~60분간 면담을 실시했다. 먼저, 팀은 공동문제 확인 면담에서 '과제 외 행동'과 '교사의 요청이나 수업 규칙 미준수 행동'을 중재 대상 행동으로 확인하고, 각각의 행동을 조작적으로 정의하였다. 자료 수집 절차를 논의하는 단계에서 교사들은 관찰 평가 기록을 가장 편리하고 효율적인 방법으로 선택하였고 팀원들은 이에 동의하였다. 이후 기초선 자료를 수집하였다.

두 번째 단계에서는 공동문제 분석 면담이 이루어졌다. 기초선 자료를 검토한 결과를 바탕으로 팀원들은 '자기관리 패키지(자기점검, 목표 설정, 유관 강화)'를 적용하기로 상호 동의하였다. 부모와 교사는 강화 메뉴 개발 과정에 학생을 참여시키고, 교사들은 중재 실행 단계에서 관찰 자료를 지속적으로 수집하며, 자문가는 수집된 관찰 자료를 확인하거나 수행 피드백을 제공하고, 중재 충실도를 높일 수 있도록 지원하기로 하였다.

세 번째 중재 실행 단계에서는 교사가 자기평가와 자기기록 요소가 포함된 자기관리 중재 계획을 두 학생에게 제시하였고, 학생에게 스스로 점검해야 할 목표 행동의 정의(과제 행동과 준수 행동)와 예를 설명하고 목표 행동을 모델링하였다. 과제 행동은, '① 자신의 책상에 앉기, ② 교사, 칠판, 과제에 시선 두기, ③ 책상에서 과제하기, ④ 과제물을 읽거나 수행하기'로 정의되었고, 준수 행동은 '① 교사와 이웃에게 관련된 질문하기, ② 대답하기 전에 손을 들고 차례를 기다리기, ③ 다른 학생들과 적절하게 상호작용하기, ④ 교사의 지시 준수하기를 통해 교실 규칙 따르기'로 정의되었다. 연습 기간이 2일간 주어졌고, 학생 스스로 자신의 행동을 점검할 수 있도록 자기기록 시트를 책상의 오른쪽 상단 모서리에 붙여 두었다. 교사는 수업 중 평균 10분마다 책상을 두드리는 신호를 보내어 학생이 자기점검할 수 있도록 도왔다. 매일 오후 교사와 학생은 자기평가 결과를 검토하면서 일일 행동 목표가 충족되었는지 확인하여, 목표 달성 시 학생은 자신을 위한 보상을 선택할 수 있었다. 또한 교사는 매일 자기기록 시트를 가정으로 보내, 부모 역시 자녀의 행동을 확인하고 행동 목표 달성 여부에 따라 보상을 제공할 수 있도록 서명하였다.

마지막 단계인 공동중재 평가 면담에서는 목표 달성 정도를 확인하며 중재 계획 수정 여부와 중재 계획의 효과성에 대해 논의하였다. 팀원들은 학생 행동에 개선이 있었고, 이에 만족했기에 자기점검 중재 계획을 종결하기로 결정하였다. 또한 부모와 교사는 이후로도 학생의 행동을 주제로 매일 가정-학교 간에 의사소통하기로 동의하였다. 중재 효과가 유지되는지 확인하기 위하여 약 4주 후에 행동 관찰을 실시하였다.

연구 결과, 공동행동 자문을 통한 자기관리 중재 패키지는 두 학생의 목표 행동에 즉각적이고 뚜렷한 효과가 있었고, 시간이 흘러도 유지되었다. 또한 부모와 교사는 공동행동 자문에 대한 높은 중재 수용도를 나타냈고, 자문가 역시 높은 만족도를 보였다.

2) 담임교사가 컨설팅을 의뢰하여 비장애 초등학생을 대상으로 공동행동 자문을 실시한 국내 연구(이계경, 이명숙, 2017)

국내에는 국외에 비해 공동행동 자문 관련 연구 수가 제한적인데, 「가족-학교 협력 자문 모델에 대한 기초 연구」(이동형, 2011)와 「공동행동 자문을 활용하여 일반 초등학생의 수업 방해 행동과 주도적 공격 행동에 미치는 효과를 다룬 연구」(이계경, 이명숙, 2017)가 대표적이다. 국내 학교현장에서 공동행동 자문을 통해 중재를 실시한 연구는 유일하므로, 이 장에서는 정서행동장애 학생이 아닌, 교실에서 부적응 행동을 보이는 일반 초등학생을 대상으로 한 이계경과 이명숙(2017)의 연구를 소개하고자 한다.

이 연구는 초등학생의 수업 방해 행동과 주도적 공격 행동에 대한 공동행동 자문의 효과성을 확인하기 위해 수행되었다. 담임교사가 컨설팅을 의뢰한 초등학교 2학년 학생 2명을 대상으로 하였고, 자문가와 담임교사, 학부모가 참여하였다.

이 연구에서의 공동행동 자문은 기존 4단계의 큰 흐름을 따르되 각 단계를 다소 상이하게 구분하여 '협력적 관계 수립', '문제 확인 및 진단', '중재 계획 및 실행', '평가 및 종결' 단계로 진행되었다. 먼저, 첫 번째 단계인 '협력적 관계 수립' 단계에서는 자문가와 담임교사 사이에 협력 관계를 형성하고, 자문가가 담임교사의 입장과 기대를 파악한 후 필요한 정보를 소개하였으며 각자의 역할을 안내하였다.

두 번째 단계인 '문제 확인 및 진단'에서는 자문가, 부모, 교사가 협력적으로 학생의 문제 행동에 대한 정보를 수집하고 문제를 확인하였다. 두 학생의 공통된 문제 행동은 자리 이탈과 주도적 공격 행동이었고, 개별 문제 행동은 A 학생의 경우 과제 불이행, B 학생은 소음 만들기 행동이었다. 자문가가 학생이 보이는 문제 행동의 기능을 진단하여 목표를 설정하고, 이를 달성하기 위한 전략을 개발하였다.

세 번째 단계인 '중재 계획 및 실행' 단계에서는 팀원들이 함께 학교 및 가정에서 행동수정 중재 방법(무상토큰 반응 대가, 후속 사건 강화 기법)과 인지적 행동수정 프로그램을 적용하기로 결정하고, 전문가로부터 타당도를 검토받았다. 담임교사는 수업 시간에 무상토큰 반응 대가 기법을 사용하여 매일 학생을 평가한 기록을 부모에게 전달하였다. 자문가는 방과 후 시간에 인지행동수정 프로그램을 운영하였으며, 어머니는 학교에서의 평가 기록을 바탕으로 가정에서 후속 사건 강화를 담당하였다.

마지막으로, '평가 및 종결' 단계에서 팀원들은 공동행동 자문의 과정과 결과를 평가하였으며, 향후 계획을 세우고 최종 보고서를 작성하였다.

연구 결과, 공동행동 자문은 수업 방해 행동과 주도적 공격 행동을 감소시키는 데 효과적이었으며, 시간이 흘러도 유지되었다. 학생의 행동은 담임교사만의 지도로 변화시키기 어려우므로 공동행동 자문이 학교 차원에서 체계적으로 운영될 필요성이 시사되었고, 특히 행동수정에 대한 전문 지식이 부족한 교사 및 학부모를 대상으로 지원 컨설팅을 활용할 필요성이 있음을 보여 주었다.

4. 요약 및 결론

가정-학교 간 상호작용의 중요성을 강조하는 공동행동 자문은 교사와 학부모를 비롯한 교육 당사자들이 학생의 요구와 관련된 문제에 대한 책임을 공유하고 협력적으로 해결해 나가는 자문 모델이다. 자문가와 부모, 교사 등은 함께 아동의 요구를 확인하고(공동요구 확인) 분석하며(공동요구 분석), 협력적으로 개발한 중재 계획을 실행하고(계획 실행) 중재의 효과를 평가(공동요구 평가)하는 네 단계를 따르게 된다.

교육현장에서 교사 간, 학교-가정 간 협력은 아무리 강조해도 지나치지 않을 만큼 학생의 학업 및 행동 지도와 원활한 통합교육에 필수적인 요소이지만, 아동의 가족과 학교 구성원들은 'how to'에 대한 구체적인 정보를 얻는 데 어려움을 겪는 경우가 많다. 이러한 점을 고려했을 때, 협력을 위한 구조화된 면담 양식과 절차를 제시하는 공동행동 자문은 증거기반의 구체적인 협력 방안을 안내해 줄 수 있다는 점에서 의의가 있다. 공동행동 자문 가이드라인을 제시한 셰리던과 크라톡윌의 책(Sheridan & Kratochwill, 2007)이 국내에 번역되어 있지 않아 이 장에서는 가능한 한 각 단계에서의 면담 양식과 절차를 자세히 안내하고자 하였다. 그러나 원서에는 자문가가 모임에서 활용할 수 있는 스크립트까지 자세히 수록되어 있으므로, 자문가의 역할을 맡게 될 팀원이 이를 참고한다면 구조화된 면담 절차를 따라 보다 쉽게 면담을 진행할 수 있을 것이다. 그러나 공동행동 자문 역시 여타의 중재와 같이 국외에서 개발되고 연구되어 국내 학교현장에 적용할 경우 몇 가지 어려움이 예상된다. 이에 국내에 공동행동 자문을 적용할 경우 고려해 보아야 할 점과 대안을 제시하면 다음과 같다.

첫째, Conjoint Behavioral Consultation(CBC)은 공동행동 자문, 연합행동 자문, 협력적 행동 컨설팅 등으로 번역되나, 학교현장에서 이 명칭을 그대로 사용할 경우 팀원들에게 다소 생소하여 그 의미가 전달되지 않을 수 있다. 따라서 학교현장에서 공동행동 자문을 계획하여 팀원들(학부모 및 다른 교사들)에게 공동행동 자문을 안내할 때는 중재의 특징이 드러나면서도 팀원들에게 보다 친근한 용어로 변경하여 사용할 것을 추천한다. 예컨대, '가치 있는 같이 상담' 또는 '함께하는 우아달('우리 아이가 달라졌어요'의 약어)' 등의 별칭을 사용해 볼 수 있다.

둘째, 팀원 간 협력 방안에 중점을 둔 자문 모델이기에 기능적 행동 평가나 중재 계획 및 실행의 내용이나 방법과 관련해서는 긍정적 행동지원이나 예방·교수·강화(Prevent-Teach-Reinforce: PTR)만큼 상세한 정보를 얻기 어려울 수 있다. 따라서 학교현장에서 아동을 위한 협력적인 행동지원 계획 시, 협력 방안에 대한 공동행동 자문의 절차를 따르면서 행동지원에 대한 PTR 매뉴얼의 내용을 보충하는 것이 도움이 될 수 있다. 예를 들어, 공동요구 분석 면담 전에 팀원들이 행동의 기능 및 기능에 따른 다양한 중재에 대한 지식을 가질 수 있도록 이에 대한 연수가 미리 제공되거나, 협력적 자문 과정에서 PTR 중재 목록을 통해 활용 가능한 중재들을 확인해 본다면 협력 과정에서 팀원 간 논의가 활발하게 이루어질 수 있을 것이다.

셋째, 우리나라 문화 특성상 완전한 협력적 관계보다는 자문가가 주도하고 다른 팀원들이 협조하는 관계에 대한 선호도가 더 높을 수 있다. 이러한 경향성은 협력적 절차를 충실히 따른 국외 연구와, 비교적 자문가가 적극적으로 안내하는 역할을 수행한 국내 연구를 비교해 보았을 때도 확인할 수 있다. 그러나 앞서 살펴보았듯이 공동행동 자문은 학생의 행동적 요구와 관련한 성과뿐만 아니라, 이를 지원하는 팀원들 간의 협력적 동반자 관계를 구축함으로써 협력의 방법론적 기반을 형성해 나가는 과정 그 자체에도 목표를 둔다. 따라서 공동행동 자문에서 '진정한 협력'이 이루어지기 위해서는 교육현장 내 개인주의, 독단주의를 지양하고 팀원들 간 '진정한 협력'에 대한 이해가 선행될 필요가 있다. 공동.행동 자문을 실시하기 전에 학교 차원에서 교사와 학부모들을 대상으로 공동행동 자문에 대한 연수를 실시하여 전문가, 교사, 부모 간 관계에 대한 인식을 재정립할 수 있도록 해야 한다.

넷째, 공동행동 자문은 전문적인 지식을 갖추고 있으면서도 팀원들 간 협력적 관계를 지속적으로 촉진하고 그들의 강점을 강화할 수 있는 자문가의 역량에 따라 성패가 좌우될 수 있다. 따라서 이 역할을 누가 담당할 것인가에 대한 의문이 제기될 수 있는데, 이에 대한 제언은 다음과 같다. 먼저, 교육청별 긍정적 행동지원단이 자문가 역할을 수행할 수 있다. 서울시교육청의 경우, 2021년부터 행동지원 체계 구축을 위해 가정 및 학교를 지원하는 '행동중재전문관'[1] 제도를 도입하여 각 분야의 전문가들이 주 1회 가정 또는 학교를 방문하고 교사 및 학부모와 팀을 이루어 초학문적으로 접근할 수 있게 되었다. 공동행동 자문에서 팀원들이 행동의 기능과 관련된 증거기반의 중재 전략을 계획하는 것이 중요하다는 점을 고려해 볼 때, 행동중재전문관은 자문가로서 보다 전문적이고 증거기반의 전략들을 팀원들과 공유할 수 있을 것으로 보인다. 다만, 행동중재전문관의 채용은 아직 시행 초기 단계여서 모든 지역교육청에 이러한 인력이 배치되어야 공동행동 자문의 실제적 구현이 가능할 것이다.

다음으로, 외부가 아닌 학교 내부에서 자문가 역할을 담당할 교사를 선정할 수도 있다. 특히 특수학교에서는 행동지원 경력이 많은 수석교사나 행동지원 관련 석박사학위를 소지한 교사가 과정별로 자문가 역할을 담당할 수 있을 것이다. 중재 계획은 자연적인 환경에서 중재 절차를 실행할 교사와 부모에게 수용 가능해야 하므로, 자문가를 비롯한 팀원 모두가 학교 상황을 잘 이해하고 있는 교직원이라는 점은 협력 과정에서 강점으로 작용할 수 있을 것이다. 한편, 최근 특수학교 내 전문상담교사 배치가 점차 확대되고 있다는 사실을 고려해 보았을 때, 한국에서도 행동지원에 대한 지식을 갖춘 전문상담교사가 자문가의 역할을 수행할 수 있을 것으로 보인다. 그러나 아직 우리나라는 대학 교육과정상 예비 전문상담교사들이 장애 학생을 위한 행동지원에 대한 준비를 충분히 할 수 없는 구조다. 따라서 미국의 학교심리학자와 같은 역할을 전문상담교사가 수행하기 위해서는 예비 전문상담교사 및 현직 전문상담교사를 대상으로 공

1) 행동중재전문관이란 특수교육대상 학생의 개별적인 요구에 적합한 행동 중재 계획을 수립·실행·평가하는 전문 인력을 말한다. 서울시교육청 행동중재특별지원단에서 행동중재전문관을 본격 도입하여, 외부 전문가와 연계해 학생의 행동 특성, 학교 및 가정의 요구를 토대로 개별 행동지원팀을 구성하고 행동지원 계획을 수립·실행·평가하며 각 사례를 집중 관리한다(출처: 김빛이나, 2021. 2. 18).

동행동 자문 및 행동지원 방안에 대한 교육 및 연수가 필수적으로 뒷받침되어야 할 필요가 있다.

한편, 일반학교에서는 장애 학생의 행동지원에 대한 지식과 경험을 갖춘 특수교사가 자문가 역할을 담당하여 통합학급 교사 및 학부모와 협력적 자문 관계를 형성하고 공동의 계획을 통해 중재를 실행해 나갈 수 있다. 다만, 특수교사 역시 경력이 부족하거나 경험의 폭이 다양하지 않을 경우 자문가 역할 수행에 어려움을 겪을 수 있으므로, 교육청 차원에서 일반학교 내 저경력 특수교사를 대상으로 문제 행동 중재, 가정-학교-교사 간 협력 방안에 대한 지원(예: 연수, 컨설팅)을 확대할 필요가 있을 것으로 보인다. 또한 행동중재특별지원단의 지원을 받은 경험이 있는 교사를 주축으로 관내 전문적 학습공동체를 구성하여 특수교사 간 협력적·상호적 자문 과정이 뒷받침된다면 단위학교 내 공동행동 자문이 보다 원활하게 실행될 수 있을 것이다.

제 11 장

이야기 지도

1. 소개

이야기 지도(Story Mapping)는 학생들이 이야기를 구성하는 요소들을 배우도록 돕기 위해 그래픽 조직자를 사용하는 전략이다(Reading Rockets, 2022). 그래픽 조직자는 관련 사실, 개념 간 관계 및 중심 내용을 더 명확하게 시각적으로 구조화하는 도구로, 읽기 이해, 쓰기 및 개념 습득 향상에 효과적이라고 알려져 있다(옥민욱 외, 2020; Dexter & Hughes, 2011). 학습 목적에 따라 도형, 선, 화살표, 부호, 지도 등을 사용하여 다양한 방식으로 표현할 수 있으며(김우리 외, 2013), 원인결과도, 요약도, 비교와 대조를 위한 T-테이블 및 벤 다이어그램, 순서와 열거를 위한 순서도 및 흐름도 등으로 분류할 수 있다(이병기, 2008). 이와 같은 시각적 단서는 정보를 기억하고 상황을 이해하며 내용을 회상하는 데 중요한 역할을 한다(이정민, 김애화, 2020).

이야기 지도는 이야기 문법 요소를 그래픽 조직자에 작성하고 명시적 교수 절차에 따라 이야기의 사건을 정리하여 쓰며, 읽기 이해 질문에 답하는 활동을 진행하는 전략이다(김애화 외, 2012; 이정민, 김애화, 2020; Stetter & Hughes, 2011). 길을 찾을 때 내비게이션이나 지도를 사용하면 도움이 되듯이, 이야기 지도는 글을 읽을 때 중심 내용을 비롯한 이야기 문법 요소를 찾는 데 매우 유용하다(김애화 외, 2013). 학생들은 이야기 문법 요소인 등장인물, 배경, 문제, 사건, 해결책 등을 확인하는 과정에서 주의 깊게 글을 읽고 세부 사항을 파악하게 된다.

교사는 이야기 지도 전략을 전체 학급, 모둠별, 개별 학생을 대상으로 적용할 수 있는데, 이야기 지도는 특히 그래픽 조직자와 같은 추가 지원이 필요한 학생에게 더 유익하다. 소설(예: 인물, 사건 정의)뿐 아니라 비소설(예: 중심 내용, 세부 사항 찾기)에도 사용할 수 있다(WETA Washington, D. C., 2022). 이야기 지도는 주로 읽기 부진, 읽기장애 학생에게 효과적인 전략으로 알려져 있으며(김애화 외, 2013; 이정민, 김애화, 2020; Alves et al., 2015; Boon et al., 2015), 지적장애 학생(천선희, 김정미, 2007; Alnahdi, 2015), 자폐성장애 및 정서행동장애 학생(Blankenship et al., 2005; Garwood et al., 2017; Stone et al., 2008)의 읽기 지도에도 효과적이라는 연구 결과들이 발표되었다.

2. 중재의 내용과 전달 방식

1) 이야기 지도의 기본 요소

이야기 지도가 가장 기본적으로 초점을 맞춰야 하는 것은 이야기의 시작, 중간, 끝이며, 학생들의 수준이 보다 발전되면 줄거리나 인물의 성격, 특징에 더 초점을 맞춘다(WETA Washington, D. C., 2022). 아이돌(Idol, 1987), 아이돌과 크롤(Idol & Croll, 1987)이 개발한 이야기 지도는 주요 등장인물(들), 배경, 문제 또는 갈등, 주요 사건, 결과 또는 해결책을 포함한다. 이야기 지도의 요소는 〈표 11-1〉과 같이 정의할 수 있다.

표 11-1 이야기 지도의 요소

주요 등장인물(들)	그 이야기는 주로 누구 또는 무엇에 관한 것인가
배경	그 이야기는 어디서, 언제 일어나는가
문제 또는 갈등	주인공이 풀어야 할 문제는 무엇인가
주요 사건	문제를 해결하기 위해 일어나는 가장 중요한 일들
결과 또는 해결책	문제가 해결되었는지 여부

출처: Mathes et al. (1997), p. 22.

2) 이야기 지도의 적용 절차 예시

중·고등학생을 가르치는 교사와 가족에게 국가 차원에서 읽기, 쓰기의 멀티미디어 자원을 제공하는 WETA Washinton D. C.(2022)의 AdLit(All about adolescent literacy) 웹사이트, 가우드와 동료들(Garwood et al., 2017)의 논문에서 제시한 이야기 지도의 적용 절차를 정리하면 다음과 같다. 교사는 어떤 지문을 읽을지 결정하고, 학습 목표를 파악하며, 학생들이 찾아내야 할 핵심 요소를 결정한다. 다음으로 읽기 유형(예: 소설, 비소설)에 가장 적합한 이야기 지도를 선택 또는 작성한다. 읽기 전에 학생들이 발음하기 어려워할 만한 단어들을 제시하여 학생들과 함께 읽으며 어려운 단어들의 뜻이 무엇인지 함께 생각해 보고 정의를 익히도록 한다. 그림이나 짧은 동영상을 보여 주고 간단한 토론을 통해 배경지식을 제공할 수 있다. 이야기 지도 작성 전, 교사는 학생들이 전략을 사용하는 이유와 방법을 확실히 이해할 수 있도록 절차를 모델링해야 하며, 작성 시 학생들의 작업을 관찰, 확인하고 지원해야 한다. [그림 11-1]은 학습장애와 ADHD를 가진 초등학교 3학년 원이가 작성한 이야기 지도다(빈 서식은 〈부록 9, 10〉 참조). 원이는 이야기 지도를 작성하며 좀 더 집중하여 이야기를 기억하고 회상하였으며, 이야기의 흐름을 더 잘 이해하게 되어 관련 문제들에 대한 정답률이 높아졌다.

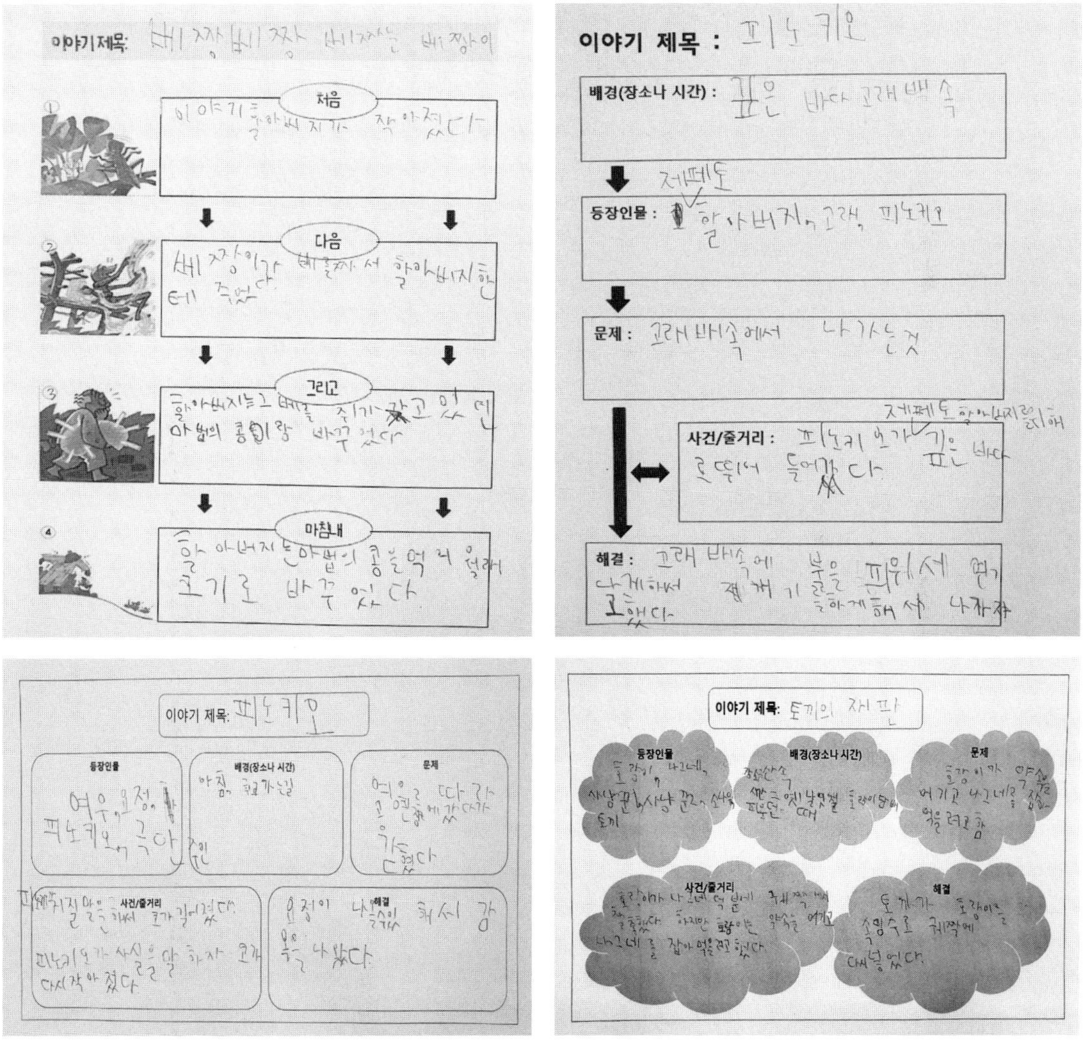

그림 11-1 원이가 작성한 이야기 지도

3. 국내외 적용 예시

이야기 지도 적용 방법이 자세히 설명되어 있는 국외 연구와 국내 실험 연구를 소개하고자 한다. 가우드와 동료들(Garwood et al., 2017)이 정서행동장애 학생을 대상으로 한 독해력과 읽기 유창성 지원에 대해 분석한 논문, 매티스와 동료들(Mathes et al., 1997)이 이야기 지도를 활용한 기법인 협력적 이야기 지도를 분석한 논문, 표소래와 김애화(2012)가 학습장애 학생에게 그래픽 조직자를 활용한 어휘 교수 프로그램을 적용하여 사회과 어휘 습득에 미치는 효과를 실험한 논문, 김애화 등(2013)이 읽기장애 학생에게 이야기 지도 전략 교수를 적용하여 읽기 이해 성취도에 미치는 효과를 실험한 논문, 최나야와 정수정(2013)이 초등학생에게 그림책과 이야기 지도를 활용한 학교 도서관 프로그램을 실시하여 문해 능력과 도서 대출 빈도의 변화 및 프로그램 만족도를 분석한 논문 순으로 제시하였다.

1) 정서행동장애를 가진 학생의 독해력과 읽기 유창성 지원에 대한 연구 (Garwood et al., 2017)

이 연구는 정서행동장애 학생의 독해력과 읽기 유창성 지원의 필요성과 실제적인 방법을 논의하였다. 연구자들은 정서행동장애 학생들이 중학생이 되었을 때 다른 고빈도 장애(예: 학습장애, 언어장애)를 가진 학생들에 비해 읽기 능력의 성장이 느리고 고등학교에서는 종종 또래보다 몇 학년 아래 수준의 읽기 능력을 보인다는 결과를 제시하며(Yakimowski et al., 2016), 정서행동장애 학생들은 유창하게 읽거나 이해하는 데 어려움을 겪는다고 보고하였다. 유창하게 글을 읽는 학생들은 익숙하지 않은 단어를 해독하고 이해하는 데 시간을 덜 보내므로, 읽기 유창성은 독해력에 기여할 수 있다. 읽기 이해를 처음부터 잘하기는 어렵지만, 읽을 때 의미 단위를 끊어서 읽을 줄 알게 되면 저절로 이해할 수 있는 가능성이 높아진다. 따라서 교사가 읽기 이해만 계속 가르치는 것보다 낭독 유창성을 같이 염두에 두고 교수하는 것이 학생의 독해력 향상에 더 도움이 된다. 읽기 유창성과 독해력은 나이가 어릴수록 더 관련이 깊지만, 고학년 학생들에게 읽기 유창성은 여전히 독해력 점수의 중요한 예측 변수다. 중·고등학교로 갈수록 읽기 과제가 점점 복잡해지므로, 교사들은 정서행동장애 학생들을 위해 독해력과 읽기 유창성을 지원하는 교수 절차를 실행할 필요가 있다. 학생들에게 선택 기회를 제공하거나 이야기 지도를 포함하여 조용히 읽기(묵독), 반복적인 독서, 협동적인 그룹 연습, 체계적인 또래 교수 등을 적용하면 학생들의 읽기 참여를 촉진할 수 있고 체계적인 내용 이해에도 도움이 된다.

이야기 지도 실시 단계는 〈표 11-2〉와 같다(등장인물의 특징, 갈등, 해결 관련 이야기 지도의 예시는 〈부록 10〉, 중·고등학생 대상 이야기 지도 예시는 〈부록 11〉 참고).

표 11-2 이야기 지도 실시 단계

단계	교수 절차 및 방법
준비 단계	• 교육과정에 기반하여 학습 목표를 파악하고 읽기 이해에 도움이 되는 지문 선택하기 • 미리 지문을 읽고 학생들에게 까다로울 수 있는 어휘나 고유명사 찾기 ① 학생들이 발음하기 어려워할 만한 단어들을 사전에 학생들과 함께 읽기 ② 2~3개 어휘에 대한 정의를 제공하기 ③ 어휘에 대한 이해를 돕기 위해 그림 보여 주기 ④ 짧은 비디오나 간단한 수업 토론과 같은 관련 배경지식 제공하기 • 반드시 배워야 하는 구체적인 질문과 이야기 요소에 따라 이야기 지도 유형 선택 또는 작성하기
실행 단계	• 이야기 지도 학습 날이나 그 주에, 이야기 지도에 포함될 읽기 이해 기술을 학생들과 명시적으로 검토하기 • 학생들과 이야기 지도 안 상자나 선을 합창하듯이 읽으면서 이전에 배웠던 이야기 지도 복습하기 • 모델링 단계에서 교사는 지도를 완성하며 그 과정에서의 생각을 소리 내어 말하기 • 모델링 후 각 요소에 맞는 올바른 내용(예: 배경, 딜레마)을 식별하기 위해 이야기를 읽고 학생들과 함께 이야기 지도 완성하기
독립성 구축 단계	• 학생들이 독립적으로 본인의 이해를 점검, 향상할 수 있도록 점차 지원 소거하기 ① 전략적으로 수업 중 덜 점검하기(원래 3분마다 하던 숙제 점검을 6분마다 실시) ② 일부 학생들은 또래들보다 지원을 더 느리게 줄일 필요가 있음(부분적으로 완성된 이야기 지도 제공) ③ 반복적인 교수를 제공할 수 있음 • 학생들이 독립적으로 이야기 지도를 두 번 정확하게 완성하면 독립적인 연습을 계속할 준비가 됨

출처: Garwood et al. (2017), pp. 396-399에서 발췌 및 재구성.

2) 이야기 지도 활용 기법인 협력적 이야기 지도(Mathes et al., 1997)

이야기 지도를 활용하는 기법인 협력적 이야기 지도(cooperative story mapping)를 통해 독해력을 향상하는 방법에 대해 분석한 연구다. 협력적 이야기 지도란 모든 학생이 이야기를 파악하고 토론하는 데 참여하도록 이야기 문법 전략과 협력적 학습 절차를 결합한 기법을 말한다. 교사는 다양한 수준의 읽기 성취도를 가진 4명의 학생들을 한 모둠에 배정하고, 학생들이 상호작용하여 이야기 지문을 공유하고 이해하도록 격려한다. 이 상호작용은 전체 수업 토론을 통해 확장된다. 협력적 이야기 지도는 이야기 읽기, 이야기 훑어보기, 이야기 지도 완성하기, 학급 전체에서 함께 토론하기 단계로 이루어져 있다. 매티스 등(1997)의 연구에서 제시한 협력적 이야기 지도 실시 단계는 〈표 11-3〉과 같다.

표 11-3 협력적 이야기 지도 실시 단계

단계	교수 절차 및 방법
이야기 읽기	• 기초적인 이야기를 포함, 서술형 지문은 대부분 이야기 문법 요소를 모두 갖추고 있으므로(Negin, 1988) 학급에서 낮은 수준의 학생들에게 적절한 이야기 선택하기 • 전체 학급이 같은 이야기를 읽기 • 지속적으로 묵독하기, 또래지원 학습 전략 활동하기, 큰 소리로 읽어 주거나 녹음한 것을 따라 듣기, 숙제하기 등으로 모든 학생이 이야기를 읽도록 준비하기
이야기 훑어보기	• 이야기 지도 작성 전 처음 2분간 이야기를 묵독하며 훑어보게 하기 • 학생들이 모든 이야기 요소에 대해 가장 좋은 답이라고 생각되는 것이 무엇인지 결정하도록 지시하기 • 이야기에서 각 답을 뒷받침하는 정보가 어디에 있는지 적어, 모둠에서 이야기 지도를 작성할 때 그 답에 대해 토론하고 증거를 제공할 수 있도록 하기
이야기 지도 완성하기	• 15~20분 동안 모둠에서 지도를 완성하기 • 리더 역할을 맡은 학생들이 이야기 지도의 다양한 요소에 대한 답을 작성하기. 모든 학생은 하나의 이야기 요소(즉, 주인공, 배경, 문제, 결과)와 하나의 주요 사건에 대한 리더임. 리더의 역할은 말하기, 질문하기, 토론하기, 기록하기, 보고하기의 5단계로 이루어지며 매주 바뀜. 교사는 각 단계에 대한 단서를 제공하는 안내 카드 제공하기
이야기 토론하기	• 교사가 20~30분 동안 이야기 요소에 대한 학급 전체의 토론 이끌기 • 답이 맞는가? 지문에서 그것을 입증할 수 있는가? 다른 모둠도 정답일 수 있는 다른 답이 있는가? 어떻게 이것이 가능한가? 이런 어려운 질문을 토론으로 이끌기 → 이러한 토론은 협동학습 이야기 지도의 성공에 중심축이 되며, 학생들이 자신의 모둠을 넘어 이야기를 공유하고 확장할 수 있게 해 줌. 사람들이 다양한 의견을 가지고 있고 다른 해석과 관점이 같은 지문에 의해 뒷받침될 수 있다는 것을 볼 수 있게 함

출처: Mathes et al. (1997), pp. 22-25에서 발췌 및 재구성.

3) 학습장애 초등학생을 대상으로 한 국내 연구(표소래, 김애화, 2012)

정서행동장애 학생을 대상으로 이야기 지도를 적용한 국내 연구는 아직 없으므로 일반학급 학습장애 학생을 대상으로 한 실험 연구를 소개하고자 한다. 이 연구에서 저자들은 초등학교 사회 과목에서 낮은 성취를 보이는 6학년 학습장애 학생 3명에게 그래픽 조직자를 활용한 어휘 교수 프로그램을 적용하여 사회과 어휘 습득에 미치는 효과를 알아보았다. 회기당 40분 정도로 약 30회기의 중재가 실시되었으며, 중재의 효과를 알아보기 위하여 연구자가 제작한 10개 문항의 사회과 어휘 능력 평가를 실시하였다. 실험 결과, 모든 학생의 사회과 어휘 능력이 향상되었으며, 이러한 효과는 중재 종료 후에도 유지되는 것으로 나타났다.

이 연구의 어휘 중재 프로그램은, ① 교과서 읽기 자료 읽기, ② 세트별 그래픽 조직자 살펴보기, ③ 개별 어휘 그래픽 조직자를 통해 어휘 공부하기, ④ 어휘 복습하기의 단계로 이루어진다. 약 40어절로 구성된 교과서 읽기 자료를 통해 학생들이 해당 중

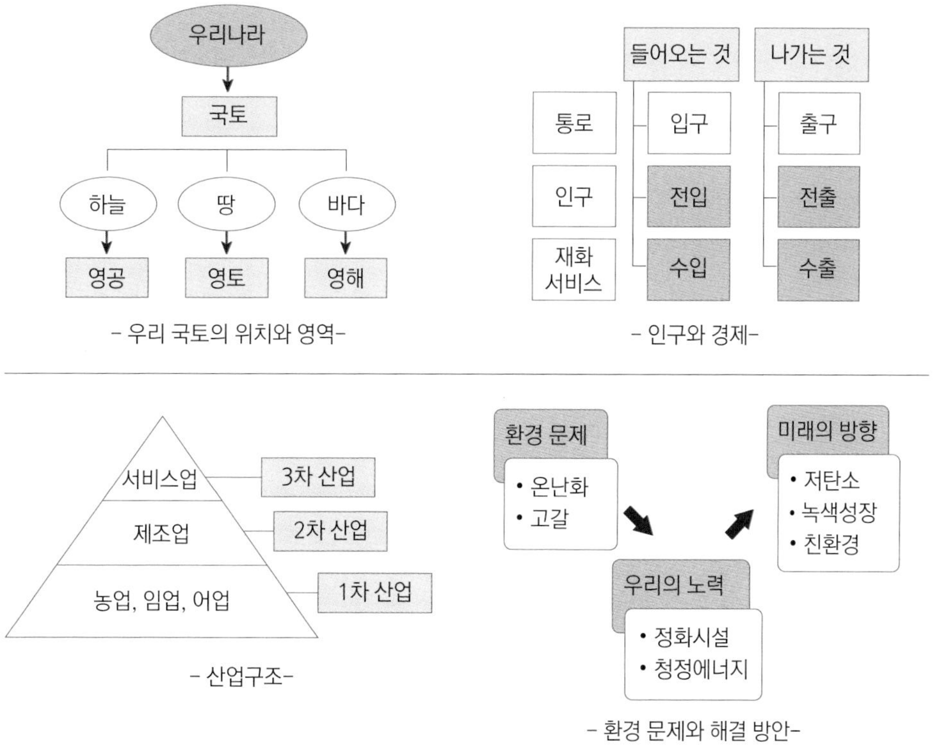

그림 11-2 세트별 그래픽 조직자의 예시

출처: 표소래, 김애화(2012), p. 168.

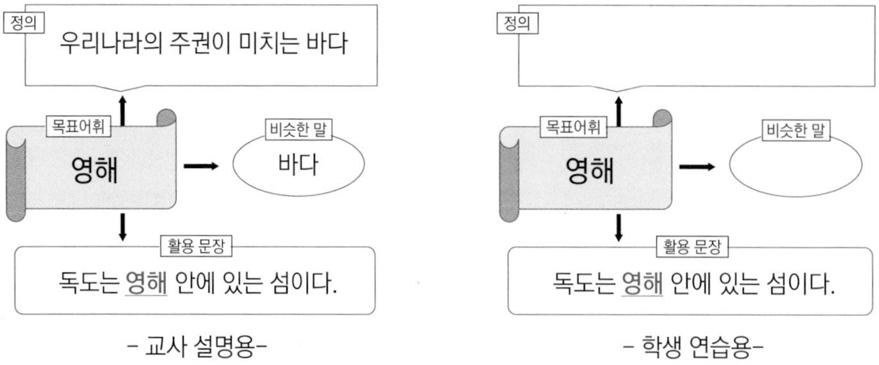

그림 11-3 개별 어휘 그래픽 조직자의 예시

출처: 표소래, 김애화(2012), p. 168.

재에서 학습할 어휘가 문장 안에서 어떻게 쓰이고 있는지 살펴보고, 학습할 어휘들의 연관성과 전체적인 내용을 파악하게 하였다. 눈여겨볼 부분은 다양한 그래픽 조직자의 예시다. 세트별 그래픽 조직자는 목표어휘들 간 관계를 나타내는 도식이다. [그림 11-2]는 세트별 그래픽 조직자의 예시다.

개별 어휘 그래픽 조직자는 목표어휘와 어휘의 뜻, 비슷한 말, 활용 문장을 제시하는 형태로 목표어휘를 중심으로 관련 내용을 화살표로 연결하여 나타낸다. [그림 11-3]은 개별 어휘 그래픽 조직자의 예시다.

4) 읽기장애 학생을 대상으로 한 국내 연구(김애화 외, 2013)

이 연구에서는 초등학교 3학년 읽기장애 학생 3명을 대상으로 이야기 지도 전략 교수를 적용하고 읽기 이해 성취도에 미치는 효과를 분석하였다. 중재의 실시와 함께 모든 참여자의 읽기 이해 성취도가 기초선에 비해 향상되었으며, 유지 기간 동안 중재 단계와 비슷한 결과가 나타났다. 이 연구의 이야기 지도 전략 교수는 크게 전략 교수와 본 차시 교수로 구성되는데, 전략 교수를 2차시에 걸쳐 먼저 실시한 후 본 차시를 진행하였다. 전략 교수에서는 이야기 지도 전략이 무엇인지 언제, 왜, 어떻게 사용하는지에 대한 명시적인 설명과 시범이 이루어졌다. [그림 11-4]는 이야기 지도 전략을 적용하여 '인정 많은 의원'의 내용을 간추린 예다.

본 차시의 중재는, ① 학습 분위기 조성 및 학습 목표 제시, ② 이야기 지도 전략 복

〈인정 많은 의원〉

1. 인물: 이야기에 등장하는 인물은 누구인가요?

인정 많은 의원, 호랑이 아버지, 아기 호랑이

↓ ↓ ↓

2. 때와 장소: 언제, 어디에서 일어난 이야기인가요?

- 때: 옛날 옛적
- 장소: 어느 산골 마을

↓ ↓ ↓

3. 발달: 이야기의 사건이 시작되는 계기가 되는 것은 무엇인가요?

호랑이 아버지 목구멍에 뼈가 걸렸음.

↓ ↓ ↓

4. 일련의 사건: 인물에서 **어떤 일(사건)들**이 일어났나요?

1. 아기 호랑이가 인정 많은 의원을 찾아가서 살려 달라고 부탁함.
2. 인정 많은 의원은 아기 호랑이와 호랑이 굴로 감.
3. 인정 많은 의원은 뼈를 빼 주고 치료해 줌.
4. 호랑이 가족은 의원에게 고맙다고 인사함.

↓ ↓ ↓

5. 결말: 이야기가 어떻게 끝났나요?

호랑이가 의원 집 마당에 멧돼지를 물어다 놓았음.

그림 11-4 이야기 지도 전략을 사용하여 이야기 글의 내용을 분석한 예

출처: 김애화 외(2013), pp. 76-77.

습, ③ 이야기 지도 전략 적용하기(시범-안내된 연습-독립적 연습), ④ 이야기 문법 요소를 중심으로 전체 글의 내용 간추려 쓰기(시범-안내된 연습-독립적 연습), ⑤ 읽기 이해 질문에 답하기(시범-안내된 연습-독립적 연습)의 5단계로 매 차시 실시되었다.

5) 초등학생을 대상으로 한 국내 연구(최나야, 정수정, 2013)

장애 학생을 대상으로 한 것은 아니지만 초등학교 1학년 학생들을 대상으로 보다 창의적인 이야기 지도를 적용한 연구가 있어 소개하고자 한다. 이 연구는 28명의 초등학교 1학년생들에게 그림책과 이야기 지도를 활용한 학교 도서관 프로그램을 실시하여 문해 능력과 도서 대출 빈도의 변화 및 프로그램 만족도를 분석한 실험 연구다. 11주 동안 총 20권의 그림책을 읽고 이야기 지도를 활용하여 책에 대한 반응을 살펴본 결과, 학생들의 읽기 이해력과 쓰기 유창성 및 쓰기 능력이 유의하게 향상되었다. 프로그램 참여 이전에 비해 학교 도서관에서 책을 대출하는 빈도가 유의하게 증가하는 등 긍정적인 결과를 보여 주었다. [그림 11-5]는 이야기 지도의 예시, 〈표 11-4〉는 그림책과 이야기 지도를 활용한 도서관 프로그램의 회기별 내용이다.

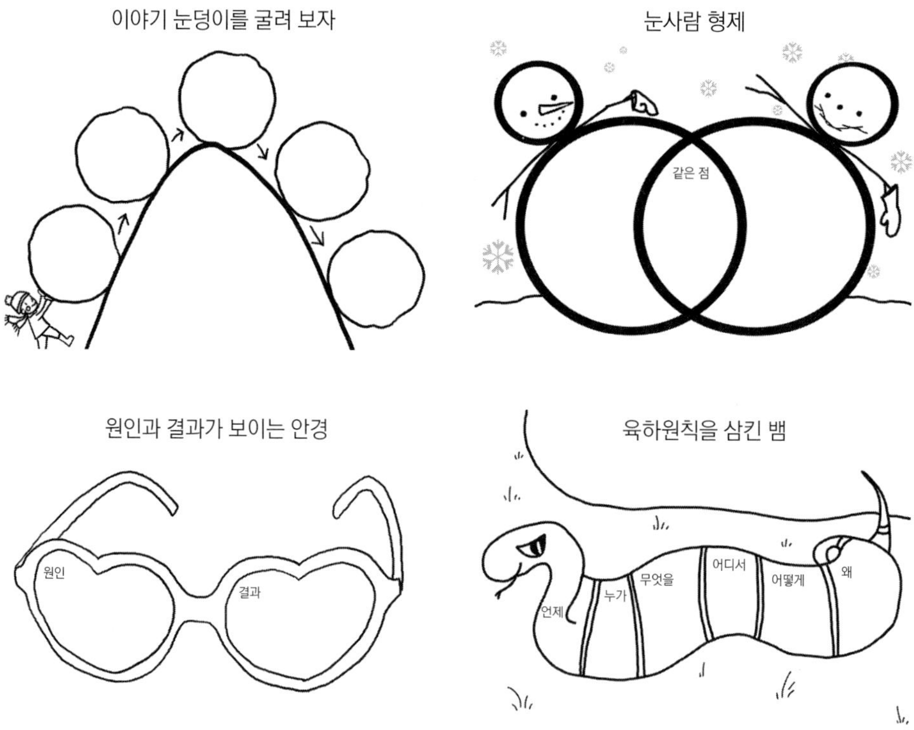

그림 11-5 이야기 지도의 예시

출처: 최나야, 정수정(2013), p. 186.

표 11-4 그림책과 이야기 지도를 활용한 도서관 프로그램의 회기별 내용

회기	활동 제목	이야기 지도 내용	활용한 그림책
1	생각아 퍼져라!	브레인스토밍	사마다 유카. 바무와 게로 오늘은 시장 보러 가는 날(중앙출판사, 2002)
2	알고 있는 날! 알고 싶은 것?	사전 지식 정리하기	박경효. 입이 똥꼬에게(비룡소, 2008)
3	어떤 모험을 해 봤니?	사전 경험 나누기	패트릭 맥도넬. 내 친구 제인(웅진주니어, 2011)
4	이런 이야기가 아닐까?	이야기 예상하기	서민정. 콩닥 콩닥 콩닥병(사계절, 2008)
5	낱말을 잡아라!	새로운 단어 정리	이억배. 이야기 주머니 이야기(보림, 2008)
6	이야기 나라 지도	시·공간적 배경	고해주, 위혜정, 윤희동. 크리스마스 전에 꼭 말해야 해(휴이넘, 2008)
7	너는 누구니?	등장인물	홀리 켈러. 누가 쥐를 구해줄까요?(키득키득, 2011)
8	그다음엔 어떤 일이?	이야기의 흐름	로저 뒤바젱. 베로니카, 넌 특별해(비룡소, 2008)
9	어쩌다 이런 일이?	원인과 결과	이현주, 김천정. 의좋은 형제(국민서관, 2006)
10	그래서 그랬구나!	주장과 근거	김미혜, 최민오. 좁쌀 한 톨로 장가가기(국민서관, 2011)
11	비슷하거나 다르거나	비교와 대조	안네게르트 푹스후버. 이게 뭘까?(북극곰, 2011)
12	언제, 어디서, 누가, 무엇을, 어떻게, 왜?	줄거리	아야노 이마이. 고양이와 장화(느림보, 2010)
13	이야기가 남긴 것	주제와 교훈	백희나. 달 샤베트(스토리보울, 2010)
14	생각 잇기	입장 바꿔 생각하기	주동민, 조은수. 내 동생(창작과비평사, 2003)
15	전하고 싶은 말	편지 쓰기	클라우스 바움가르트, 틸 슈바이거. 귀 없는 토끼(아이세움, 2010)
16	이건 좋았고, 이건 아쉬웠어.	평가하기	고여주, 위혜정, 김중석. 내 생일에 공룡이 왔어(휴이넘, 2008)
17	그리고, 쓰고, 오리고, 붙이고	책 표지 만들기	이재민, 김현. 내 사과 누가 먹었지?(노란돼지, 2010)
18	꼬리를 무는 이야기 놀이	이야기 재구성하기	박윤규, 백희나. 팥죽할멈과 호랑이(시공주니어, 2006)
19	이야기 느껴 보기	오감 활용·탐구 활동	백남원. 짚(사계절, 2008)
20	또 다른 모험을 위해	정보 탐색과 문제 해결	로버트 E. 웰스, 김명남. 우리가 사는 지구, 왜 특별할까요?(시공주니어, 2010)

출처: 최나야, 정수정(2013), p. 187.

4. 요약 및 결론

이상에서 살펴본 것과 같이, 이야기 지도의 활용 방식은 매우 다양하고 이와 관련하여 활용할 수 있는 교수 방법도 많다. 그러나 교육과정 진도를 따라가기 힘든 우리나라의 현실에서 교사들이 따로 시간과 노력을 들여 구성하여 사용하기가 쉽지 않을 수 있다. 그러므로 교육과정 운영에서의 교사 재량권을 확대하여 동일한 단원에 대해 교사들이 다양하고 심층적으로 접근할 수 있는 분위기가 조성되는 것이 중요하다. 이야기 내용에 따른 효과적인 이야기 지도가 충분히 개발되어 교육과정 지도서에 삽입되거나 교사 참고용 자료에 실려 실질적으로 활용될 수 있도록 자원을 마련하려는 노력도 필요하다. 이야기 지도는 이야기의 모든 요소가 연관되어 있다는 것을 설명하기 위해 만들어졌으므로, 학생들에게 대부분의 이야기가 어떻게 구성되고 통합되는지에 대한 시각적 틀을 제공한다. 이야기 지도는 읽기 이해, 읽기 유창성뿐 아니라 분석과 통찰력을 이끄는 시각적 자료이면서 모델링을 통한 관찰학습을 가능하게 하는 도구로서, 정서행동장애 및 장애 위험 학생들을 비롯하여 읽기를 어려워하는 독자에 대한 배려가 있는 매력적인 학습지원 방법이다. 협동학습 이야기 지도의 경우, 이야기 지도를 통해 상호작용할 수 있는 기회를 더 많이 제공하여 사회성 향상에도 도움을 줄 수 있다. 교사들은 학생들의 읽기 이해에 효과적인 이야기 지도 방법의 가치를 알고 얼마든지 창의적으로 접근할 수 있다. 초기에 교사가 낮은 수준의 학생도 이해할 수 있는 적절한 이야기를 선정하고, 이야기 요소를 익히는 데 효과적인 이야기 지도를 선택하거나 만들며, 이야기 지도를 작성하는 과정에서 모든 학생이 참여할 수 있는 분위기를 조성하는 것이 중요하다. 이야기 지도를 잘 활용한다면 읽기 내용을 잘 이해하고 기억할 수 있도록 쉽고 재미있게 교수하고자 하는 교사의 의도가 충분히 빛날 것이다.

제 12 장
또래지원 학습 전략

1. 소개
2. 중재의 내용과 전달 방식
3. 국내외 적용 예시
4. 요약 및 결론

1. 소개

읽기를 잘하려면 읽기 이해 능력이 향상되어야 하는데, 이를 위해서는 읽기 유창성이 뒷받침되어야 한다(Mercer & Mercer, 1989). 유창하게 읽는 독자는 글에 제시된 수많은 정보를 자연스럽게 읽으면서 그 의미를 보다 정확하고 신속하게 식별하고 효과적으로 글을 이해할 수 있기 때문이다(최미라, 강옥려, 2012).

읽기는 정서행동장애 학생들에게 어려운 학습 활동 중 하나다. 정서행동장애 학생들은 낮은 읽기 성취도 또는 예측할 수 없는 동기를 포함하여 다양한 행동적·학습적 측면에서 변동이 심한 결과를 보인다(Ramsey et al., 2007). 그러나 학생들이 매일 성공적으로 읽는 기회를 부여받고 스스로의 진도를 확인할 수 있다면 학업 및 사회적으로 긍정적인 결과를 경험할 가능성이 커진다(Scott & Shearer-Lingo, 2002).

또래 교수는 전통적인 교사 중심의 교수 방법에서 학생들의 개인차가 반영되기 어려운 점을 보완하고자 학생들끼리 1:1로 짝을 이루어 상호작용을 최대화하며 학습 능력과 사회성을 개발하고자 하는 학습 전략이다(최재호, 이영주, 2011; Fuchs et al., 2000). 또래 교수는 정서행동장애 위험 학생들을 포함하여 장애를 가진 학생들에게 일반적으로 효과적인 중재다(Dunn et al., 2017; Farley et al., 2012). 짝으로 가르치기, 소그룹 활동하기, 소리 내어 읽기, 피드백 제공하기, 서로 질문하기와 같은 일련의 중재 절차를 통해 읽기 이해를 위한 활발한 참여와 연습을 이끌어 낼 수 있다(Ryan et al., 2008). 학업 우수 학생이나 고학년생이 튜터가 되어 학습 능력이 낮은 학생을 1:1로 지도하는 것이 또래 교수의 가장 일반적인 형태이며, 튜터와 튜티의 역할을 서로 바꿔 가며 실시하는 상호적 또래 교수(Rreciprocal Peer Tutoring: RPT)는 파트너 간 상호 의존성을 보다 강화할 수 있다(최재호, 이영주, 2011). 학급 전체 또래 교수(Classwide Peer Tutoring: CWPT)는 학급의 모든 학생이 또래 교수에 참여하며, 연습과 피드백 활동을 통해 참여도를 극대화할 수 있는 장점이 있다(최재호, 이영주, 2011; Greenwood et al., 1989).

또래 교수에 관한 국내 선행 연구들은 주로 학습장애 학생이나 저성취 학생을 위주로 실시되었지만, 읽기교육의 중요성을 고려할 때 읽기 수준이 서로 다른 학생들을 대상으로 하는 보편적인 또래 교수 읽기 지도에 관한 연구가 필요하다. 이를 위하여 또래지원 학습 전략(Peer-Assisted Learning Strategies: PALS)이 좋은 대안이 될 수 있다(최재호, 이영주, 2011). 또래지원 학습 전략은 미국의 벤더빌트 대학(Vanderbilt University)에서 푹스와 동료들(Fuchs & Fuchs, 2005; Fuchs et al., 1997; Mathes et al., 1998)이 지역학교와의 협력 연구를 통해 개발한 학급 전체 또래 교수의 한 종류다. 정서행동장애 학생이나 위험 학생들에게 성공적으로 적용되어 온 또래지원 학습 전략(Barton-Arwood et al., 2005; Lane et al., 2007)은 1:1 환경에서 학생들이 적극적으로 읽기 활동에 참여하도록 지원한다. 비슷한 능력을 가진 학생들(비슷하지만 두 명 중 한 명은 약간 더 읽기 수준이 높음)을 짝지어 함께 읽기 활동을 하게 함으로써 학업 능력 향상을 도모한다(Maheady et al., 1991). 이 전략은 읽기 활동에 대해 또래로부터 즉각적인 피드백을 받는 동시에 튜터로서 또래의 읽기 활동을 지속적으로 관찰, 확인하게 함으로써 학생의 읽기 유창성과 독해력을 증진하는 데 매우 효과적인 것으로 밝혀졌다(Fuchs et al., 1997; Fuchs et al., 2000). 정서행동장애 학생들은 또래 관계와 학업 기술 모두를 향상시킬 수 있는 기회를 가진다(Ramsey et al., 2007).

이 전략은 여러 교과(읽기, 쓰기, 수학 등)에 다양한 연령대(유치원생, 초등학생, 중·고등학생) 및 학습 능력별 학습자(영어를 외국어로 사용하는 집단, 학습장애를 가지고 있는 집단, 저성취 학생, 평균적인 성취를 보이는 학생 등)를 대상으로 널리 적용되어 왔다(최재호, 이영주, 2011; Vanderbilt University, 2021).

2. 중재의 내용과 전달 방식

1) 또래지원 학습 전략의 기본 원칙

또래지원 학습 전략은 반 전체 학생들이 2명씩 짝을 이루어 빈번한 상호작용을 하며, 또래의 즉각적인 피드백을 받고, 튜터(코치 역할)와 튜티(독자 역할)를 번갈아 담당하는 역할 전환의 특징을 갖는다.

맥마스터와 동료들(McMaster et al., 2006), 가우드와 동료들(Garwood et al., 2017)이 보고한 또래지원 학습 전략의 기본 원칙을 정리하면 다음과 같다. 교사는 체계적인 또래 교수를 위해 읽기 능력에 따라 학급을 두 집단으로 나누고, 학생들을 수준이 서로 다른 짝으로 구성한다. 학생들의 짝은 매일 또는 이틀마다 바꿀 수 있다. 교사는 팀워크의 중요성을 먼저 설명하며 다른 현실적인 상황에서 팀워크가 어떻게 도움이 되었는지와 두 학생이 어떻게 함께 작업할 때 읽기를 잘 배우는지를 보여 주는 예를 제시한다. 그런 다음, 보조 인력이나 다른 학생과 함께 적절한 튜터 및 튜티의 행동을 모델링한다. 텍스트의 난이도는 두 명 중 성취도가 낮은 학생에게 맞추고, 텍스트의 내용은 학생들의 삶과 관련된 것을 선택하여 참여를 최대화한다. 학생들이 교대로 읽도록 안내하는데, 성취도가 높은 학생이 먼저 읽고 성취도가 낮은 학생은 코치 역할을 하면서 읽기에 참여한다. 그다음 역할을 바꾸어 성취도가 낮은 학생이 성취도가 높은 학생이 방금 읽은 동일한 텍스트를 읽는다. 교사는 학생들이 번갈아 가며 수정 피드백을 하고, 문단을 요약하며, 다음에 일어날 일에 대해 예측하는 활동들을 숙지할 수 있도록 사전 교육을 해야 한다. 또한 전 과정에서 학생들의 수행을 모니터하여 협동적이며 규칙을 잘 지키는 짝들에게 점수를 주고, 학생들이 적립된 점수를 상으로 교환하게 한다.

2) 또래지원 학습 전략의 단계

읽기의 정확성, 유창성, 독해력을 향상하기 위한 또래지원 학습 전략은 1단계 "짝이랑 읽기(partner reading)", 2단계 "문단 요약하기(paragraph shrinking)", 3단계 "예측 릴레이(prediction relay)"라는 명확하게 구조화된 활동으로 이루어진다(최재호, 이영주, 2011; McMaster et al., 2006). "다시 이야기하기" 단계는 1단계에 포함되기도 하고 다음 단계로 나누어지기도 하여, 또래지원 학습 전략은 총 3~4단계로 실행된다. 〈표 12-1〉은 또래지원 학습 전략의 단계다(또래지원 학습 전략에서 사용하는 질문 카드, 수정 카드, 짝 점수판, 수업 규칙, 유의 사항, 팀 점수표의 예시는 〈부록 12〉 참조).

표 12-1 또래지원 학습 전략의 단계

단계	활동	목표 기술	시간
짝이랑 읽기	① 높은 수준의 학생이 먼저 지문을 소리 내어 읽기 ② 낮은 수준의 학생이 이어서 지문을 소리 내어 읽기 ③ 낮은 수준 학생의 읽기 도중에 오류가 발생할 때마다 수정 피드백을 제공하고 역할 교대하기	읽기 유창성	10분
다시 이야기하기	① 낮은 수준의 학생이 읽은 내용을 다시 말하기	독해력 - 요약하기	1~2분

문단(단락) 요약하기	① 읽은 문단에서 중요한 내용을 뽑아 10단어 이내로 말하기(주제 파악하기) ② 짝의 문단 요약하기 중에 오류가 발생하면 다시 하라고 요구한 후에 역할 바꾸기	독해력 - 주인공 및 주제 파악하기 - 요약하기	10분
예측 릴레이하기	① 다음 문단의 내용을 예측하여 말하기 ② 읽기 오류를 확인하여 수정한 후에 역할 바꾸기	독해력 - 예측하기 - 주제 파악하기 - 요약하기	10분

출처: https://iris.peabody.vanderbilt.edu/module/pals26/cresource/q2/p03/#content에서 발췌 및 재구성.

학생들은 과제 완료와 또래지원 학습 전략 절차 준수에 대해 점수를 얻고, 매주 실질적인 보상으로 교환할 기회를 가진다. <표 12-2>는 점수 적립에 대한 예시다.

표 12-2 점수 적립 예시

활동	얻을 수 있는 점수
짝이랑 읽기	• 수정을 했을 경우에도 각 문장을 정확히 읽으면 1점 • 다시 이야기하기 활동에 대해 10점(낮은 수준의 학생)
문단 요약하기	• 사람 또는 사물을 올바르게 말한 것에 대해 1점(문단당) • 사람 또는 사물에 대한 중심 내용을 정확하게 찾은 것에 대해 1점(문단당) • 중심 내용을 10단어 이내로 말하는 경우 1점(문단당)
예측 릴레이	• 모든 논리적 예측에 대해 1점 • 반쪽씩 읽은 것에 대해 1점 • 각 예측이 정확하게 확인되는 것에 대해 1점

출처: https://iris.peabody.vanderbilt.edu/module/pals26/cresource/q3/p11/#content에서 발췌 및 재구성.

3. 국내외 적용 예시

1) 미국에서 실시된 대규모 무작위 통제 실험(Fuchs et al., 1997)

퓩스 등(1997)은 다양성에 대해 더 반응적인 학급을 만드는 또래지원 학습 전략에 대해 대규모 실험을 실행하였다. 연구자들은 읽기 학습자의 수준을 세 유형(장애를 가진 낮은 수준, 장애가 없는 낮은 수준, 평균 수준)으로 나누어 학급 차원으로 또래 교수 프로그램의 효과를 살펴보았다. 무선으로 학생들을 실험 및 통제 집단에 배치하였으며,

초등학교 2~6학년 학습장애 학생이 한 명 이상 포함된 20개 학급에서 15주 동안 주당 3일 35분씩 또래지원 학습 전략을 실시하였고, 다른 20개 학급은 통제집단으로 기존 방식의 읽기 수업을 진행하였다. 실험 결과, 학습자의 유형과 측정 도구에 관계없이 또래지원 학습 전략으로 읽기 활동을 한 학생들이 통제집단보다 유창성, 정확성, 독해력이 유의하게 향상되었다. 이 연구는 또래지원 학습 전략의 초기 연구로 각 단계에 대한 설명, 목적, 이유 등이 상세하게 기술되어 있다. 이 연구를 통해 또래지원 학습 전략에 대해 특별히 알 수 있는 점은 다음과 같다.

첫째, 읽기 활동은 다시 이야기하기를 포함하여 짝이랑 읽기, 문단 요약하기, 예측 릴레이로 이루어지는데, 이러한 활동은 소리 내어 읽기, 읽은 내용의 검토 및 순서 정하기, 지문 요약하기, 중심 내용 진술하기, 이야기 결과 예측 및 확인하기에 대한 집중적이고 체계적인 연습을 위해 계획되었다. 많은 또래 교수가 읽기에서 단어 수준 또는 낮은 수준의 이해 활동을 포함했다는 점을 고려할 때, 또래지원 학습 전략은 이해 전략 훈련에 초점을 맞춘다는 점이 독특하다.

둘째, 다시 이야기하기를 포함하여 짝이랑 읽기의 주된 목적은 학생들의 낭독 유창성을 높이는 것이다. 더 높은 수준의 독자가 먼저 읽고 낮은 수준의 독자가 코치 역할을 한 다음 역할을 바꾸는데, 더 낮은 수준의 학생은 더 높은 수준의 학생이 방금 읽은 내용을 읽으므로 유창하고 편하게 읽을 가능성이 높다. 이러한 독서의 반복은 라베르쥬와 사무엘(LaBerge & Samuel, 1974)의 자동성 이론이 시사한 바와 같이 해독과 단어 인식의 인지적 요구를 줄이고 이해에 필요한 인지적 자원을 제공한다.

셋째, 문단 요약하기는 학습장애나 저성취 학생들이 비활동적인 경향이 있다는 점을 해결하기 위해 젠킨스와 동료들(Jenkins et al., 1987)이 개발한 전략을 수정한 활동이다. 또래지원 학습 전략의 첫 4주 동안 문단 요약하기를 20분 동안 수행하고, 그다음 주부터는 예측 릴레이를 위한 시간을 확보하기 위해서 문단 요약하기 시간을 10분으로 줄인다. 문단 요약하기의 연장선으로 구상된 예측 릴레이는 학생들이 기본 절차에 익숙해지고 중심 내용을 요약하고 파악하는 데 능숙해진 후 또래지원 학습 전략 5주차에 도입된다. 예측 릴레이에서 독자는 다음 쪽에서 배울 내용에 대해 예측을 하고, 다음 쪽을 큰 소리로 읽고, 예측을 확인하고, 방금 읽은 지문을 요약하고, 새로운 예측을 하고, 다음 쪽으로 넘어간다. 더 높은 수준의 독자가 먼저 읽으며 각 학생은 이 절차를 5분 동안 수행한다. 코치는 여전히 단어 인식 오류를 수정할 책임이 있을 뿐 아니라, 독자가 합리적인 예측을 하고, 예측을 확인하고, 해당 쪽에서 가장 중요한 정보를 정확하게 요약하는지를 판정할 책임이 있다.

넷째, 교사는 경쟁적·협력적 차원에서 짝들을 두 팀 중 하나에 배치한다. 학생들은 짝이랑 읽기에서 문장을 오류 없이 읽고, 다시 이야기하기에서 올바른 주제와 중심 내용을 파악하여 말하고, 예측 릴레이에서 합리적인 예측을 하고, 다음 장의 반쪽을 읽으며, 예측을 확인하고, 중심 내용을 요약하고, 협력적으로 행동함으로써 자신의 팀 점수를 획득한다. 코치와 교사는 점수를 부여하고 학생들은 점수표에 기록한다. 각 짝은 점수표를 공유하며 매주 마지막 수업 때 함께 획득한 점수를 교사에게 보고한다. 교사는 팀들의 점수를 합산해서 우승 팀을 발표하고, 우승 팀은 2위 팀에게 박수를 받는다. 모든 학생이 우승 팀이 될 확률을 높이기 위해 4주 후에는 새로운 팀 및 짝 과제를 구성한다.

2) 방해 행동과 읽기 어려움을 보이는 학생을 대상으로 한 실험(Sinclair et al., 2019)

최근 많은 연구자는 학업적·행동적 요구가 공존하는 장애 학생 또는 장애 위험 학생들의 요구를 해결하기 위한 중재의 개발에 관심을 두고 있다. 정서행동 문제를 가진 학생을 담당하는 교사들은 종종 학업보다는 행동 중재를 우선시한다. 하지만 교실 환경을 바꾸는 중재를 통해 학생들의 학업적 요구를 해결하는 것만으로도 문제 행동을 줄일 수 있다. 이 연구는 빈번한 방해 행동과 그에 따른 읽기 어려움을 가진 8학년(중2) 학생을 대상으로 또래지원 학습 전략 프로그램을 적용하여 방해 행동과 학업 참여에 미치는 영향을 조사하였다. A-B-A-B 설계를 적용하였고, 중재 교실에서 통합 교사가 표적집단 중재(Tier 2)를 지원하며 실행하였다. 연구 결과, 또래지원 학습 전략 중재와 방해 행동 및 학업 참여의 변화 간에 기능적 관계가 있는 것으로 나타났다.

대상 학생은 기초선 기간에 평소처럼 Achieve3000 컴퓨터 기반 중재(미국 공교육 온라인 영어 학습 프로그램으로서 읽기 이해, 유창성, 어휘, 쓰기 및 기초적인 읽기 기술에 대한 차별화된 교육)를 노트북이나 태블릿을 통해 독립적으로 수행했다. 교사는 광범위한 교육적 지원을 제공하지 않고, 행동을 관리하며 질문에 답하기 위해 강의실을 돌아다녔다. 수업을 잘 마치거나 과제를 계속하는 것에 대한 보상으로 주기적으로 사탕을 주었다.

연구 참여 교사들에게는 4시간에 걸친 교사 훈련이 실시되었다. 교사 훈련의 내용은 증거기반 또래지원 학습 전략의 개요, 명시적 교수, 모델링 및 각 중재 단계의 실습이었으며 질문의 기회도 포함되었다. 중재 시작 직전에도 30분에 걸쳐 교사 훈련 내용을 복습하고 질의응답 시간을 가졌다. 전략 지도에 필요한 모든 자료는 연구진이 준비하여 교사에게 제공하였고, 교사는 각 학생 짝의 읽기 수준에 맞는 흥미로운 지문을 골랐다.

교사 훈련이 끝난 후 학생 훈련, 또래지원 학습 전략 실행의 두 단계로 중재가 진행되었다. 중재 단계에서 학생이 주간 문단 읽기 유창성(passage reading fluency: PRF) 점수를 스스로 그래프에 기록하도록 하였다.

(1) 학생 훈련

교사는 학급 전체를 대상으로 각 35분으로 구성된 또래지원 학습 전략 10차시 수업을 10일 동안 교수하였다. 교사는 매뉴얼 지침에 따라 학생 읽기 평가 결과에 기반하여 학생들을 짝지었다. 또래지원 학습 전략에 대한 학생 훈련을 마치면 교사는 본격적인 또래지원 학습 전략 실행을 시작했다.

(2) 또래지원 학습 전략 실행

학생들은 교사가 짝지은 대로 모여 앉았다. 수업은 짝이랑 읽기, 다시 이야기하기, 문단 요약하기, 예측 릴레이의 네 가지 활동으로 진행되었다. 교사는 학생들이 읽을 때 피드백을 주기 위해 교실을 돌아다녔다. 각 짝은 등급별 점수와 보상을 놓고 경쟁하기 위해 두 팀 중 한 팀에 배정되었으며, 매주 마지막 수업에서 교사는 팀 점수를 집계하고 한 팀 또는 두 팀에게 교실에서 정기적으로 사용한 보상(예: 막대사탕 또는 외출 시간)을 주었다.

3) 정서행동장애 학급 대상 읽기 수업에서의 연구(Ramsey et al., 2007)

이 연구는 실험 연구는 아니지만 정서행동장애 학급 읽기 수업에서의 또래지원 학습 전략을 사례와 함께 상세하게 제시하였기에 본 절에서 소개하고자 한다. 학생들은 짝과의 활동에서 서로에게 적절한 시기에 올바른 피드백과 격려를 하는 연습을 할 필요가 있다. 학생들은 종종 건설적인 피드백, 격려, 칭찬을 하는 방법에 대한 도움을 필요로 하므로 코멘트를 위한 단서 카드(cue card)가 유용할 것이다. 이 단서 카드의 사용은 또래지원 학습 동안 학생들이 무엇을 해야 하는지 정확히 알 수 있도록 수업이 시작되기 전에 연습되어야 한다. 교사는 다음 두 개의 단서 카드를 올바르게 사용하는 학생들에게 격려와 칭찬하기를 잊지 않아야 한다. [그림 12-1]은 단어 읽기 오류에 대한 수정 피드백 단서 카드, [그림 12-2]는 칭찬 단서 카드의 예시다.

단서 카드
단어 읽기 오류

말하기
"잠깐. 네가 단어를 잘못 읽었어. 그게 뭔지 알겠어?"
5까지 센다.
짝이 대답하지 않거나 맞지 않게 대답한다면

말하기
"그 단어는 ________________ 야. 무슨 단어라고?"
짝이 그 단어를 말한다.

말하기
"좋아. 그 문장을 다시 읽자."

교정 절차를 잘 따르면 내 점수 카드에 1점 표시하기
짝이 그 문장을 바르게 읽었다면 내 점수 카드에 1점 표시하기

그림 12-1 단어 읽기 오류에 대한 수정 피드백 단서 카드

출처: Ramsey et al. (2007), p. 3에서 발췌 및 재구성.

단서 카드
아주 좋다는 것을 말하는 방법

네가 할 수 있다는 걸 알았어.
축하해!
나쁘지 않은데.
이제 너는 바르게 읽었어.
너는 빨리 배우고 있어.
좋았어!
나는 너보다 더 못했을 것 같아.
너랑 하니까 정말 재밌다.
저번에 잘했잖아!
하나도 틀리지 않았어!
와!
그렇지, 바로 그거야!
멋져, 훌륭하다!
너는 그걸 빨리 알아냈구나.
너 기억하는구나!
넌 다 익혔어.
훨씬 좋아졌어.
훨씬 낫다!
연습을 많이 했구나.
계속하자!
넌 오늘 많은 일을 했어.
그거 좋아.
아주 잘했어!
이제 요령을 터득했구나.
좋은 생각이야.
넌 많이 배우고 있어.
잘한다.
넌 감 잡은 거 같다.
잘했어, (친구의 이름).

그림 12-2 칭찬 단서 카드

출처: Ramsey et al. (2007), p. 3에서 발췌 및 재구성.

연구자들은 정서행동장애 학생들에게 또래지원 학습 전략을 성공적으로 적용하는 비결 중 하나는 또래지원 학습 전략의 단계를 명시적으로 가르치고 설명하는 것이라고 강조하고 있다. 논문에서는 읽기 수업에서 또래지원 학습 전략의 성공을 위해 명시적 교수를 적용하는 단계를 [그림 12-3]과 같이 소개하고 있다.

① 〈'친구야, 같이 읽자!'〉 수업이 학생들을 더 잘 읽게 도울 것이라고 설명하기
- 연습과 과제가 그들의 짝을 돕는 데 필수적임을 강조해야 함

↓

② 함께 읽는 것이 두 학생의 성공에 어떻게 도움이 되는지 논의하기
- 특히 팀워크의 중요성을 상기하기
- 각 팀에는 "독자 1(코치)"과 "독자 2(튜티)"가 있고 읽을 때마다 역할을 번갈아 하므로 각각은 코치와 튜티가 될 것임을 알려 주기

↓

③ 〈'친구야, 같이 읽자!'〉 수업을 준비하는 규칙 가르치기
- 책상을 깨끗이 하고, 〈'친구야, 같이 읽자!'〉 자료를 모으고, 짝과 앉고, 자료 나열하기

↓

④ 독자 1(코치)과 독자 2(튜티)에게 예상되는 행동이 무엇인지 가르치기
- 학생들과 함께 피드백을 주고받을 때의 적절한 행동을 모델링하고 실습하기
- 어려운 과제를 시도하고 그것을 성취한 것에 대한 격려, 칭찬 방법 가르치기

↓

⑤ 건설적인 행동과 비건설적인 행동에 대해 학생들과 토론하기
- 건설적인 짝 활동은 두 학생이 서로 격려와 칭찬을 하는 것처럼 보이는 반면, 비건설적인 짝 활동은 학생들이 놀고 있거나 과제를 쉬고 있거나 다투는 것처럼 보인다고 설명하기
- 행동 계약이나 활동 중 달성해야 할 사항을 목록화하며 학생들과 함께 계획을 개발하기
- 건설적인 짝 행동에 대한 역할 놀이와 연습하기

↓

⑥ 학생들의 노력을 강화하고, 칭찬하고, 인정하며 행동을 바로 잡기

그림 12-3 또래지원 학습 전략 성공을 위한 명시적 교수 적용 단계

출처: Ramsey et al. (2007), pp. 3-4에서 발췌 및 재구성.

4) 초등학생을 대상으로 한 국내 연구(최재호, 이영주, 2011)

또래지원 학습 전략에 대한 국내 연구는 단 한 편에 불과하고, 정서행동장애 학생을 비롯한 장애 학생을 대상으로 한 연구는 아직 실행되지 않았다. 이 연구는 초등학교 3학년 두 학급을 대상으로 또래지원 학습 전략을 적용하고, 그 효과성을 독서 능력의 향상과 독서 태도의 변화로 살펴본 실험 연구다. 두 학급을 임의로 선정하여 한 반(27명)은 총 8주 동안 주 4일씩 또래지원 학습 전략을 적용하고, 다른 반(27명)은 그 기간 동안 기존의 방식대로 개인별 독서 활동을 하였다. 국외 연구에서 또래지원 학습 전략 활동은 보통 30~35분 정도 소요되나, 이 연구는 수업 시간이 아니라 아침 자습 시간의 독서 활동으로 20분 정도 실시하였다. 실험이 시작되기 전 또래지원 학습 전략 활동의 단계별 절차에 관한 학생 훈련을 단계별로 1시간씩, 총 3시간 동안 실시하였다. 먼저, 학생들에게 연구자의 시범을 보여 준 다음, 학생들이 짝과 역할별로 연습할 기회를 주었다. 실험 결과, 또래지원 학습 전략을 적용한 집단이 독서 능력 향상에 우수함을 보였으며, 독서 태도 향상에서의 차이는 유의하지 않았다.

이 연구는 국외 선행 연구에서 제시한 절차에 따라 전반적으로 충실하게 실험을 진행하였다. 짝 구성 시 사전 독서 능력 검사 결과를 바탕으로 검사 점수를 최고점에서 최저점으로 서열화한 후 중앙값을 기준으로 상위집단과 하위집단으로 나누었다. 상위집단의 최고득점자를 하위집단의 최고득점자와 짝지었고, 상위집단의 최하득점자를 하위집단의 최하득점자와 짝지었으며, 같은 방식으로 실험집단의 모든 학생의 짝을 구성했다.

연구자들은 또래지원 학습 전략 활동을 크게 3단계로 구성하여 진행하였다.

(1) 짝이랑 읽고 다시 이야기하기

먼저, 읽기 능력이 높은 학생(학생 1)이 4분 동안 큰 소리로 글을 읽었으며, 읽기 능력이 낮은 학생(학생 2)은 발음이 틀리는 등 학생 1이 잘못 읽은 경우에 "잠깐 그 부분 다시 읽어 볼래?"라고 말하며 학생 1에게 다시 읽을 기회를 주었다. 학생 1의 읽기가 끝나면 학생 2가 같은 글을 읽었으며, 학생 1은 학생 2가 잘못 읽는 부분을 지적하고 다시 읽도록 기회를 주었다. 마지막으로, 학생 2는 읽은 부분의 줄거리를 간략하게 다시 말하였다. 학생들은 정확하게 읽은 문장마다 1점, 줄거리 정리에는 3점을 받았다.

(2) 문단 요약하기

학생 1은 글의 한 문단을 큰 소리로 읽었으며, 학생 2는 학생 1에게 읽은 문단에 관해 세 가지 질문을 하였다: ① 이 문단은 누구/무엇에 관한 것인가요?, ② 이 문단에서 가장 중요한 내용이나 행동은 무엇인가요?, ③ 문단의 중심 내용을 10단어 이내로 말해 보세요. 학생 1이 정답을 말한 경우에는 각각 1점씩 주었고, 틀린 경우에는 다시 읽고 생각할 기회를 주었다. 학생 1이 문단 요약하기 활동을 4분간 실시한 뒤에, 역할을 바꾸어 학생 2가 새 글의 한 문단을 읽고 학생 1은 앞에서 제시한 세 가지 질문을 하였다.

(3) 예측 릴레이

학생 1은 다음 글의 내용을 예측하고 새 글의 반쪽을 읽었으며, 예측이 적합했을 경우 1점을 얻었다. 2분 뒤 역할을 바꾸어 학생 2가 글의 내용을 예측하였다.

4. 요약 및 결론

읽기 유창성에 있어 또래지원 학습 전략은 학생들의 수준에 맞는 개별화된 지원 방안을 제시할 수 있다는 강점을 가지고 있다. 학생의 학습 속도에 따른 중재가 가능하고, 또래 짝의 즉각적인 피드백을 통하여 읽기에서 발생하는 오류를 수정할 수 있다(Fuchs et al., 1997). 또래지원 학습 전략은, ① 학습에 어려움이 있는 학생과 어려움이 없는 모든 학생이 또래가 중재하는 학습에 적극적으로 참여할 수 있고, ② 장애 학생들이 최소 제한 환경에서 더 많은 시간을 보내게 하여 일반교육과정에 대한 접근성을 높이며, ③ 연구를 통해 검증된 읽기 접근법으로서 중재를 학교에서 실행할 수 있다는 장점이 있다(Vanderbilt University, 2021).

미국의 경우 또래지원 학습 전략만을 주제로 별도의 웹사이트를 만들어 자료를 보급하는 것에 반해, 국내에서는 여전히 또래지원 학습 전략에 대한 인식이나 연구가 부족한 상황이다. 또래지원 학습 전략을 처음 접한 교사들은 실행하기엔 부담스럽고 번거롭다고 생각할 수도 있다. 그러나 이 전략은 정서행동장애 학생을 비롯하여 다양한 학습 수준을 가진 학생의 읽기 유창성과 독해력에 미치는 효과가 입증된 증거기반의 읽기 교수 전략이므로, 이러한 교수 전략을 찾고 있는 교사들에게는 반가운 정보일 수 있다. 벤더빌트 대학에서 만든 또래지원 학습 전략 온라인 모듈인 The IRIS Center 웹사이트는 고등학생용, 초등학교 2~6학년용으로 세부 사이트를 분류하여 명시적인 단계에 따른 동영상, 대본 등 다양한 자료들을 수록하고 있다. 학생들에게 제시할 수 있는 카드, 규칙, 점수표, 유의 사항, 팀 점수표 등 이미 제작되어 있는 자료들이 다양하므로 교사가 시도하고자 한다면 이 자료를 활용하여 충분히 구현할 수 있다. The IRIS Center 웹사이트에서는 또래지원 학습 전략의 혜택을 다음과 같이 제시한다.

> "구현이 쉬움, 비용 효율적임, 학생의 읽기 성취도를 높임, 과제 행동과 학생 참여를 북돋움, 학생들이 책을 읽을 수 있는 기회를 더 많이 줌, 학생들이 올바른 피드백을 받을 수 있는 기회를 제공함, 학생들이 즐거움, 학생들에게 동기를 부여함, 학생들 간의 협력과 긍정적인 사회적 상호작용을 촉진함."

정말 매력적인 효과가 아닐 수 없다. 다양한 학습 수준을 가진 학생들을 지도하며 어려움을 겪고 있는 교사라면 꼭 시도해 볼 만한 읽기 교수법이다.

제 13 장

가스비 전략

1. 소개
2. 중재의 내용과 전달 방식
3. 국내외 적용 예시
4. 요약 및 결론

1. 소개

가스비 전략(Cover-Copy-Compare: CCC)은 맥기건(Mcguigan, C. A.)이 1975년에 학생들의 철자 능력 향상을 돕기 위해 만든 교수 절차다. 그 이후 이 전략은 지적장애, 학습장애, 정서행동장애 학생의 철자 능력 향상을 위한 연구에 적용되었고, 1989년에 스키너와 그의 동료들은 정서행동장애 학생의 곱셈 지도에도 CCC 전략을 적용하였다(Skinner et al., 1989). 최근에는 수학 외에도 과학, 지리 등 다양한 학습 영역에서 CCC 전략이 적용되고 있으며, 이 전략이 학습 내용의 정확한 습득 및 유지, 습득한 학습 내용의 유창성 등에 미치는 긍정적인 효과가 검증되고 있다(Nies & Belfiore, 2006).

2. 중재의 내용과 전달 방식

1) CCC 전략의 기본 원칙

CCC 전략은 자기관리 중재 중 하나로, 수학적 사실 획득과 유창성 향상에 효과적이고 효율적인 중재다(Northfield public schools, n.d.). 이 중재는 명확한 지시와 안내된 교수와 함께 행동적 접근 방식을 사용한다. CCC 전략은 학생에게 학습 행동을 안내하고 학생 스스로 자신이 공부한 내용을 확인함으로써 학습을 스스로 조절할 수 있게 도우므로 정서행동장애 학생의 학습에 유익한 전략이라 할 수 있다(Kristen & Andrew, 2019).

철자 쓰기에서의 CCC 전략은 학생들이 단어의 정확한 철자를 보고 공부한 뒤, 단어를 가리고(Cover), 기억하여 쓰고(Copy), 가린 쪽을 열어 학생들이 기억하고 쓴 철자가 공부한 철자와 일치하는지 비교(Compare)하는 것이다. 만약 그 단어의 철자가 정확하다면 학생은 같은 절차를 거쳐 다음 단어로 넘어가 새로운 단어를 학습하고, 단어의 철자가 틀렸다면 처음부터 전략의 단계를 따라 그 단어를 다시 쓰게 된다(McGuigan, 1975).

2) 수학에서의 CCC 전략 적용 절차

이 절에서는 CCC 전략을 조금 더 자세히 설명하기 위해 이를 우리말로 수정하여, 사칙연산의 정확성을 높이기 위한 교수에 활용하는 방법을 설명하고자 한다. 학생들이 전략을 잘 기억하도록 '가(리고)-Cover, 스(쓰고)-Copy, 비(교하자)-Compare', 즉 가스비 전략으로 명명하고자 한다. 가스비 전략 단계를 [그림 13-1]과 같이 시각적 조직자로 표현하였고, 전략 지도 단계는 다음과 같다.

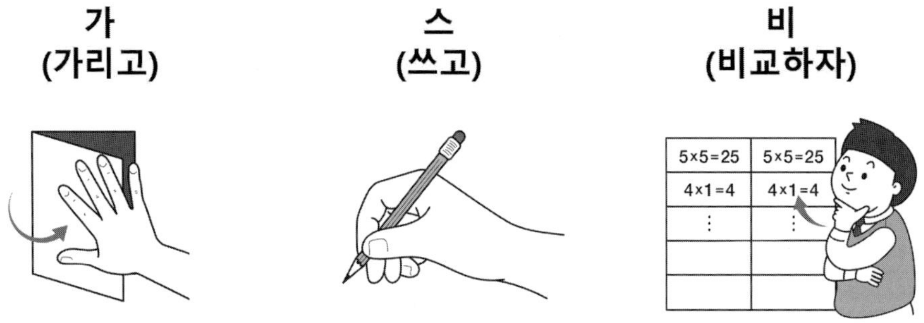

그림 13-1 가스비 전략의 시각적 조직자

첫째, 교사는 [그림 13-2] 좌측과 같이 가스비 학습지를 준비한다(빈 양식은 〈부록 13〉, 〈부록 14〉 참조). 문제는 보통 10~15개(초등학교 저학년의 경우, 5~10개) 정도를 준비한다. 학생이 학습 시간 동안 연습하고 배울 문제를 학습지의 굵은 선 기준으로 왼쪽에 적는다. 수학 문제는 답이 적힌 완성형 문제를 제시한다. 그리고 교사는 문제가 가려지도록 수직 점선을 미리 그려 접어 놓는다.

둘째, 학생은 가스비 전략 사용 동안 다음의 자기지시(Self-directed) 단계를 따른다.

① 교사가 제공한 학습지에 제시된 수학 문제를 조용히 읽거나, 소리 내어 학습한다.
② **가(가리고)**: 사전에 교사가 그려 놓은 수직 점선을 접어 왼쪽 수학 문제를 가린다.
③ **스(쓰고)**: 수학 문제를 암기하여 바로 첫 번째 답 칸에 쓴다.
④ **비(비교하자)**: 수직 점선을 따라 접은 종이를 펴서 왼쪽 수학 문제와 오른쪽 학생의 답을 비교한다.

이때, 학생이 정답을 적었다면 다음 문제로 이동하여 ①~④단계를 반복한다. 그러나 학생이 오답을 적었을 경우, 학생은 틀린 답에 대각선을 긋고 문제를 다시 공부한 다음, 다시 종이를 가려 첫 번째 응답 칸 옆의 두 번째 칸에 다시 답을 적도록 한다([그림 13-2] 우측 참조).

⑤ 학습지에 적힌 모든 문제를 ①~④에 따라 계속 진행한다.

셋째, 교사는 학생들이 완료한 학습지의 영역별 계열성을 살피며(〈부록 15〉 참조), 다음 단계로 넘어가기 위한 객관적인 판단 기준(예: 학생이 오류 없이 3번 연속으로 가스비 학습지를 완료한다)을 세운다.

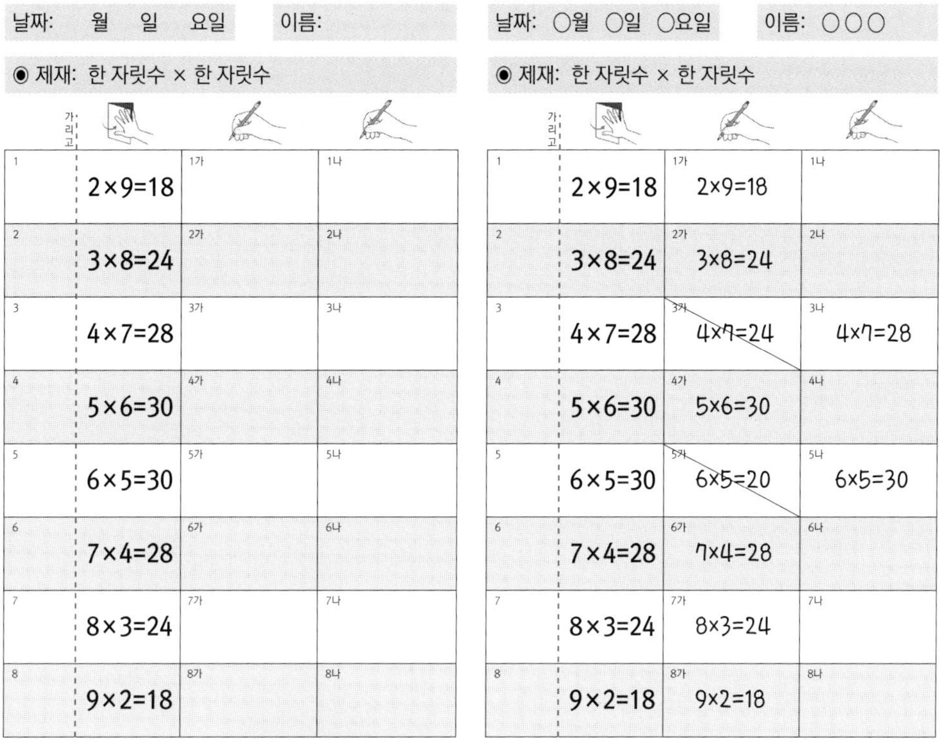
날짜: 월 일 요일 이름:

◉ 제재: 한 자릿수 × 한 자릿수

가리고			
1	2×9=18	1가	1나
2	3×8=24	2가	2나
3	4×7=28	3가	3나
4	5×6=30	4가	4나
5	6×5=30	5가	5나
6	7×4=28	6가	6나
7	8×3=24	7가	7나
8	9×2=18	8가	8나

날짜: ○월 ○일 ○요일 이름: ○○○

◉ 제재: 한 자릿수 × 한 자릿수

가리고			
1	2×9=18	1가 2×9=18	1나
2	3×8=24	2가 3×8=24	2나
3	4×7=28	3가 4×7=24	3나 4×7=28
4	5×6=30	4가 5×6=30	4나
5	6×5=30	5가 6×5=20	5나 6×5=30
6	7×4=28	6가 7×4=28	6나
7	8×3=24	7가 8×3=24	7나
8	9×2=18	8가 9×2=18	8나

그림 13-2 **곱셈 가스비 학습지의 사용 예**

출처: Wright, J. (2012). How to: Master math facts: Cover-Copy-Compare. Intervention Central. https://www.interventioncentral.org/sites/default/files/pdfs/pdfs_interventions/cover_copy_compare_math_facts_revised.pdf에서 발췌 및 재구성.

가스비 전략은 1:1 형태로 지도하는 것이 효과적이다. 학생이 전략을 숙달하기 위해서는 주당 2~5회 정도 지도하는 것이 바람직하며, 교수 시간은 10~15분이 적당하다. 교수 기간은 정확성 및 유창성을 향상하고자 하는 연산 종류에 따라 달라질 수 있지만 최소 2주에서 최대 16주 정도 지도하는 것이 좋다(Joseph et al., 2011).

3. 국내외 적용 예시

1) 정서행동장애 초등학생의 곱셈 유창성 향상을 위해 CCC 전략을 적용한 연구(Kristen & Andrew, 2019)

이 연구에서는 미국의 중서부 지역에 위치한 대안적 환경의 초등학교 3, 4학년 학생을 대상으로 한 자릿수 곱셈 유창성 향상을 위한 CCC 전략의 효과를 살펴보았다. 이 연구에서 제시한 CCC의 구체적인 단계는 다음과 같다.

① (왼쪽의) 완성된 문제를 보고 공부한다.
② Cover-(왼쪽 종이의 점선을 따라 접어) 문제를 가린다.
③ Copy-(오른쪽 빈칸에 왼쪽) 문제를 암기하여 문제와 답을 쓴다.
④ 접힌 문제를 펼친다.
⑤ Compare-자신이 쓴 문제와 답을 완성된 문제와 비교한다.
⑥ 정답이 맞으면 다음 문제로 넘어가고, 틀리면 ①단계부터 다시 시작한다.

중재자들은 미리 만들어 놓은 CCC 학습지를 사용하여 단계를 모델링하고 학생과 함께 6단계를 완료한 다음, 학생이 독립적으로 단계를 수행하게 하였다. 학생들은 10~22회기의 중재를 받았고, 각 회기마다 학습지당 10개의 문제가 제시된 2~3장의 학습지를 완료하였다. 모든 중재 회기는 1분 동안 몇 개의 문제를 풀 수 있는지로 평가되었다. 그 결과, 두 명의 학생은 곱셈 연산의 유창성이 향상되었으나 한 명의 학생은 그렇지 못했다.

2) 정서행동장애 초등학생의 나눗셈 정확성 향상을 위해 CCC 전략을 적용한 연구(Skinner et al., 1993)

스키너와 그의 동료들(Skinner et al., 1993)은 같은 사립학교에 재학 중인 9~12세 학생을 대상으로 나눗셈 정확성 향상을 위한 인지적 CCC 전략의 효과를 단일대상 연구 설계를 통해 살펴보았다. CCC 전략을 지도할 때는 설명하기, 모델링하기, 즉시 정답 피드백하기를 사용하였고, 학생들의 응답 양식에 따라 쓰기 CCC(Written CCC), 말하기 CCC(Verbal CCC), 생각하기 CCC(Cognitive CCC)로 나누어 학생들에게 지도하였다. 중재 순서는 동일하나 Copy 단계에서 쓰기, 말하기, 생각하기로 학생들의 응답 양식을 변화시키며 중재를 습득하게 하였다. 최종적으로, CCC 전략의 습득 완성 단계라고 할 수 있는 응답 양식인 생각하기 CCC 전략을 사용하여 나눗셈 정확도의 향상을 살펴보았다. 이 연구에서 제시한 CCC의 구체적인 단계는 다음과 같다.

학생은 다음의 4단계를 수행한다.

① 문제와 답을 본다.
② Cover: Index card로 문제와 답을 가린다.
③ Copy: 문제와 답을 쓴다.
④ Compare: Index card로 가린 문제와 답을 열어 자신이 쓴 문제와 답을 비교한다.

학생들이 교실 내에서 전략을 적용할 수 있도록 쓰기 CCC 전략과 말하기 CCC 전략 사용 후 최종적으로 생각하기 CCC 전략을 사용한 것이 이 연구의 핵심이라고 할 수 있다. 연구 결과, 학생들의 나눗셈 정확도가 유의미하게 높아졌고 8개월이 지난 후에도 중재 효과가 유지되었다.

3) 단어 철자와 읽기 유창성 및 과학 용어 사용의 정확도를 높이기 위해 CCC 전략을 적용한 연구(김복남, 문현미, 2015; 이재욱, 정동영, 2018)

국내에서는 국어나 과학 교과 수업에 CCC 전략을 적용한 연구는 존재하나, 사칙연산의 정확도 향상을 목표로 수학 교과에 적용한 연구는 없었다. 김복남과 문현미(2015)는 스마트기기 애플리케이션으로 CCC 전략을 구현하여 지적장애 학생의 단어 철자와 읽기 유창성에 미치는 영향에 대한 연구를 진행하였다. 스마트기기 애플리케이션은 연구자가 직접 개발하여 다음과 같은 단계로 중재를 실시하였다.

① 전시 학습: 전 차시에 배웠던 단어를 받아쓴다.

② 단어 소개: 학습할 목표단어들을 학생에게 소개한다.

③ CCC 전략 중재

- Cover(가리기): 화면에 목표단어가 제시되면 5회 반복하여 따라 읽으면서 쓰기를 연습한다. '감추기' 버튼을 터치하여 화면에서 목표단어를 감춘다.
- Copy(따라 쓰기): 학생은 목표단어 제시 창 아래에 있는 쓰기창에 앞서 인지한 단어를 말하면서 쓴다.
- Compare(비교하기): 목표단어 제시창의 '보이기' 버튼을 터치해 다시 나타난 목표단어와 자신이 쓴 단어를 비교한다. 정반응한 경우에는 단어 옆에 ○로 표시하고, 오반응한 경우에는 단어 옆에 C로 표시한다. 다시 목표단어를 보고 3회 소리 내어 읽으면서 쓰기를 반복한다. 가리기, 따라 쓰기, 비교하기 절차에 따라 수행을 반복한다. 정반응 이후 다음 단어로 넘어간다.

④ 형성평가: 이 차시에서 배운 단어의 그림이 제시되면 해당하는 단어를 쓴다.

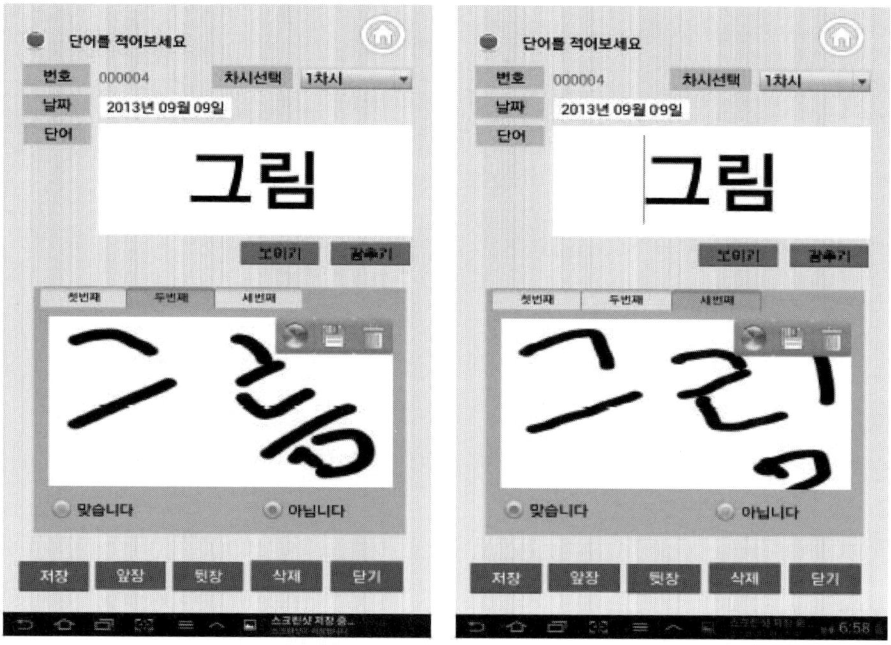

그림 13-3 스마트기기에 구현된 CCC 전략 애플리케이션의 예

출처: 김복남, 문현미(2015), p. 159.

연구 결과, 연구 참여 학생 모두 받아쓰기 평균 정반응 비율이 40% 이상 증가하였으며, 중재 시작과 동시에 즉각적인 변화를 보이는 높은 초기 효과가 특징으로 나타났다.

또 이재욱과 정동영(2018)은 CCC 전략이 뇌성마비 학생의 과학 용어 사용의 정확도 및 유창성 향상에 미치는 영향에 대해 연구하였다. 중재 전략은 다음과 같다.

① 가리기: CCC 예시본을 보고 엎어 놓는다.
② 따라 쓰기: CCC 작성지 빈칸에 암석의 이름을 쓴다.
③ 비교하기
- 작성한 CCC 예시본과 작성지를 비교한다.
- 정답이면 다음 암석을 위와 같이 반복하여 적는다.
- 오답이면 CCC 예시본에 제시되어 있는 암석의 이름을 나머지 CCC 작성지의 빈칸에 두 번 따라 쓴다.

④ 평가: 임의의 순서로 제시된 CCC 평가지에 암석의 용어를 쓴다.

중재 결과, CCC 전략은 연구 참여 학생들의 과학 용어 사용 정확도 및 유창성 향상에 긍정적인 영향을 미쳤고, 중재 종료 후에도 중재 효과가 유지된 것으로 나타났다.

이러한 국내외 연구를 살펴볼 때, CCC 전략이 처음에는 철자를 지도하기 위한 목적으로 개발되었지만 다양한 과제와 교과에도 적용 가능함을 알 수 있다. 전략의 방법은 거의 유사하므로 학생들의 흥미와 수준에 따라 다양한 반응 양식을 사용하여 학습 내용을 정확하게 습득하고 유지하기 위한 전략으로 활용할 수 있다.

4. 요약 및 결론

가스비 전략은 수학 문제의 정확성과 유창성을 향상하기 위해 자기지시 전략을 사용하는 자기관리 중재다. 국내외 연구에서 살펴보았듯이, 중재 단계에 약간의 차이는 있지만 가리고(Cover) 쓰고(Copy) 비교하는(Compare) 순서와 방법은 거의 유사하다. 좀 더 효과적으로 가스비 전략을 적용하는 방법은 쓰는 단계에서의 응답 양식을 말로 할 수 있게 해 주는 것이다. 학생이 수학 문제를 종이에 적는 것보다 말로 진술하는 것이 훨씬 빨리 응답할 수 있고, 교사도 즉각적으로 피드백을 제공할 수 있기 때문이다. 스키너와 그의 동료들(1993)의 연구에서처럼 먼저 쓰기, 말하기 CCC 전략을 습득한 후에 생각할 수 있도록 CCC 전략을 확장하는 것도 좋은 방법이 될 수 있다.

가스비 전략은 자칫 사칙연산의 개념 형성을 방해하여 수학 문제를 기술적인 접근으로만 해결하게 할 수 있으므로, 교사는 반드시 이 학습 전략을 사용하기 전에 구체물 등을 활용한 교수를 통해 학생이 사칙연산의 개념을 충분히 익히게 하고, 그 이후에 이 전략을 사용하도록 지도해야 할 것이다.

현재 우리나라 초등학교에 적용되고 있는 2015 공통교육과정 초등학교 수학과의 목표는 생활 주변 현상을 수학적으로 관찰하고 표현하는 경험을 통하여 수학의 기초적인 개념, 원리, 법칙을 이해하는 것이다. 따라서 교사는 교수·학습 과정이 가스비 전략으로 인해 지나치게 계산 위주로 흘러가지 않도록 유의해야 한다. 수학 학습의 즐거움을 충분히 느낄 수 있는 활동을 먼저 제공한 후에 더 높은 차원의 수학 문제를 해결하기 위한 사칙연산의 유창성과 정확성을 높일 수 있는 중재 전략으로 사용할 것을 추천한다. 〈부록 15〉는 공통교육과정과 계산 기술 범주 사이의 관계를 나타낸 표로, 사칙연산 중재 시 다음 단계로 넘어가는 기준을 정할 때 참고하면 좋다.

제 14 장

도식기반 교수

1. 소개

도식기반 교수(Schema-Based Instruction)는 도식을 이용하여 수학문장제 문제를 해결하도록 가르치는 전략을 말한다(Jitendra et al., 2011). 즉, 문장제 문제의 기본 구조를 분석하여 문제 유형을 분류한 후, 각 유형에 맞는 도식을 적용하여 문제를 해결하도록 직접적으로 가르치는 전략이다 (Peltier & Vannest, 2018).

도식기반 교수는 수학문장제 문제 해결에 어려움을 겪는 다양한 학령기 학생들에게 유용한 전략이다. 도식기반 교수는 여러 연구를 통해 정서행동장애를 포함한 여러 유형의 장애를 가진 학생들의 수학문장제 문제 해결에 효과적인 전략이라는 점이 입증되었다(Jitendra et al., 2010; Peltier & Vannest, 2018). 특별히 정서행동장애 학생들에게 도식기반 교수가 효과적인 이유는 다음과 같다. 첫째, 도식은 문제의 조직화를 도와주고 정서행동장애 학생에게 필요한 구체성을 제공한다. 둘째, 도식기반 교수에 사용되는 기억술은 정서행동장애 학생이 가진 두 가지 대표적 어려움인 기억과 자기조절에 대한 지원을 제공한다(Jitendra et al., 2010; Peltier & Vannest, 2018).

2. 중재의 내용과 전달 방식

1) 도식기반 교수의 기본 원칙

도식기반 교수는 각 문장제 문제 유형별 도식에 대한 교수와 도식을 활용한 문제 해결 절차에 대한 교수를 포함한다. 도식기반 교수에 사용되는 도식 및 문제 해결 전략을 소개하면 다음과 같다.

(1) 도식 소개

마샬(Marshall, 1995)은 문장제 문제를 변화형(Change), 그룹형(Group), 비교형

(Compare), 재진술형(Restate), 변이형(Vary)으로 〈표 14-1〉과 같이 제시하였다.

표 14-1 마샬(1995)의 5가지 도식 유형과 예

유형	예	도식
변화형	민주는 10개의 연필을 가지고 있습니다. 현수는 민주에게 8개를 더 주었습니다. 현재 민주는 총 몇 개의 연필을 가지고 있나요?	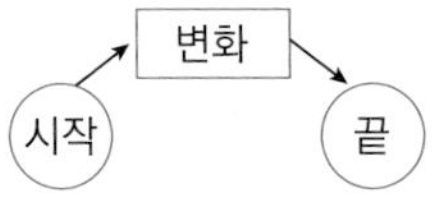
그룹형	민수의 학급에는 남학생 8명과 여학생 7명이 있습니다. 민수의 학급엔 총 몇 명의 학생이 있나요?	
비교형	100m를 달리는 데 민섭이는 10초가 걸렸고 수민이는 12초가 걸렸습니다. 민섭이가 수민이보다 몇 초가 빠른가요?	
재진술형 (곱셈비교형, 배수비교형)	애완동물 가게에는 고양이가 강아지보다 3배 더 많습니다. 진열창에 강아지가 5마리가 있습니다. 그렇다면 고양이는 몇 마리 있을까요?	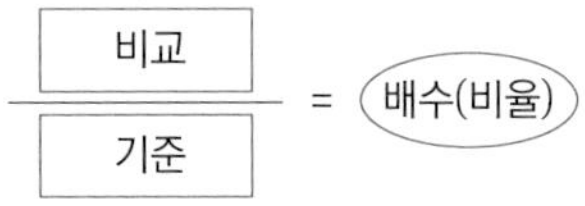
변이형	과일 가게에는 1개의 사과 상자에 사과가 5개씩 들어 있습니다. 내가 사과 상자 3개를 산다면 총 몇 개의 사과를 가지게 되나요?	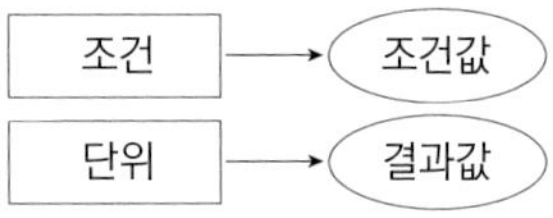

출처: Marshall (1995), p. 72, 135에서 발췌 및 재구성.

변화형은 시간이 지나면서 특정한 값에 변화가 있는 문제 유형이다. 이 유형에서는 중요한 세 가지 숫자가 있는데, 그것은 변화 이전의 값, 변화의 정도, 변화 이후의 결과값이다. 다시 말해, 변화형 도식은 세 가지 핵심 요소(예: 시작 시의 값, 종결 시의 값, 변화의 값)를 포함해야 한다는 특징이 있다.

그룹형은 작은 집단들이 결합하여 하나의 큰 집단을 이루게 되는 문제 유형이다. 그룹형 문제는 2개 이상의 작은 집단이 합하여 큰 집단을 이룬다는 것이 명확하게 드러난다. 그룹형 도식의 특징은 제시된 값이 변하지 않는 정적인 특성을 갖고 각 값의 결합과 분할이 일어난다는 점이다.

비교형은 어떤 것이 더 작은지 또는 큰지를 결정하기 위하여 두 개의 값을 대조하여 나타내는 문제 유형이다. 비교형 문제를 해결하기 위해서는 크기에 대한 사전 지식이 필요하다. 문제에서 두 값의 관계가 비교의 부사나 형용사(예: 더 긴, 덜 비싼, 더 빨리 등)로 표현될 때에 큰 것과 작은 것이 무엇인지를 결정해야 한다. 비교형 도식은 비교 상황이 한 가지의 상황으로 제시되기도 하고 두 가지 이상의 상황이 나타나기도 한다는 특징이 있다.

재진술형은 한 시점에 두 개의 다른 값에 대한 구체적인 관계가 묘사되는 문제 유형이다. 재진술형 도식은 문제 상황에 항상 다음 두 가지 중 하나의 설명이 존재한다는 특징이 있다. 첫 번째는 '~배 더 많은, ~만큼 많은, 절반 정도의' 등과 같이 관계를 나타내는 표현으로, 두 개의 값이 제시되어 있다. 두 번째는 관계를 나타내는 표현이 아닌 수치의 양을 이용하여 두 가지 수의 관계를 재진술하여 표현한다. 이때 수치의 양을 확인하기 위해서는 본래의 관계적 표현을 이해해야만 한다. 즉, 두 번째 진술은 첫 번째 진술을 표현하는 또 다른 방법인 것이다.

변이형은 두 값을 연결 짓는 특정한 관계가 다른 상황으로 일반화될 수 있는 경우에 해당한다. 한 값의 양이 변하면 이미 알고 있는 값과의 관계로 인하여 두 번째 값이 체계적으로 달라진다. 변이형 도식은 문제 상황에 대한 수치가 감소하거나 증가하더라도 그 수의 관계가 계속 유지된다는 특징이 있다. 이 문제 유형에서 학생은 하나의 값이 변할 경우 그 결과에 대한 가설을 세울 수 있다. "그러면……, ~하다면……"과 같은 표현이 변이형 문제 유형에서 자주 사용된다.

(2) 문제 해결 전략 소개

학생이 도식을 사용하여 문장제 문제를 해결하려면 전체 과정을 위한 전략 교수가 필요하다. 교사는 사용하고자 하는 전략을 직접적이고 명시적으로 교수해야 하며, 문제를 해결하는 전체적인 과정을 시범 보이고 학생에게 이를 연습하게 하여 학생이 점차 전략을 독립적으로 수행하게 해야 한다(Peltier & Vannest, 2018).

도식기반 교수를 위해 주로 사용되는 전략에는 FOPS 전략(Jitendra et al., 2010)과 STAR 전략(Peltier & Vannest, 2018)이 있다. FOPS 전략과 STAR 전략은 모두 수학문장제 문제 해결을 위한 전략이며, 각 전략은 〈표 14-2〉, 〈표 14-3〉에 제시하였다. 그러나 이러한 전략들은 영어를 기반으로 한 앞글자 전략이어서 우리나라 교육현장에 그대로 적용하기는 어렵다.

이 장에서는 도식기반 교수를 국내에서 적용한 박애란과 김애화(2010)의 '단짝친구'

전략을 소개하고자 한다(〈표 14-4〉 참고). 첫째, 1단계 '단'은 단서를 주는 단어에 밑줄, 숫자에 동그라미를 치는 단계다. 이때 문제를 주의 깊게 읽고, 이야기에서 알 수 있는 것을 찾아 말해 본다. 둘째, 2단계 '짝'은 문제 유형을 파악하고 도식과 짝을 맞추는 단계다. 이 단계에서는 관련 정보에 맞는 문제의 유형을 파악하고 도식과 짝을 맞추어 정보를 넣게 된다. 셋째, 3단계는 '친'은 곱셈과 나눗셈 중 어느 것에 친한지를 찾는 것이다. 즉, 문제를 푸는 계획을 세워 알맞은 연산 방법(곱셈, 나눗셈)을 선택한다. 마지막으로, 4단계 '구'는 식을 세우고 답을 구하는 단계다. 이때 학생들은 문제를 해결하여 구한 답이 맞나 확인하여 답을 쓰게 된다.

표 14-2 FOPS 전략

단계	문제 해결	내용
1단계	문제 유형 찾기 (**F**ind problem type)	문제를 읽고 문제의 맥락을 이해하기 위해 문제에서 제시한 정보와 제시하지 않은 정보를 강조하면서 자신의 말로 바꾸어 말한다.
2단계	문제의 정보를 도식에 조직화하기 (**O**rganize information in problem using diagram)	문제에서 찾아낸 정보를 알맞은 도식에 옮겨 쓴다.
3단계	문제 해결 계획 세우기 (**P**lan to slove problem)	제시되지 않은 정보를 확인하기 위해 도식의 정보를 수학식으로 바꾼다.
4단계	문제 해결하기 (**S**olve problem)	3단계에서 계획한 연산을 이용해 문제의 미지수를 풀고 완전한 답안(숫자와 단위)을 작성한다.

출처: Jitendra et al. (2010), pp. 146-148에서 발췌 및 재구성.

표 14-3 STAR 전략

단계	문제 해결	내용
1단계	문제 유형 찾기 (**S**earch the problem)	문제를 큰 소리로 읽고 중요한 정보(값, 라벨, 질문)에 밑줄을 긋는다.
2단계	문제 변환시키기 (**T**ranslate the problem)	교사는 적절한 도식을 식별하기 위해 안내된 질문을 제시함으로써 문제를 도식으로 변환시킨다.
3단계	문제 해결하기 (**A**nswer the problem)	적절한 해결 방법을 찾아 문제의 답을 구한다.
4단계	문제 검토하기 (**R**eview the problem)	"내 답이 맞나?"라는 질문을 던지며 문제를 검토한다.

출처: Peltier & Vannest (2018), p. 281.

표 14-4 '단짝친구' 전략 예시

문제 예시 동화책 1권은 42쪽으로 되어 있습니다. 동화책 3권은 모두 몇 쪽인지 알아보시오.		
단짝친구		예시
단	**단**서를 주는 단어에 밑줄, 숫자에 동그라미 하기	• 큰 소리로 문제를 읽고, 이야기에서 알고 있는 것을 찾아 말해 보기(동화책 1권은 42쪽이라면, 3권은 모두 몇 쪽?) • 단서 주는 단어에 밑줄, 숫자에 동그라미(동화책 1권은 42쪽으로 되어 있습니다. 동화책 3권은 모두 몇 쪽인지 알아보시오.)
짝	문제 유형을 파악하고 도식과 **짝** 맞추기	• "~라면 ~까?"와 같은 인과관계로 진술되어 있는가? • 이 문장에서 관계를 이루는 두 대상은 무엇인가? : 동화책 1권과 쪽수 • 도식에 정보를 입력하고 모르는 정보에는 '?' 입력하기 동화책 1권 → 42쪽 동화책 3권 → ?
친	곱셈과 나눗셈 중 어느 것에 **친**한가 찾기	• 곱셈
구	식을 세우고 답을 **구**하기	• 그림을 보고 식 세우며 연산하기(3×42=126) • 답이 맞나 체크하고 답 쓰기(동화책 3권은 126쪽)

출처: 박애란, 김애화(2010), p. 109에서 발췌 및 재구성.

2) 도식기반 교수 적용 절차

도식기반 교수를 활용하기 위해서는 표상 단계를 위한 교수와 문제 해결 과정을 위한 전략 교수가 함께 이루어져야 한다(박애란, 김애화, 2010). '표상'이란 문제를 읽고 문제 해결에 필요한 정보를 파악하여 이를 의미 있게 해석하는 것이다. 즉, 표상은 문제를 읽고 그 문제의 정보를 시각적으로 나타내는 것을 말하며, 표상 교수는 다이어그램, 도식 조직자, 구체물 등을 통해 문제를 시각화하는 것을 교수하는 것이다(Montague, 1997). 표상 교수를 위해서 문제 상황의 특징을 나타내는 도식을 문제 유형과 연결시키고, 도식 안에 문제에 나온 숫자를 써넣는 것을 통해서 문제 해결을 계획하는 데 도움을 주게 된다(Jitendra et al., 2011). 정서행동장애 학생들의 문장제 문제 해결을 위해서는 이와 같은 표상 교수를 명시적으로 실시해야 한다.

다음으로, 문제 해결 과정을 위한 전략 교수는 문제 해결 절차에 대한 명시적인 교수를 의미하며, 인지 전략 및 자기조절 전략과 같은 초인지 전략 교수 등을 사용하여 수학문장제 문제 해결 전략을 교수하는 것이다. 이를 위해 교사는 문제 해결 절차를 설명하고, 전략을 사용하는 시범을 보이며 안내된 연습을 통해서 학생들이 점차 독립적으로 문제 해결 전략을 사용할 수 있도록 해야 한다(박애란, 김애화, 2010).

3. 국내외 적용 예시

1) 도식기반 교수를 정서행동장애 초등학생의 덧셈과 뺄셈 지도에 적용한 연구(Peltier & Vannest, 2018)

펠티어(Peltier)와 베네스트(Vannest)는 미국 중남부지역의 초등학교 2학년 정서행동장애 학생을 대상으로 수학문장제 문제 해결을 위한 도식기반 교수를 실시하였다. 연구에 참여한 4명의 정서행동장애 학생들은 수학문장제 문제 해결에서 어려움이 있어 개별화교육 계획에 이와 관련된 교육 목표를 가지고 있는 학생들이었다.

이 연구에서 사용한 독립 변인은 받아올림과 받아내림이 없는 덧셈과 뺄셈을 위한 도식기반 교수이며, 중재를 위해 사용된 도식은 덧셈과 뺄셈에 적절한 도식 유형인 그룹형(부분-부분-전체), 변화형, 비교형의 세 가지다. 학생들은 중재 시작 이틀 동안 약 25~30분간 도식을 식별하는 교수를 받았다. 이후 중재자는 각 도식별로 3회기씩 문제 해결 전략 교수를 실시하였으며, 마지막으로 각 도식을 혼합한 교수 3회기를 실시하였다. 수업은 각 회기당 15~20분 동안 이루어졌다. 이 연구에서 사용된 도식은 〈표 14-5〉, 문제 해결 전략은 〈표 14-6〉과 같다.

연구의 종속 변인은 받아올림과 받아내림이 없는 두 자리수의 덧셈과 뺄셈 문장제 문제 해결의 정확도였다. 또한 중재 결과의 유지 및 복잡한 문제(예: 농장엔 소 12마리, 말 14마리, 돼지 몇 마리가 있다. 농장의 모든 가축이 35마리라면 돼지는 몇 마리인가?)에 대한 일반화도 측정하였다. 연구 결과, 4명의 학생 모두 문제 해결 정확도가 향상된 것으로 나타났다. 중재 종료 후 유지 기간에 모든 학생의 문제 해결 정확도는 기초선에 비해서는 높은 수준을 보였지만 중재 기간에 비해서는 소폭 감소하였다. 일반화에 있어서도 1명의 학생은 중재 효과가 일반화되었으나 나머지 3명에게서는 일반화 효과가 나타나지 않았다.

이 연구는 주로 고학년 학생에게 적용하던 도식기반 교수를 초등학교 저학년 학생에게 적용하고 그 효과를 살펴보았다는 의의가 있다. 또한 이 연구에서는 저학년 학생이 도식을 활용하여 문제 해결하는 과정을 돕기 위하여 각 도식을 3회기에 걸쳐 따로 가르친 후에 학생이 혼합된 문제 유형을 사용하여 문제를 풀 수 있도록 지도하였다. 이처럼 초등저학년 학생에게 적용할 때에는 하나의 도식에 충분한 시간을 할애하여 지도한다면 중재의 효과를 높일 수 있을 것이다.

표 14-5 펠티어와 베네스트(Peltier & Vannest, 2018) 연구에 사용된 도식

도식	강조 포인트	안내된 질문	도식 다이어그램
부분-부분-전체	• 고정된 상황 • 전체 값을 부분으로 분류하기	• 고정됐나요? • 전체를 부분으로 나눌 수 있나요?	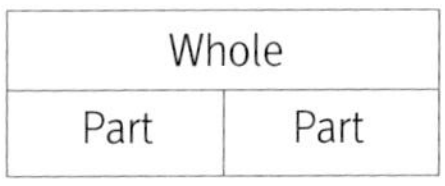
비교형	• 시간의 변화 • 증가 혹은 감소	• 시간이 지나면서 값이 변하나요?	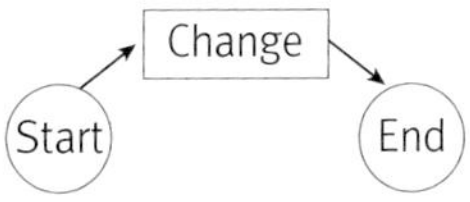
변화형	• 고정된 상황 • 값 비교하기	• 고정됐나요? • 서로 비교되는 두 값이 있나요?	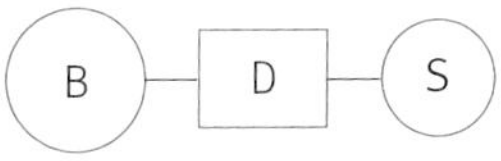

출처: Peltier & Vannest (2018), p. 281.

표 14-6 펠티어와 베네스트(Peltier & Vannest, 2018) 연구에 사용된 문제 해결 전략

단계	문제 해결	활동 내용
1단계	문제 확인하기 (**S**earch the problem)	• 문제를 읽고 중요 정보에 밑줄 긋기 (예: 벤은 차에 24개의 동전을 가지고 있다. 그중 13개는 25센트 동전이고 나머지는 1센트짜리 동전이다. 벤은 몇 센트를 가지고 있는가?)
2단계	문제 변환시키기 (**T**ranslate the problem)	• 3개의 안내된 질문을 하며 적절한 도식 확인 • 도식을 그리고 적절한 정보를 채워 넣기 • 문제에서 알려지지 않은 값을 물음표로 하기 동전 24개 25센트짜리 동전 13개 | ? 센트

3단계	문제 해결하기 (**A**nswer the problem)	• 적절한 문제 해결 방법을 사용하여 문제 해결하기 24-13= ? ? = 11센트
4단계	문제 검토하기 (**R**eview the problem)	• 답이 합리적인지 검토하기 13+11=24

출처: Peltier & Vannest (2018), p. 281.

2) 도식기반 교수를 학습장애 중학생의 곱셈과 나눗셈 지도에 적용한 연구(나경은, 2010)

국내에는 아직 정서행동장애 중학생에게 도식기반 교수를 실시한 연구가 없으므로 학습장애 학생을 대상으로 한 연구를 소개하고자 한다. 이 연구는 미국 중남부지역의 한 공립중학교에서 이루어졌다. 연구 참여자는 학습장애로 진단받고 수학 영역에 어려움이 있으며 개별화교육 프로그램에서 수학 영역에 목표를 가지고 있는 4명의 학생들이다.

이 연구에서 사용한 독립 변인은 곱셈과 나눗셈 문장제 문제 해결에 대한 도식기반 교수이며, 중재를 위해 사용된 도식은 곱셈과 나눗셈에 적절한 도식 유형인 곱셈비교형과 변이형이다. 중재를 담당한 연구자는 곱셈비교형과 변이형 문제 각각에 대하여 문제 도식 교수와 문제 해결 교수를 실시하였다. 이 연구에서 실시한 도식기반 교수는 6회기의 문제 도식 교수와 6회기의 문제 해결 교수를 포함하여 총 12회기로 이루어져 있으며, 각 회기는 30~40분이었다. 이 연구에서 사용한 도식은 〈표 14-7〉, 문제 해결 전략은 〈표 14-8〉과 같다.

연구의 종속 변인은 수학문장제 문제 해결 능력 및 전략 만족도였다. 수학문장제 문제 해결 능력에 대한 중재 결과의 유지 및 일반화 또한 확인하였다. 뿐만 아니라, 4회에 걸친 유지 검사 후 중재가 흥미로웠는지, 전략이 문제 해결에 도움이 되었는지를 묻는 전략 만족도 검사를 실시하였다.

연구 결과, 4명의 아동 모두 기초선 검사에 비하여 중재 후 검사에서 더 우수한 문장제 문제 해결 능력을 보였으며, 이러한 문장제 문제 해결 능력은 각자의 흥미를 반영하는 문제 상황에 일반화된 것으로 나타났다. 또한 중재가 종료된 지 2주 후에도 중재 효과가 유지되었다. 또한 전략 만족도 검사 결과, 학생들은 도식기반 교수에 대해 만족하는 것으로 나타났다.

이 연구는 개별 학생들의 실생활에 밀접하게 관련된 정보를 반영하여 수학문장제 문제를 만들었다는 특징이 있다. 이는 학생들의 동기 유발에 효과가 있었으며 중재의 일반화에도 긍정적인 영향을 미쳤다. 이러한 연구 결과는 도식기반 교수를 적용할 때에 학생들의 실생활과 관련된 문제를 구상하여 활용하는 것이 도움이 될 수 있음을 시사한다.

표 14-7 나경은(2010)의 연구에서 사용된 도식

<table>
<tr><th>도식</th><th>도식 다이어그램</th></tr>
<tr><td>곱셈비교형</td><td>수빈이는 곰인형을 4개 갖고 있다. 지수는 수빈이가 가지고 있는 곰인형보다 5배 많은 곰인형을 가지고 있다. 지수가 가지고 있는 곰인형은 모두 몇 개일까?
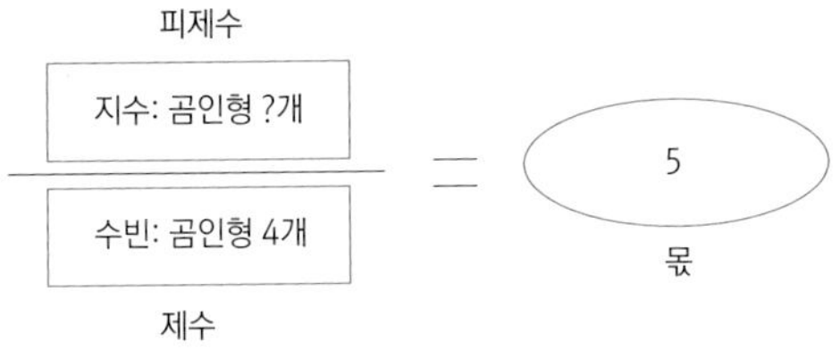
</td></tr>
<tr><td>변이형</td><td>아몬드 쿠키 60개를 만들기 위해서는 계란이 8개 필요하다. 만약 계란이 2개 있다면 아몬드 쿠키를 몇 개나 만들 수 있을까?
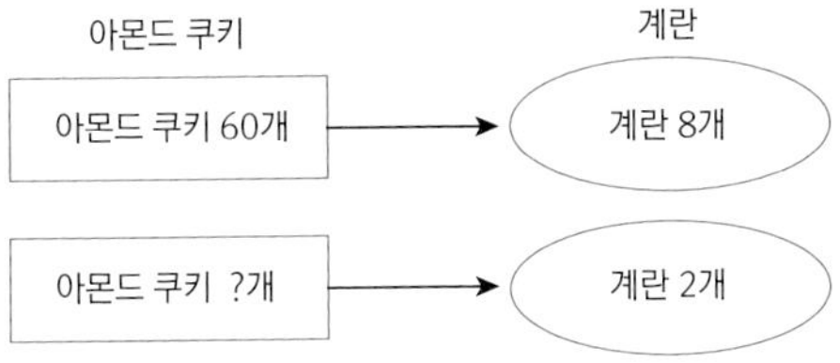
</td></tr>
</table>

출처: 나경은(2010), pp. 144-145에서 발췌 및 재구성.

표 14-8 나경은(2010)의 연구에서 사용된 문제 해결 전략

단계	문제 해결	활동 내용
1단계	문제 유형 찾기 (**F**ind problem type)	• 문제를 읽고 자기 말로 표현해 본다. • 문제의 유형을 찾는다. - 곱셈비교형 문제면 비교문장에서 배수 관계나 부분 관계를 나타내는 말, 즉 "몇 배, 몇 분의 몇" 등의 표현이 있는지 찾는다. - 변이형 문제면, 비교문장에서 두 쌍의 관계를 나타내는 말, 즉 "~이면 ~이다." 등의 표현이 있는지 찾는다.

2단계	문제의 정보를 다이어그램에 조직화하기 (**O**rganize information in problem using diagram)	• 문제에서 찾아낸 정보를 다이어그램에 옮겨 쓴다. - 곱셈비교형 문제면, 1) 비교문장을 찾아 밑줄을 긋고, 비교되는 두 가지를 찾아 동그라미 표시한 후 다이어그램에 쓴다. 2) 비교, 대상, 실함수를 찾아 밑줄을 긋고, 다이어그램에 쓴다. - 변이형 문제면, 1) 비율을 형성하는 두 가지 요소를 찾아 밑줄을 긋고 다이어그램에 쓴다. 2) 두 쌍의 비율을 나타내는 수를 동그라미 표시하고 그 숫자와 명칭을 다이어그램에 쓴다.
3단계	문제 해결 계획하기 (**P**lan to slove problem)	• 다이어그램에 있는 정보를 수학식으로 바꾼다.
4단계	문제 해결하기 (**S**olve problem)	• 수학식을 푼다. • 완전한 답을 쓴다. • 답이 맞았는지 확인한다.

출처: 나경은(2010), p. 143에서 발췌 및 재구성.

3) 도식기반 교수를 학습부진 및 학습장애 위험군 중학생의 비와 비례 지도에 적용한 연구(전윤희, 장경윤, 2014)

이 연구는 서울시의 한 중학교 1학년 학생 3명을 대상으로 실시되었다. 이들은 수학 학업 성적이 하위 10%에 속하며 학습장애 선별 검사 도구를 통해 선정된 학습장애 위험군 학생들이다.

독립 변인은 비와 비례 문장제 문제 해결에 대한 도식기반 교수이며, 중재를 위해 사용된 도식은 재진술형과 변이형이다. 중재 회기는 학생별로 차이가 있었으며 총 9~12회기로 진행하였다. 1~5회기에는 연구자가 비와 비율 및 백분율의 개념을 설명하고, 4~9회기는 비와 비율 및 백분율을 포함하는 문장제 문제 해결을 지도했으며, 7~12회기 동안에는 비례 문장제 문제(~이면 ~이다.)를 포함하는 문장제 문제 해결을 다루었다. 각 회기에서는 적절한 문장제 문제 해결 전략을 사용하여 수업을 진행하였으며 매 회기는 30~35분씩 이루어졌다. 이 연구에서 사용한 도식은 〈표 14-9〉, 문제 해결 전략은 〈표 14-10〉과 같다.

이 연구의 종속 변인은 비와 비례 문장제 해결 능력이었으며, 중재 종료 2주 후 유지 검사를 실시하였다. 일반화는 수학·과학 성취도 추이변화 국제 비교 연구(TIMSS) 공개문항 중 비와 비례 문장제 문항을 발췌하여 측정하였다. 연구 결과, 3명의 학생 모두 비와 비례 문장제 문제 해결 능력이 향상되었다. 또한 학생들은 비슷한 문제 유형에도 일반화하여 문제를 해결할 수 있었으며, 유지 검사에서도 문제 해결 능력이 유지된 것으로 나타났다.

대부분의 연구에서는 덧셈, 뺄셈, 곱셈, 나눗셈 문장제 문제에만 도식기반 교수를 적용하였으나, 이 연구에서는 덧셈, 뺄셈, 곱셈, 나눗셈이 아닌 '비와 비례' 문제에 도식기반 교수를 적용하였다. 이 연구에서처럼 사칙연산뿐만 아니라 비와 비례 문장제 문제 등 도식을 활용할 수 있는 다양한 유형의 문장제 문제에 도식기반 교수를 확장하여 적용할 수 있다.

표 14-9 전윤희, 장경윤(2014)의 연구에서 사용된 도식

도식	도식 다이어그램
재진술형	태극기의 가로의 길이와 세로의 길이의 비는 3:2입니다. 태극기의 세로의 길이가 54cm라면 가로의 길이는 얼마입니까? 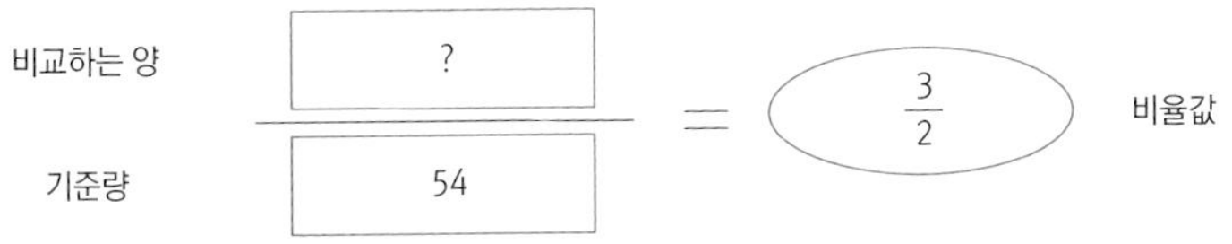
변이형	정민이네 집에서 일주일 동안 2kg의 밀가루를 사용하였다면, 매일 똑같은 양의 밀가루를 하루에 몇 kg씩 사용한 것인가요? 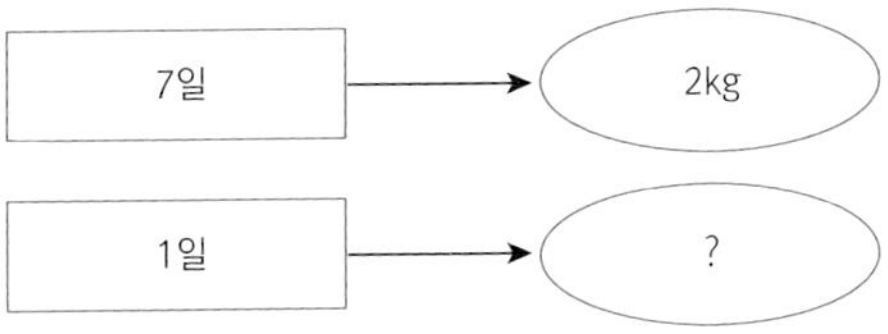

출처: 전윤희, 장경윤(2014), p. 667에서 발췌 및 재구성.

표 14-10 전윤희, 장경윤(2014)의 연구에서 사용된 문제 해결 전략

단계	문제 해결	활동 내용
1단계	문제 유형 찾기 (**F**ind problem type)	• 문제를 읽고 자기 말로 표현해 본다. • 문제의 유형을 찾는다. • 문제 속 정보에 밑줄 또는 동그라미를 친다.
2단계	문제의 정보를 다이어그램에 조직화하기 (**O**rganize information in problem using diagram)	• 문제에서 찾아낸 정보를 다이어그램에 옮겨 쓴다.
3단계	문제 해결 계획하기 (**P**lan to slove problem)	• 다이어그램에 있는 정보를 수학식으로 바꾼다.
4단계	문제 해결하기 (**S**olve problem)	• 수학식을 푼다. • 완전한 답을 쓴다. • 답이 맞았는지 확인한다.

출처: 전윤희, 장경윤(2014), p. 668에서 발췌 및 재구성.

4) 다양한 연산 유형 중재를 자폐성장애 초등학생에게 실시한 연구(홍점숙, 방명애, 2014)

정서행동장애 초등학생을 대상으로 도식기반 교수를 적용한 국내 연구는 아직 없지만, 홍점숙과 방명애(2014)는 자폐성장애 학생에게 도식기반 교수를 실시하였다. 이 연구의 참여자는 초등학교 6학년 자폐성장애 학생 1명으로, 연구자들은 행동 간 중다간헐기초선설계를 적용하여 이 학생에게 덧셈, 곱셈, 나눗셈 수학문장제 문제 해결 수행에 도식기반 교수를 실시하고 그 효과를 살펴보았다.

연구자들은 뺄셈, 곱셈, 나눗셈 각각에 대하여 다른 도식을 활용하여 도식기반 교수를 실시하였다. 이 연구에서 활용한 도식은 〈표 14-11〉과 같으며, 문제 해결을 위해 사용한 문제 해결 전략은 〈표 14-12〉와 같다. 중재는 5개월 동안 주 3회, 회기당 45분씩 실시하였다.

종속 변인은 뺄셈, 곱셈, 나눗셈 문장제 문제 해결 능력이었으며, 중재 종료 후 유지도 측정하였다. 연구 결과, 도식기반 교수를 통해 연구 참여 학생의 뺄셈, 곱셈, 나눗셈 수학문장제 문제 해결 능력이 향상되었으며, 이러한 효과는 중재 종료 후 4주 후에도 유지되었다.

이 연구는 도식기반 교수가 자폐성장애 학생의 문장제 문제 해결에 효과가 있음을 나타낸다. 이 연구에 참여한 학생은 중재 전 문장제 문제에 제시되는 모든 수를 덧셈으로 계산하는 반복적인 오류를 보였으나, 도식이라는 시각적 자극을 통해 문장을 이해하고 추상적 정보를 구체화시키는 과정을 통해 정보 처리의 오류를 줄여 나갈 수 있었다. 이를 토대로 볼 때, 도식기반 교수는 조직화 및 구체성에 어려움이 있는 정서행동장애 학생이 문제를 조직화할 수 있도록 도와주고 문제 해결의 구체성을 제공함으로써 수학문장제 문제 해결 능력을 향상시킬 수 있음을 시사한다.

표 14-11 홍점숙, 방명애(2014)의 연구에서 사용된 도식

연산 유형	중심단어	도식	도식 다이어그램
뺄셈	보다 더, 남은	비교형	
곱셈	~씩, 모두	변이형	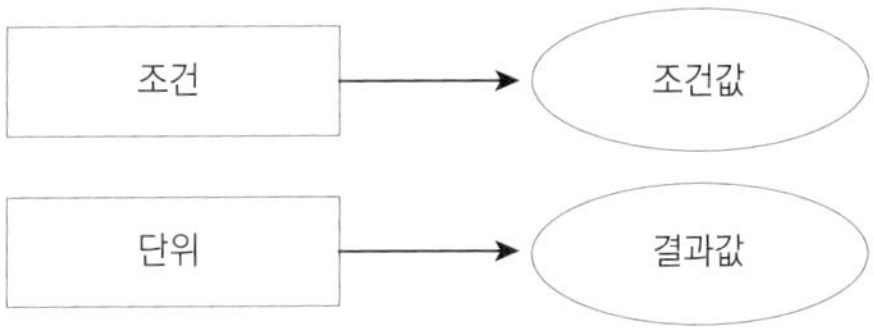
나눗셈	똑같이 나누어	배수비교형	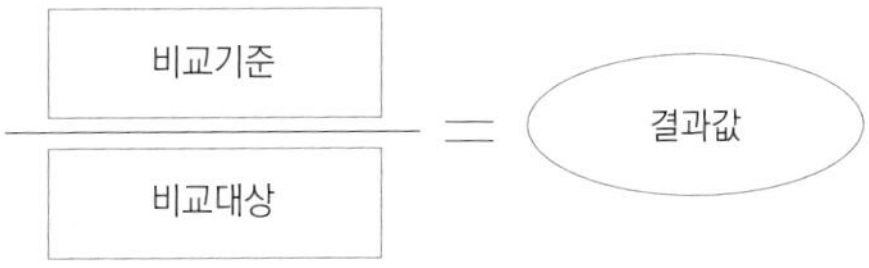

출처: 홍점숙, 방명애(2014), p. 209.

표 14-12 홍점숙, 방명애(2014)의 연구에서 사용된 문제 해결 전략

단계	문제 해결	활동 내용
1단계	문제 유형 찾기	• 문제를 소리를 내어 2회 읽는다. (예: 과자가 20개 있습니다. 한 접시에 5개씩 똑같이 나누어 담으려고 합니다. 몇 접시에 담을 수 있습니까?) • 문제의 중심단어와 수치를 찾아 표시한다: 단어에는 밑줄, 숫자에는 동그라미로 표시한다. (예: 과자가 20개 있습니다. 한 접시에 5개씩 똑같이 나누어 담으려고 합니다. 몇 접시에 담을 수 있습니까?

2단계	문제의 정보를 도식으로 조직하기	• 문제 유형에 따른 도식을 제공하고 학생이 모방하여 그릴 수 있도록 설명한다. • 문제에서 찾아낸 정보를 도식에 적용한다. (예: 비교기준 / 비교대상 = 결과값) (예: 5 / 20 = ( ))
3단계	문제 해결 계획하기	• 도식에 있는 정보를 수학식으로 바꾼다. (예: 20÷5)
4단계	문제 해결하기	• 수학식을 푼다. (예: 20÷5=4) • 답을 쓴다. (예: 5 / 20 = 4) • 답이 맞았는지 확인한다. (예: 20÷5=4)

출처: 홍점숙, 방명애(2014), p. 211.

4. 요약 및 결론

도식기반 교수란 수학문장제 문제 유형의 구조적인 관계를 나타내는 도식을 이용하여 문제 해결을 가르치는 전략을 말한다(Jitendra et al., 2011). 이 중재가 정서행동장애 학생의 수학문장제 해결에 효과적이라는 사실은 이미 여러 연구를 통해 입증되었으며(Jitendra et al., 2010; Peltier & Vannest, 2018), 국내에서도 도식기반 교수에 대한 연구가 이루어져 왔다. 도식기반 교수를 국내에 적용할 때 교사는 각각의 도식을 문제 유형에 맞추어 그대로 사용하거나 학생의 학습 특성을 고려하여 개별적으로 수정하여 사용할 수 있다. 다만, '변이형', '그룹형'과 같이 학생들에게 생소한 도식의 이름은 학생들에게 친숙한 이름으로 바꾸어 사용하면 더욱 큰 효과를 기대할 수 있을 것이다. 그 예로, 박애란과 김애화의 연구(2010)에서는 '배수비교형'을 '만세형'으로, 변이형을 '나란이형'으로 명칭을 변경하여 중재를 실시하였다. 또한 여러 연구에서 외국의 문제 해결 전략 모형을 그대로 사용해 왔으나 후속 연구에서는 이를 학생들에게 친숙한 우리말로 수정하고 학생의 개별적 흥미와 특성에 맞게 응용한다면 보다 큰 효과를 기대할 수 있을 것이다.

제 15 장

자기조절 전략 개발

1. 소개
2. 중재의 내용과 전달 방식
3. 국내외 적용 예시
4. 요약 및 결론

1. 소개

자기조절 전략 개발(Self-Regulated Strategy Development: SRSD)은 자기조절 절차와 쓰기 전략 교수를 조합한 명시적 교수의 한 형태로서 1992년에 해리스(Harris, K. R.)와 그라함(Graham, S.)이 고안하였다(Harris & Graham, 1992). 이 모델은 학습자가 글쓰기에 필요한 전략들과 함께 자기조절 절차를 독립적으로 사용할 수 있도록 지원하기 위한 것이다. 학생이 글을 쓰는 과정에서 자기조절을 유지하며 계획하기, 초고 쓰기, 고쳐쓰기와 관련하여 구체적인 전략과 기술을 개발할 수 있도록 돕는 중재 전략이다(진미영, 2011b).

2. 중재의 내용과 전달 방식

1) SRSD 모델의 기본 원칙

이 모델의 네 가지 주요 특징은 다음과 같다(Harris & Graham, 1996).

첫째, 상호 학습(Interactive Learning)이다. 교사와 학생이 목표를 정하고 학습 과제를 완성하기 위해 상호 간 협력하는 것이다. 이러한 상호 학습은 교수자와 학습자 간 신뢰를 형성하고 안정적인 학습 분위기를 조성할 수 있다.

둘째, 개별화(Individualization)다. 학생이 글쓰기에 대하여 계속 긍정적인 태도를 가질 수 있도록 학생의 필요와 능력에 맞게 자기조절 절차를 사용할 수 있도록 하는 것이다. 이는 일대일 지도를 뜻하는 것이 아니며, 소그룹이나 학급의 전체 수업에서도 효과적으로 실행될 수 있다.

셋째, 준거 중심의 교수(Criterion-Based Instruction)다. 이는 학생의 현재 수준에 따라 충분한 시간을 가지고 자기조절 절차를 학습할 수 있다는 의미다. 정해진 기한 안에 전략의 각 단계를 습득해야 하는 것이 아니라, 학생이 전략을 습득할 때까지 시간을 주고 반복적으로 지도한다.

넷째, 발달적 과정(Developmental Process)이다. 교수자는 새로운 전략을 소개하기 전에 학생들이 자유롭게 생각을 제시할 수 있도록 유도한다. 학생들은 글을 쓰는 저자이자 자기주도적인 학습자이므로, 학생들의 발달 수준에 알맞게 어떤 새로운 전략을 적용할 것인지 고려해야 한다. 이 과정에서 일어날 수 있는 사소한 오류들을 미리 파악하여 교수 제공 시 염두에 둬야 한다. 따라서 SRSD 모델은 교수와 학습의 전 과정이 학생의 연령, 발달 단계 등에 맞추어 진행되는 중재 전략이다.

2) SRSD 모델의 적용 절차

SRSD 모델의 6단계 교수 과정(Zumbrunn, 2010)은 다음과 같다.

첫째, 배경지식 개발하기다. 이 단계에서 교사는 글쓰기에 대한 학생의 선행 지식과 습득 기술을 확인한다. 좋은 글이 가지고 있는 특징에 대해 토의하며 글쓰기를 계획하고, 교수 내용의 구성 요소를 외우기 위한 기억술을 소개한다. 또한 참신한 어휘(million dollar words: MDWs) 사용의 중요성에 대해 설명한다. SRSD 모델에서 사용되는 기억술은 다양하며, 대표적인 기억술로는 글쓰기 계획을 위한 POW와 설득, 비교, 분석 등의 글쓰기를 위한 TREE가 있다.

진미영(2011a)의 연구에 따르면, POW는 쓰기 영역에서 글쓰기 계획하기와 관련된 기억술로서 '**P**ick my idea: 무엇에 대해 쓸지 결정하기, **O**rganize my notes: 쓰기 계획

표 15-1 POW와 TREE의 기억술

교수 영역		기억술	의미
쓰기	계획하기	POW	• **P**ick my idea: 무엇에 대하여 쓸지 결정하기 • **O**rganize my notes: 쓰기 계획을 세워 조직화하기 • **W**rite and say more: 계속 계획을 수정하고 보완하기
	설득, 비교, 분석 등의 글쓰기	TREE	Harris, Graham, & Mason (2006) • **T**ell what you believe: 주제 문장을 진술하기 • provide three or more **R**easons: 생각의 근거 제시하기 • **E**nd it: 내용을 정리하기 • **E**xamine: 모든 요소를 포함하였는지 점검하기
			Mason & Shriner (2008) • **T**opic sentence: 주제 문장 정하기 • **R**easons to support: 근거 제시하기 • **E**xamples: 근거의 예를 들기 • **E**nding: 결론 맺기

출처: 진미영(2011a), p. 114에서 발췌 및 재구성.

을 세워 조직화하기, **W**rite and say more: 계속 계획을 수정하고 보완하기'를 의미한다.

POW-TREE 전략이 영어 단어의 첫 글자를 모아서 만든 것이므로, 이를 우리나라 학생들에게 그대로 적용하기는 어렵다는 점에서 본 저자는 POW를 '뭐쓰고?', TREE를 '라면사리(라먼사리)'로 수정하여 이 전략을 설명해 보고자 한다. '뭐쓰고?' 전략은 글쓰기 계획을 상기시키는 기억술로서 '**뭐**를 써 볼지 결정하자!—무엇에 대하여 쓸지 결정하기', '**쓰**기 계획을 세워 보자!—쓰기 계획을 세워 조직화하기', '**고**치고 또 고치며 써 보자!—계속 계획을 수정하고 보완하기'의 앞 글자를 모은 단어로, 학생들은 이를 POW와 같은 기억술로 사용할 수 있다([그림 15-1] 참조).

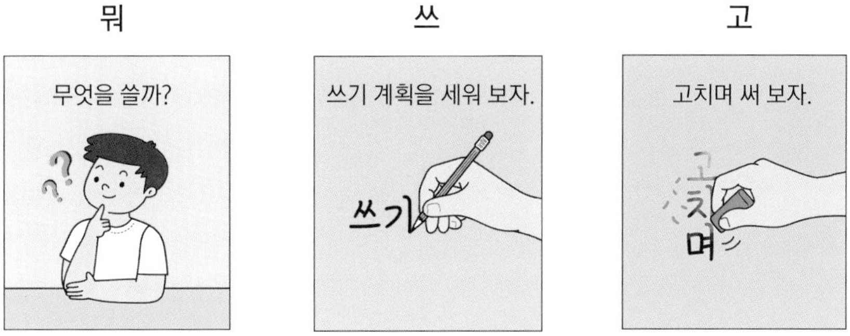

그림 15-1 **글쓰기 계획을 위한 기억술-뭐쓰고?**

'라면사리(라먼사리)' 전략은 설득, 비교, 분석 등의 글쓰기를 상기시키는 기억술로서, '**라**(나는 이런 주제로 글을 쓸 거야!)—주제 문장을 진술하기', '**면**(먼저 근거를 생각하자!)—생각의 근거 제시하기', '**사**(부작 사부작 예를 들어 보자!)—근거의 예를 들어 내용을 정리하기', '**리**(이제 잘 썼나 확인해 볼까?)—모든 요소를 포함하였는지 점검하기'의 앞 글자를 모은 단어다. 학생들은 이를 TREE와 같은 기억술로 사용할 수 있다([그림 15-2] 및 빈 서식은 〈부록 16〉 참조).

둘째, 토의하기다. 교사는 학생의 글쓰기 과정과 결과물을 바탕으로 자기조절 전략 사용 여부를 확인하고 사용한 경험에 대해 토의한다. 그 뒤 자기조절 전략(목표 설정, 자기점검, 자기진술 등)을 소개하고, 이러한 전략을 사용하는 이유와 장점에 대해 학생들과 생각을 나눈다. 마지막으로, 새로운 전략을 다른 상황에 적용할 수 있다는 적용의 의미에 대하여 설명한다.

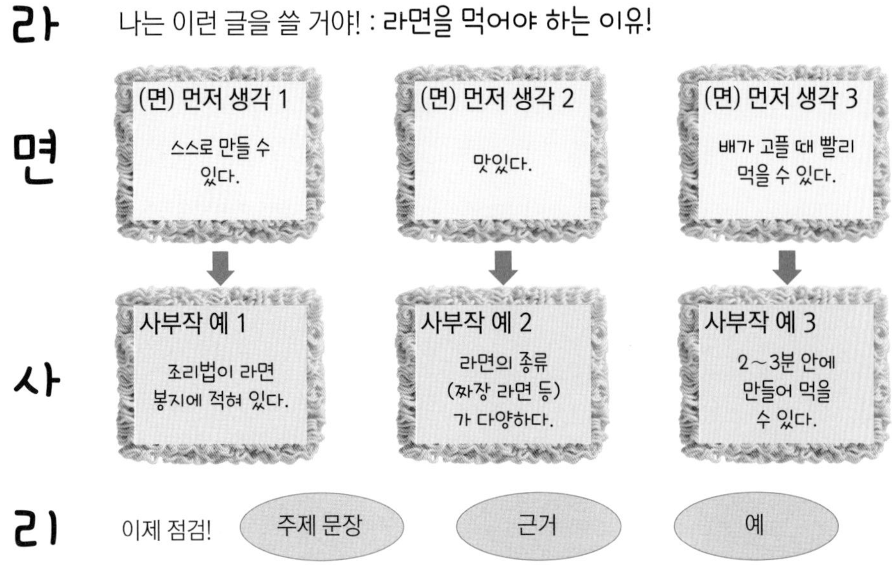

그림 15-2 설득, 비교, 분석 등의 글쓰기를 위한 기억술–라면사리(라먼사리)

출처: White, L. (2015). *POW TREE Graphic organizer*. Teachers pay teachers. https://www.teacherspayteachers.com/Product/POW-TREE-Graphic-organizer-2498886에서 발췌 및 재구성.

셋째, 시범 보이기다. 교사가 "생각을 크게 말하기(Think Aloud)"와 같은 초인지 전략과 시각적 조직자들을 활용하여 자신의 글쓰기 과정에 대해 시범을 보인다. 학생들과 함께 교사가 쓴 글을 분석하면서 전략을 어떻게 사용하였는지를 점검하고, 글을 수정하면서 글을 더 잘 쓰기 위한 다양한 방법에 대해 토의한다.

넷째, 기억하기다. 학생은 글쓰기 전략을 숙지하기 위해 기억술을 반복적으로 연습하고 활용한다. 이 과정을 촉진하기 위하여 자기조절 전략과 시각적 조직자를 활용한다.

다섯째, 협력적 쓰기다. 학생은 교사가 제공한 비계 교수를 받으면서 글을 쓰는 과정 동안 전략 사용을 숙지하고, 자기조절 절차가 유창하게 이루어질 때까지 반복적으로 연습한다.

여섯째, 독립적 쓰기다. 교사의 지원과 시각적 조직자 없이 학생이 자기진술문(self-statement)과 체계적인 촉진을 머릿속으로 떠올리며 스스로 글을 쓰는 단계다.

3. 국내외 적용 예시

1) 미국에서 실시된 자기옹호를 위한 논쟁적 글쓰기 능력 향상 연구(Yojanna et al., 2019)

요안나와 그의 동료들(Yojanna et al., 2019)은 9명의 정서행동장애 고등학생에게 전환중심 요구를 위한 자기옹호 논쟁적 글쓰기를 SRSD 모델을 사용하여 중재하였다. 이 연구는 SRSD와 더불어 학생들의 전환 요구를 표현하기 위한 자기옹호 글쓰기였으므로, 개별화교육 계획의 목표와 관련된 배경지식을 습득하는 중재가 SRSD와 함께 제공되었다. 이 연구에서는 SRSD를 중재하기에 앞서 다음과 같이 학생의 개별화교육 계획 참여 증진을 위한 학습이 진행되었다.

첫째, IEP의 주요 내용에 대한 전반적인 정보를 제공하고 학생의 IEP 예시에 대해 논의한다. 이때 자기인식의 개념이 무엇인지 지도하고, 자기인식의 중요성/장점에 대해 논의하며, 목표 설정 행동의 중요 단계라는 것을 연결하여 지도한다.

둘째, 교사는 자기옹호의 개념을 소개하고, 교실 안에서 자신에게 필요한 조정을 요청하는 자기옹호의 시나리오에 대해 논의한다. 이때 교사는 적절한 의사소통 기술을 사용하여 자기옹호를 해야 한다는 것을 강조하고, 학생들이 자기옹호 기술을 사용해야 할 장소, 상황 등을 브레인스토밍한다.

셋째, 교사는 학생들에게 중재의 쓰기 부분에서 사용할 자기옹호 주제를 개발하는 과제를 준다.

개별화교육 계획 참여 증진을 위한 3단계 학습 후 SRSD 모델을 중재하는데, 그 단계는 앞서 언급한 SRSD 적용 절차 6단계와 동일하다. 기억술로는 POW+TREE 전략을 사용하였는데 〈표 15-1〉의 POW 전략과 같고, TREE 전략의 경우 메이슨과 쉬리너(Mason & Shriner, 2008)의 단계를 사용하였다. 특수교사와 보조 인력이 SRSD 쓰기 모델 교수 방법을 훈련받았고, 그들은 학생들에게 주 3회 40분씩, 12~14회기 정도 중재를 제공하였다. 연구 결과, 글의 유기적 구조의 질과 자기옹호 쓰기 능력이 향상되었고, 교사와 학생들은 인터뷰를 통해 SRSD 교수 절차와 결과가 전반적으로 만족스러웠음을 밝혔다. 글의 유기적 구조를 점수화하였는데, 쿠엥카 산체스와 그의 동료들(Cuenca-Sanchez et al., 2012)이 사용한 것을 학생들에게 조정하여 사용하였고, 자기옹호 쓰기의 경우 여러 연구를 종합하여 자기인식, 의사소통, 지원 요구하기, 반대의 관점 고려하기 등이 포함되는 루브릭 점수 체계를 개발하여 적용하였다. 이 연구의 경우, 개별화교육 계획에 있어서 학생의 참여가 자기옹호 기술을 향상시키는 데 큰 역할을 할 수 있음을 증명하였고, 이것이 글쓰기와 연관되어 중재될 수 있다는 가능성을 보여 주었다는 데 그 의의가 있다.

2) 외현화된 정서행동 문제를 가진 초등 특수학급 학생에게 SRSD를 활용한 반성적 쓰기 교수를 적용한 연구(진미영, 2011b; 진미영, 박지연, 2012)

이 연구에서는 SRSD를 활용한 반성적 쓰기 교수가 외현화된 정서행동 문제를 가진 초등 특수학급 학생의 글쓰기 능력과 자기효능감 및 수업 참여 행동에 미치는 영향에 대해 살펴보았다. 연구자는 학습촉진센터(Center for Accelerating Student Learning) 웹사이트에 게시된 자료를 참고하여 교수-학습 계획안과 수업 자료를 구성하였다. 그러나 2022년 현재 SRSD를 좀 더 자세히 제시한 추가의 웹사이트(https://srsdonline.org)가 개발되었으므로, 후속 연구자들은 이 내용도 함께 참고할 수 있을 것이다. 전략의 단계를 요약하면 [그림 15-3]과 같다.

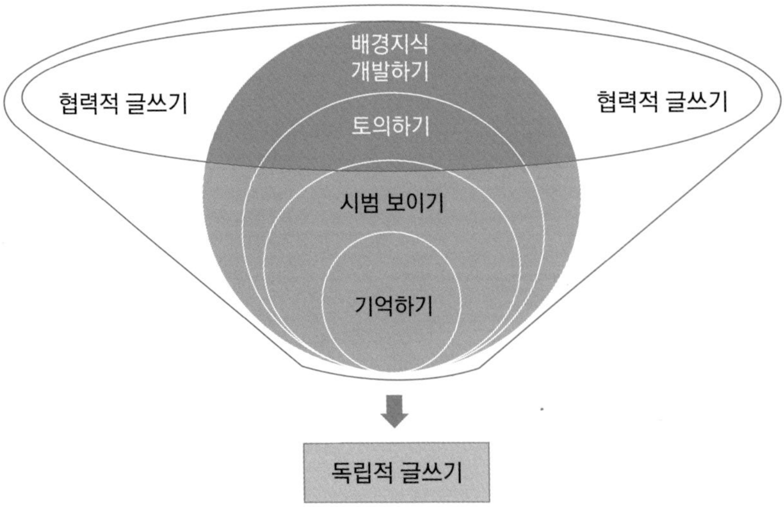

그림 15-3 SRSD 교수 단계

출처: 진미영(2011b), p. 71.

이 연구에서 실시된 SRSD 교수 단계는 다음과 같다. 첫째, 배경지식 개발하기 단계에서는 학생들이 자신의 경험을 떠올리며 글을 쓰면 어떤 점이 좋은지와 어떤 글이 좋은 글인지 생각해 보게 하였다. 이어서 교사는 글을 쓰는 과정과 내용 요소들을 기억하기 위한 전략을 소개하였다. 이 연구에서는 '고그쓰고(고르기, 그리기, 쓰기, 고치기)', '까까까(누가/언제/어디서일까?, 무엇을/왜 했을까?, 어떻게 됐을까?, 내 생각/내 느낌은 어땠을까?')라는 기억술을 이용하여 학생들이 전략을 기억하게 하였고, 이 전략을 활용하는데 필요한 지식과 기술 및 관련 어휘들을 학습하게 하였다. 또한 학생들이 좀 더 쉽게 기억할 수 있도록 시각적 자료를 사용하기도 하였다. 예시는 [그림 15-4]에 제시되어 있다. 다음으로 글쓰기에서 참신한 어휘 사용의 중요성을 일깨우기 위해 이를 '보물 단어'라고 명명하고, 문장의 흐름과 잘 어울리고 글의 내용을 잘 표현하는 보물 단어들을 지도하였다. 참신한 어휘는 현상을 묘사하는 데 좋은 어휘로, 평소에 자주 사용하지는 않지만 문장의 흐름과 잘 어울리고 글의 내용을 더욱 다채롭고 흥미롭게 해주는 표현들이다(Zumbrunn, 2010). 예를 들어, '덥다'라는 표현 대신에 '찜통이다', '맵다'라는 표현 대신에 '입 안이 얼얼하다'와 같은 표현을 사용하는 것이다.

둘째, 토의하기 단계에서는 글을 잘 쓰기 위한 전략이 무엇인지, 글을 쓰는 동안 자기조절을 하기 위한 전략이 필요한 이유와 이러한 전략을 사용하는 것에 대한 중요성에 대해 토의를 진행하였다. 배경지식 개발하기 단계에서 학습한 '고그쓰고', '까까까' 전략을 적절하게 사용하는 방법과 이 방법이 왜 중요한지에 대해 이야기를 나누었다.

셋째, 시범 보이기 단계에서 교사는 자신이 경험한 것에 대한 글을 어떻게 계획하고 쓰는지 시범을 보여 주었다. 이때, '고그쓰고', '까까까' 기억술을 사용하여 만든 문장을 소리 내어 말하면서 시범을 보였다. 학생은 교사와 함께 글에 사용할 어휘와 아이디어들을 함께 이야기하며 '까까까' 학습지에 7가지 내용 요소를 적었다. 동시에 교사가 다양한 자기교수 전략 사용에 대한 시범을 같이 보이는데, 글쓰기 전(글감 정하기), 중(글 쓰는 동안), 후(글을 쓴 후 점검) 동안의 자기진술문을 써 보게 하였다. 자기진술문은 문제 정의(나는 지금 무엇을 해야 하지?), 계획하기(다음엔 무엇을 써야 하지?), 자기평가(앞뒤 문장이 잘 통하나?), 자기강화(나는 이 부분을 참 잘 썼어!), 이겨 내기(거의 다 썼다!)와 같은 것을 말한다. 교사는 학생이 이러한 자기진술문 중 2~3개를 직접 만들어 자신의 글쓰기에 사용하게 했다.

고그쓰고

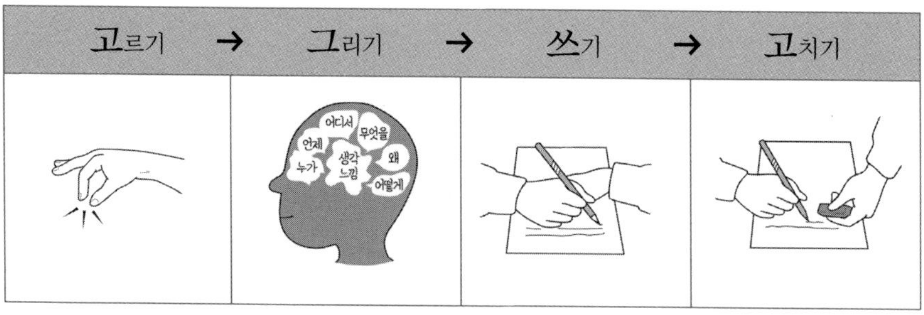

시각적 조직자 '고그쓰고'

까까까

시각적 조직자 '까까까'

그림 15-4 시각적 조직자 '고그쓰고', '까까까'의 예

출처: 진미영(2011b), pp. 73-74.

넷째, 기억하기 단계에서는 학생에게 이전 수업 시간에 학습한 '고그쓰고'와 '까까까'를 다시 생각하고, 각각의 의미까지 정확하게 말하게 했다. 학생이 전략의 기억을 위해 연습이 필요하다면 추가로 연습할 시간을 주었다.

다섯째, 협력적 쓰기 단계에서는 글쓰기의 목표를 교사와 학생이 함께 검토하고 '고그쓰고', '까까까' 기억술, 시각적 조직자, 자기교수를 사용하여 자신의 경험에 대한 반성적 글을 계획하고 쓰는 활동을 했다. 이 단계 이전에도 협력적 쓰기는 고쳐쓰기, 교사의 시범과 함께 아이디어 제시하기와 같은 형태로 계속 이루어져 왔으나, 이 단계에

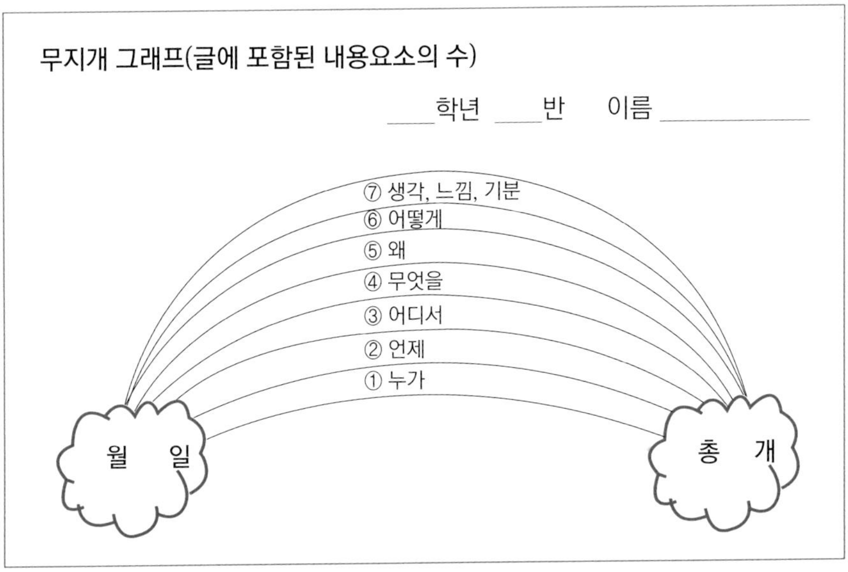

내용 요소 7가지 학습지

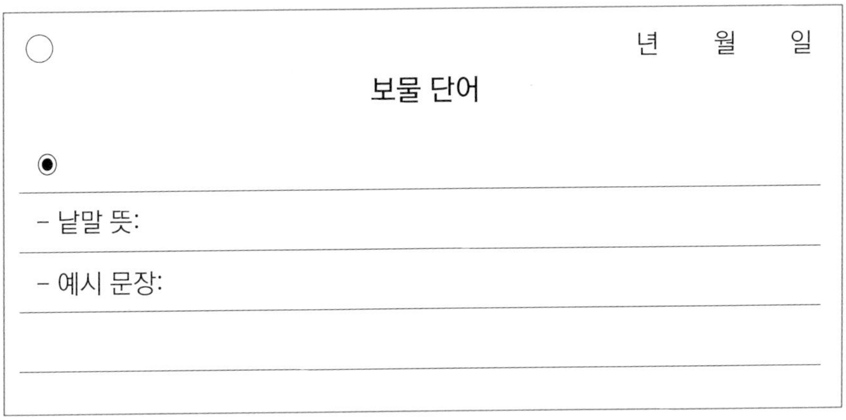

보물 단어(참신한 단어) 학습지

그림 15-5 내용 요소 7가지, 보물단어(참신한 단어) 학습지의 예

출처: 진미영(2011b), p. 76, 79.

서는 학생이 모든 과정을 주도하고 교사는 도움이 필요할 때만 지원을 제공하였다.

여섯째, 독립적 쓰기 단계에서는 모든 시각적 보조 자료들(시각적 조직자, 자기진술문 등)이 제거되고 학생은 교사의 언어적 도움 없이 자신이 경험한 일을 돌아보며 반성적 글쓰기를 하였다. 스스로 7가지 내용 요소를 모두 포함하여 한 편의 글을 쓰는 것이 이 단계의 달성 준거가 된다.

이 연구에서 글쓰기 능력은 내용 요소의 수('까까까' 기억술을 사용하여 학습한 7가지 내용 요소)와 글의 길이(어절의 수), 글의 질(연구자가 개발한 글쓰기 채점 루브릭의 평가 기준)로 평가하였고, 글쓰기에 대한 자기효능감은 쓰기에 대한 자기효능감 지표(Index of Self-Efficacy of Writing: ISEW)를 수정한 것을 사용하였다(Smith et al., 2003). 수업 참여 행동의 경우, 직접관찰 및 행동 평가일지를 작성하여 수업 참여 행동을 측정하였다. 그 결과, SRSD를 활용한 반성적 쓰기 교수를 받은 실험집단의 글쓰기 능력과 자기효능감, 수업 참여 행동이 통제집단과 비교하여 유의한 차이로 향상되었다. 이와 같이 글쓰기 능력이 향상된 것은 이 연구에서 새롭게 개발한 기억술과 시각적 조직자 및 교수-학습 활동의 세부 절차들이 연구 참여 학생의 개별 학습 수준과 인지 발달에 잘 부합된 것이라고 할 수 있다. 이 연구는 반성적 쓰기 전략을 통해 학생이 자신의 경험을 되돌아보고 경험과 관련된 생각과 느낌을 정리할 수 있게 하여 정서행동장애 학생의 글쓰기 능력 및 수업 참여 행동을 향상시켰다는 점에서 의의가 있다.

3) SRSD를 활용한 쓰기 교수를 주의력 결핍 과잉행동장애 아동에게 적용한 연구(이슬기 & 손승현, 2009)

이 연구는 초등학교 5학년 ADHD 학생을 대상으로 SRSD를 사용하여 이야기 쓰기 교수의 효과를 살펴본 연구다. 이 연구에서는 앞서 소개한 두 편의 연구에서는 볼 수 없었던 새로운 기억술 C-SPACE(Graham et al., 2008)를 사용하였다. 이 연구의 목적은 SRSD를 활용한 글쓰기 훈련이 자기조절에 어려움을 가지고 있는 주의력 결핍 과잉행동장애 아동의 쓰기 능력과 자기효능감에 미치는 효과를 살펴보는 것이다. 중재 전략 단계는 다음과 같다.

첫째, 전략을 소개한다. POW와 C-SPACE의 전략을 소개하고 암기하도록 한다. POW의 경우는 앞선 본문에서 이미 소개하였고, C-SPACE는 이야기 쓰기 지도에 사용하는 전략으로서 C(Character, 등장인물), S(Setting, 배경: 시간과 장소), P(Purpose, 목적: 주인공이 해결해야 하는 문제), A(Action, 행동: 주인공이 목적을 이루고자 하는 행동), C(Consequence, 결과: 행동의 결과), E(Emotion, 정서: 주인공의 정서 또는 기분과 느낌)의 첫 글자를 모은 것이다.

둘째, 이전의 성취를 점검하고 목표를 세운다. 이전의 성취란 학생이 SRSD 전략을 배우기 전에 쓴 이야기를 검토하고 내용 요소를 확인해 보는 것이다. 그리고 글쓰기의 목표를 정한다.

셋째, 전략 시범 보이기 및 자기교수를 시작한다. POW와 C-SPACE를 사용하는 방법을 교사가 학생에게 시범을 보이는 것이다.

넷째, 교사와 협력하여 연습한다. 학생이 교사와 함께 전략을 연습하고 또 개별로도 연습을 해 보도록 한다.

다섯째, 안내된 연습을 진행한다. 개별적으로 기억술을 사용하여 글쓰기 연습을 해 보는 것이다.

여섯째, 독립적으로 수행하기다. 안내된 연습하기 단계까지 제공되었던 시각적 조직자 등을 제거하고 독립적으로 수행하도록 하는 것이다.

각 중재 단계마다, 쓰기 전략과 함께 글을 시작할 때(전), 글을 쓰면서(중), 글을 쓰고 나서(후)의 3가지 활동을 나누어 자기진술문 훈련을 병행하면 더 좋다. 예를 들어, 글을 쓰면서 '그래, 메모를 하면 더 창의적인 생각들이 떠오를 거야.', '자 편하게 상상해 보자.', '누구에 대한 이야기를 쓸까?', '나는 흥미진진한 이야기를 쓸 거야.' 등의 자기진술문을 가르친다.

이 연구에서 쓰기 능력은 쓰기 표현력 검사 척도(Test of Written Language: 임선우, 2002; Hasbrouck, 1989; Parker et al., 1991)와 기초학습기능 수행 평가 체제 쓰기 검사로 측정하였고, 쓰기 자기효능감은 그라함과 해리스(Graham & Harris, 1989)의 연구에서 사용한 자기효능감 척도를 김길순(2000)이 번안한 것을 수정하여 사용하였다.

연구 결과, 연구 참여 학생의 쓰기 능력과 자기효능감이 향상된 것으로 나타났다. 이 연구가 긍정적인 효과를 거둔 배경은 다음과 같다. 첫째, 연구 참여 아동이 독립적으로 쓰기 전략을 사용할 수 있도록 자기조절 전략을 활용하여 쓰기 교수 프로그램이 구성되었다. 둘째, 중재가 진행되는 동안 자기진술문 훈련을 지속하여 연구 참여 아동이 글을 쓰는 동안 긍정적인 자기진술문 사용이 습관화되어 자기조절 능력이 향상되었다. 셋째, 교사와 협력하여 연습하고 기억술을 사용해 보는 긍정적인 피드백을 주고받는 기회가 제공되었다.

신재현과 정평강(2017)의 연구에서는 서로 다른 SRSD 쓰기 전략 사용에 따른 SRSD 쓰기 중재의 효과 크기 차이를 비교하였다. 그 결과, 2편 이상의 연구에 사용된 중재 전략 4개 중 이 연구에서 사용한 POW+C-SPACE 전략이 가장 효과가 큰 것으로 나타났다. 따라서 이 연구는 정서행동장애 학생에게 이야기 쓰기를 가르칠 수 있는 가장 효과적인 방법 중 하나가 SRSD임을 보여 주었다는 의의가 있다.

4. 요약 및 결론

SRSD는 쓰기에 어려움을 겪는 학생을 대상으로 쓰기에 대한 자기조절과 동기를 향상시키고 글을 쓰는 데 필요한 전략을 가르치는 것을 목표로 한다. SRSD를 사용할 때의 유의점은 다음과 같다.

첫째, 쓰기 교수 단계가 문헌마다 조금씩 다르다. 쓰기 교수 단계는 5단계나 6단계로 이루어지는데, 6단계를 적용한 경우 '배경지식, 개발하기, 토의하기, 모델링하기, 기억하기, 지원하기, 독립적 수행하기'로 설명한 연구도 있고, '배경지식 개발, 초기 협의, 모델링하기, 전략의 기억, 협력적 연습, 독립적 연습'으로 설명하고 있는 연구도 있다(진미영, 2011b). 5단계로 제시한 문헌은 '기억하기' 단계를 '모델링하기' 단계에 포함시켰기 때문이다. 6단계로 제시한 문헌은 SRSD 교수의 2단계를 '토의하기'나 '초기 협의'로 표현했을 뿐, 교수 내용이 달라지는 것은 아니다.

둘째, 기억술을 기억하도록 하는 것이 중요하지만 지나치게 기억술만 외우게 하는 것보다는 글쓰기에 대한 동기 부여가 중요하다. 그러므로 기억술을 포함한 SRSD의 전반적인 단계가 학생의 글쓰기에 스며들도록 지도하는 것이 중요하다.

셋째, 시범 보이기 단계에서 학생이 교사의 시범을 보고 글쓰기의 재미와 동기를 느낄 수 있도록 교수하는 것이 중요하다.

넷째, 자기진술문 지도의 중요성이다. 국내외 연구 모두 전략 시범 보이기 단계에서 글쓰기 전, 글쓰기 중, 글쓰기 후의 세 단계에서 사용할 수 있는 자기진술문을 지도한다. 자기진술문은 학생이 전략을 기억하기 위한 좋은 방법이고 또한 진술문을 통해 전략을 정확히 사용함으로써 글쓰기에 관한 자기효능감이 높아질 수 있다. 마지막으로, 자기진술문을 사용하며 글쓰기의 재미를 느낄 수 있으므로, 자기진술문은 글쓰기에 대한 긍정적인 생각을 학생에게 제시할 수 있다.

부록

1. <제5장> 공격성 대체 훈련: 스킬스트리밍 기술 수행 점검지 서식
2. <제5장> 공격성 대체 훈련: 분노 일지 서식
3. <제6장> 용기 있는 마음 상자: 목표 기록지 서식
4. <제6장> 용기 있는 마음 상자: 문제확인-선택-결과 활동지 서식
5. <제7장> 일일 행동 점검: 일일 진보 기록지
6. <제10장> 공동행동 자문: 공동요구 확인 면담 서식
7. <제10장> 공동행동 자문: 공동요구 분석 면담 서식
8. <제10장> 공동행동 자문: 공동계획 평가 면담 서식
9. <제11장> 이야기 지도: 시작-중간-끝의 단순한 이야기 지도 형식
10. <제11장> 이야기 지도: 등장인물, 배경, 줄거리, 갈등, 해결책 등의 좀 더 복잡한 이야기 지도 형식
11. <제11장> 이야기 지도: 중고등학생 대상 이야기 지도 예시
12. <제12장> 또래지원 학습 전략: 2~6학년 대상 또래지원 학습 전략 질문 카드, 수정 카드, 짝 점수판, 유의 사항, 수업 규칙, 팀 점수표 예시
13. <제13장> 가스비 전략 학습지: 가로식
14. <제13장> 가스비 전략 학습지: 세로식
15. <제13장> 가스비 전략: 공통교육과정과 수학과 계산 기술 범주의 관계
16. <제15장> 자기조절 전략 개발: 설득, 비교, 분석 등의 글쓰기를 위한 기억술 학습지-라면사리(라먼사리)

부록 1 제5장 공격성 대체 훈련: 스킬스트리밍 기술 수행 점검지 서식

이름: ______________________ 날짜: ______________________

※ 과제 수행 전에 작성할 것

1. 어떤 기술을 사용할 것인가요? ______________________

2. 기술의 단계는 무엇인가요? ______________________

3. 어디에서 기술을 시도할 것인가요? ______________________

4. 누구와 함께 기술을 시도할 것인가요? ______________________

5. 기술을 언제 시도할 것인가요? ______________________

6. 매우 잘 수행했다면 자신에게 어떤 보상을 할 것인가요? ______________________

7. 잘 수행했다면 자신에게 어떤 보상을 할 것인가요? ______________________

8. 적당히 수행했다면 자신에게 어떤 보상을 할 것인가요? ______________________

※ 과제 수행 후에 작성할 것

1. 과제 수행 후에 무슨 일이 일어났나요? ______________________

2. 실제로 어떤 기술 단계를 따랐나요? ______________________

3. 기술을 얼마나 잘 사용했나요?(하나에 동그라미 표시) 매우 잘함 잘함 보통 부족함

4. 다음 과제는 무엇이어야 한다고 생각하나요? ______________________

※ 과제 수행 전 질문 중 6, 7, 8번은 학생이 아직 기술을 완전히 습득하기 전일 때만 작성한다.

출처: Goldstein et al. (1998), p. 68.

부록 2 제5장 공격성 대체 훈련: 분노 일지 서식

이름: ________________ 날짜: ________________

☐ 오전 ☐ 오후 ☐ 밤

● 당신이 있던 장소는 어디였나요?

☐ 교실 ☐ 화장실 ☐ 학교 바깥 ☐ 기숙사 ☐ 팀 사무실 ☐ 홀

☐ 체육관 ☐ 식당 ☐ 과제 중 ☐ 레크리에이션실 ☐ 운동장 ☐ 기타

● 무슨 일이 일어났나요?

☐ 누군가가 나를 놀렸다

☐ 누군가가 내 것을 가져갔다

☐ 누군가가 내가 좋아하지 않는 일을 하였다

☐ 내가 뭔가 잘못했다

☐ 내가 누군가와 싸우기 시작했다

☐ 기타( )

● 다른 사람은 누구였나요?

☐ 다른 청소년 ☐ 보조 인력 ☐ 교사 ☐ 상담원 ☐ 기타

● 당신은 무엇을 했나요?

☐ 반격했다 ☐ 친구나 어른에게 말했다 ☐ 도망쳤다 ☐ 무시했다

☐ 소리 질렀다 ☐ 분노 조절 기술을 사용했다( )

☐ 울었다 ☐ 침착하게 물러났다 ☐ 무엇인가를 부숴 버렸다 ☐ 말을 했다

☐ 자제했다 ☐ 스킬스트리밍 기술을 사용했다( )

☐ 보조 인력이나 상담원에게 말했다

● 얼마나 화를 냈나요?

☐ 심각하게 ☐ 매우 ☐ 보통 ☐ 약간 ☐ 전혀

● 자신을 잘 다스렸나요?

1: 매우 부족함 2: 부족함 3: 보통 4: 잘함 5: 매우 잘함

출처: Goldstein et al. (1998), p. 78.

부록 3 제6장 용기 있는 마음 상자: 목표 기록지 서식

______의 목표 기록지

이름: __________ 목표 기록지 번호: __________ 오늘 날짜: ______________

* 목표란? 내가 갖고 싶은 것 또는 일어났으면 하는 것, 그것을 위해 기꺼이 노력할 만한 것

나의 목표는,

____

5일 동안 최소한 _____________

집단원 서명 ________________ 집단 진행 교사 서명 _____________

그날 목표에 도달하면 '예', 아니면 '아니요'라고 선생님이 적고 서명해 줄 것입니다.

	1일	2일	3일	4일	5일
교사 서명	________	________	________	________	________

주간 목표를 달성했나요? ☐ 예 ☐ 아직 아님 날짜: ______________

출처: Larson & Lochman (2010/2014), p. 318.

부록 4 제6장 용기 있는 마음 상자: 문제확인-선택-결과 활동지 서식

문제확인-선택-결과

문제확인	선택	결과
문제가 무엇이지?	가능한 선택지들	가능한 결과들
______	• ______	• ______
______	• ______	• ______
______	• ______	• ______
	• ______	• ______
나는 어떻게 느끼고 있지?	• ______	• ______
______	• ______	• ______
______	• ______	• ______
______	• ______	• ______

나의 선택은? ______

______

______

출처: Lochman et al. (2008), p. 66.

부록 5 제7장 일일 행동 점검: 일일 진보 기록지

※ 매 교시 수업이 끝나고, 선생님들의 점검과 서명을 받으세요. 날짜: ________

교시 / 목표	1교시	2교시	3교시	4교시	5교시	6교시
	3 2 1	3 2 1	3 2 1	3 2 1	3 2 1	3 2 1
	3 2 1	3 2 1	3 2 1	3 2 1	3 2 1	3 2 1
	3 2 1	3 2 1	3 2 1	3 2 1	3 2 1	3 2 1
선생님 서명						

오늘의 목표: 70%(38점) 80%(43점) 90%(49점) 100%(54점)

오늘의 점수: ________ 목표 달성: 성공(90% 이상) 보통(70% 이상) 실패(70% 미만)

내가 오늘 잘한 것: ________________

선생님 서명: ________ 부모님 서명: ________

____ 월____ 일____ 의 약속

※ 수업이 끝나고, 선생님들께 스티커와 서명을 받으세요.

잘함(2개)	보통(1개)	못함(0개)

약속 / 시간				선생님 서명
1교시				
2교시				
3교시				
4교시				

• 오늘의 목표: ___개 이상 • 오늘의 점수: ___개

8개 이하(노력 필요)	9~16개(성공)	17~24개(대성공)

선생님 확인: ________ 부모님 확인: ________

부록 6 제10장 공동행동 자문: 공동요구 확인 면담 서식

공동요구 확인 면담

아동명: ____________ 학교: ______________ 나이: _______ 학년: _________

부모명: ____________ 교사명: ____________ 자문가명: ____________________

• 자문가 노트:
공동요구 확인 면담의 목표는 ____이다.

• 행동 목표
  - 공동으로 아동의 우선순위를 행동적 용어로 정의한다.
  - 여러 환경에서의 기초선 자료를 수집하기 위한 절차를 공동으로 수립한다.

• 관계 구축 목표
  - 아동, 가족, 학교의 장점을 파악한다.
  - 목표 설정 및 의사 결정에서 공동의 책임을 설정한다.
  - 학부모와 교사 간, 자문가와 팀원들 간의 업무 관계를 수립하고 개선한다.
  - 학생 지원에 대한 공유된 목표를 확인한다.
  - 아동, 목표, 관심사, 가족과 학교의 문화에 대한 의사소통과 지식을 증가시킨다.

면담을 위한 자문 및 사례 목표

____

절차	공동행동 자문 내용
오프닝	친근하고 지지적인 분위기를 조성하고, 팀원들에게 관심을 보인다.
대화 시작하기	모든 사람의 정보가 중요하다는 태도를 확립하고, 한 문제에만 집중하지 않고 광범위한 영역에 관심을 보이는 포괄적인 언어를 사용한다. 관련된 모든 사람의 전문 지식을 강조하며, 각 참여자의 중요성과 역할(예: 정보 제공, 진단 및 관찰 자료 수집)과 함께 모임의 단계를 논의한다.
강점 논의하기	잘되어 가고 있는 것과 팀원의 선호와 불호를 논의한다. 우선순위를 다룰 때 아동, 가족, 교사의 강점을 바탕으로 하는 것의 중요성을 확립한다.
목표와 요구 논의	아동의 장단기 목표를 논의하고, 팀원들이 확인한 목표와 발달적 적합성에 관한 정보를 공유하는 것의 중요성을 강조한다.
요구 선택	목표와 요구를 방해하는 것이 무엇인지 토론하고, 일반적인 관심사를 탐색한다.
우선순위 선택 및 정의	하나의 우선순위를 선택하는 것에 대해 토론하고, 목표와 요구에 따라 우선순위를 선택하며 구체적이고 관찰 가능한 용어로 우선순위를 정의한다.
초점과 장소의 선택	초점의 중요성에 대해 논의하고, 우선순위 행동이 발생하는 장소와 시기에 대해 구체적인 용어로 답변한다. 시작할 초점과 장소를 선택한다.
효과적인 것과 비효과적인 것	이미 시도했던 사항에 대해 논의하고, 추후 계획을 세울 때 사용될 수 있도록 이미 적용된 것의 장점과 팀원들의 강점을 강조한다.
정보 수집	정보 수집의 근거를 논의하고, 특정 시간/장소/절차를 선택한다. 팀원들에게 정보를 기록하기 위한 차트를 제공하며, 우선순위 행동 전후에 일어나는 일들과 특정 패턴을 관찰하기 위한 근거를 논의하고, 자문가의 관찰 시간을 설정한다.
다음 모임	다음 모임 단계에 대해 논의하고, 시간과 장소를 정한다.
마무리	팀원들의 전문성, 장점 그리고 이러한 정보가 아동이 성공하는 데 어떻게 도움이 되는지를 강조하면서 모임에서 이룬 성과를 요약한다. 전화번호와 이메일 주소를 교환하며 부모와 교사들에게 질의 사항이나 우려되는 점이 있으면 연락해도 된다는 것과 자문가가 정보 수집이 어떻게 진행되고 있는지 확인할 것임을 알려 준다.

출처: Sheridan & Kratochwill (2007), pp. 171-174.

부록 7 제10장 공동행동 자문: 공동요구 분석 면담 서식

공동요구 분석 면담

아동명: ______________ 학교: ______________ 나이: ________ 학년: __________

부모명: ______________ 교사명: ______________ 자문가명: ______________________

• 자문가 노트:
공동요구 분석 면담의 목표는 ____이다.

• 행동 목표
- 가정과 학교에서 수집된 정보를 평가한다.
- 가정과 학교 전반의 우선순위 행동을 위한 발달적으로 적합한 목표를 공동으로 개발한다.
- 우선순위 행동 전후에 일어난 일과 그것이 집중된 시간 및 장소에서 발생하는 특정 패턴에 대해 논의한다.
- 가정과 학교 전반의 우선순위 행동을 해결하기 위해 강점과 역량을 기반으로 한 계획을 협력적으로 개발한다.
- 정보 수집 절차를 재확인한다.

• 관계 구축 목표
- 가정과 학교 간의 파트너십을 강화하기 위해 한 문제에만 집중하지 않고 포괄적인 언어를 사용한다.
- 우선순위 행동에 대한 부모와 교사의 관점을 공유하도록 장려하고 확인한다.
- 주고받는 의사소통을 촉진하는 환경을 조성한다.
- 계획을 개발하기 위한 협력적 의사 결정과 공유된 책임을 촉진한다.

면담을 위한 자문 및 사례 목표

____

절차	공동행동 자문 내용
오프닝	친근하고 지지적인 분위기를 조성하고, 팀원들에게 관심을 보인다.
대화 시작하기	모든 사람의 정보가 중요하다는 태도를 다시 강조하고, 포괄적인 언어를 지속적으로 사용하며 모임의 단계를 논의한다.
수집된 정보에 대해 논의하기/목표 설정하기	우선순위의 정의를 재진술하고, 수집된 정보에 대해 논의하며, 수집된 정보를 기반으로 공동으로 결정된, 발달적으로 적합한 목표를 설정한다.
발생한 일	초점을 둔 시간과 장소에서 발생하는 특정 패턴뿐만 아니라, 우선순위 행동 전후에 발생하는 상황에 대해 토론한다(발생 전/발생 후/기타 패턴들). 이 정보는 행동의 발생 원인과 변화시킬 수 있는 방법을 이해하는 데 도움이 될 것임을 강조한다.
발생 원인	수집된 정보와 초점 시간 및 장소에서 일어나는 일을 요약한다(학생이 받게 된 관심, 영향을 미치는 주요한 사람들, 원하는 행동을 수행하는 데 필요한 기술과 같은 관련 정보를 요약하고 조직화하기). 우선순위 행동이 발생하는 이유에 대해 논의한다.
해야 할 일	행동 발생 원인에 기초하여 변화의 초점을 선택하고, 아동, 교사, 가족의 장점을 재진술한다. 가정과 학교에 걸친 계획을 협력적으로 수립하고, 장점을 바탕으로 계획을 수립한다. 부모와 교사를 위한 계획의 단계들을 요약하고, 부모와 교사에게 질문할 기회를 제공하며, 필요시 계획 절차를 모델링한다.
정보 수집	정보 수집에 대한 근거를 다시 강조하고, 특정 시간/장소/절차를 선택하며, 부모와 교사에게 정보를 기록할 수 있는 차트를 제공한다. (아래 표 참조)
다음 모임	다음 모임 단계에 대해 논의하고, 시간과 장소를 정한다.
마무리	팀원들의 전문성, 장점 그리고 이러한 정보가 아동이 성공하는 데 어떻게 도움이 되는지를 강조하면서 모임에서 이룬 성과를 요약한다. 질의 사항이나 우려되는 점이 있으면 자문가에게 연락하도록 안내하고, 자문가가 계획의 진행 상황을 확인하기 위해 빈번하게 소통할 것임을 알려 준다.

정보 수집 차트:

	가정	학교
무엇을 관찰?		
어디에서 관찰?		
어떻게 기록?		
관찰을 언제 시작?		

출처: Sheridan & Kratochwill (2007), pp. 181-184.

부록 8 제10장 공동행동 자문: 공동계획 평가 면담 서식

공동계획 평가 면담

아동명: ____________ 학교: ______________ 나이: _______ 학년: _________

부모명: ____________ 교사명: ____________ 자문가명: _________________

• 자문가 노트:
공동계획 평가 면담의 목표는 ____이다.

• 행동 목표
- 우선순위 행동을 위한 목표가 달성되었는지 확인한다.
- 무엇이 효과가 있고 무엇이 효과가 없었는지 평가한다.
- 계획의 지속 또는 유지에 대해 논의한다.
- 필요한 경우, 추가 면담 일정을 수립하거나 공동행동 자문을 종결한다.

• 관계 구축 목표
- 가정과 학교 환경 전반에서 열린 의사소통과 협력적 의사 결정을 지속적으로 촉진한다.
- 요구를 해결하기 위한 공동의 노력을 강화한다.
- 계획과 과정에 대한 부모와 교사의 인식에 대해 논의한다.
- 아동의 향후 요구를 해결하기 위한 부모와 교사의 강점과 역량을 강화한다.
- 부모와 교사가 향후에도 지속적으로 협력할 수 있는 수단을 마련한다.

면담을 위한 자문 및 사례 목표

____

절차	공동행동 자문 내용
오프닝	친근하고 지지적인 분위기를 조성하고, 팀원들에게 관심을 보인다.
대화 시작하기	모든 사람의 정보가 중요하다는 태도를 다시 강조하고, 포괄적인 언어를 지속적으로 사용하며 모임의 단계를 논의한다.
어떻게 운영되었나? 발생한 일은?	계획과 목표를 재작성하고, 계획이 운영된 방식과 목표가 달성되었는지를 논의한다. 여기서 어디로 나아가야 할지 결정한다(예: 계획 수정, 새로운 목표 설정, 다른 환경에서의 계획 사용, 자문 종결)
계획 변경	무엇이 효과적이고 무엇이 효과적이지 않았는지를 논의하고, 계획의 강점을 강조한다. 행동 발생 전후에 일어난 일과 특정 패턴 그리고 우선순위 행동이 발생한 이유에 대해서 재평가하는 과정이 필요할 수 있다. 이전의 면담 양식을 언급한다.
계획 유지	시간이 지난 후에도 긍정적인 변화를 지속하는 방법에 대해 논의한다. 계획을 계속하거나 (예: 다른 시간 및 장소) 점진적으로 계획을 소거해 나가는 것에 대해 논의한다.
향후 모임의 필요성 논의	형식적 모임이 필요한지와 비형식적 방법들(예: 메일, 통화, 알림장)에 대해 논의한다. 지속적인 의사소통의 가치를 강조하고, 후속 계획을 논의하며 부모와 교사에게 추가적인 계획 워크시트와 자료 수집 양식을 제공한다.
효과가 있는 것과 없는 것	협력적인 의사 결정, 강점, 전문 지식과 가정-학교 의사소통을 강조하면서, 계획과 파트너십 구축 과정을 요약한다. 부모와 교사가 생각할 때 행동이 변한 이유와 계획 및 과정에서 무엇이 효과적이고 무엇이 효과적이지 않았는지를 논의한다. 협력적인 의사 결정 과정과 우선순위 행동을 해결하기 위한 구체적인 계획을 강조하면서 향후 요구를 해결하기 위해 유사한 아이디어를 사용할 수 있는 방법을 논의한다. 부모와 교사가 결과에 만족하는지 이야기를 나눈다.
자문 종결	자문가와 팀원들이 연락을 유지할 수 있는 방법에 대해 논의한다.

출처: Sheridan & Kratochwill (2007), pp. 204-207.

부록 9 제11장 이야기 지도: 시작-중간-끝의 단순한 이야기 지도 형식

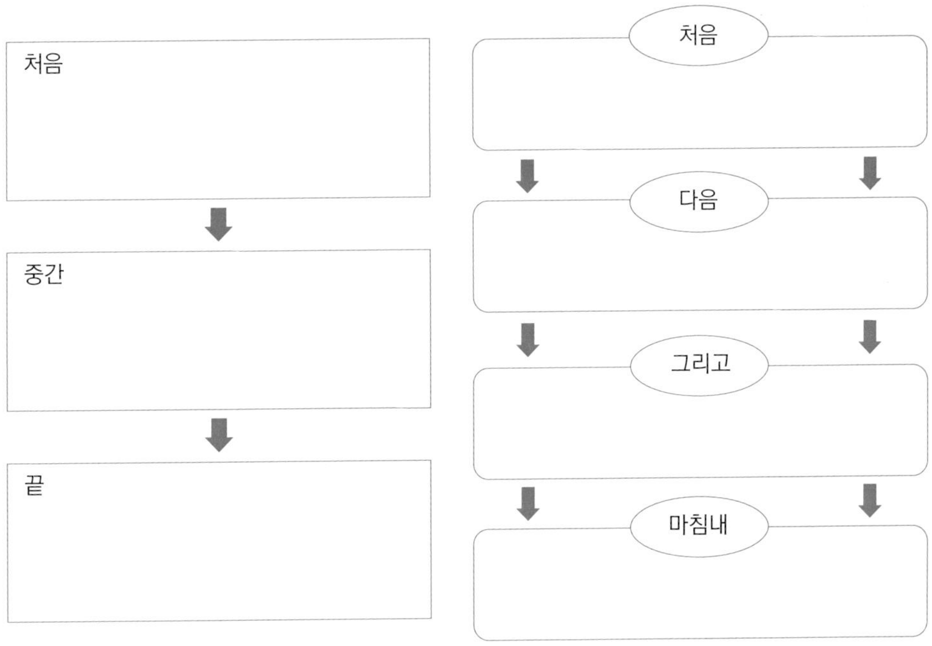

부록 10 제11장 이야기 지도: 등장인물, 배경, 줄거리, 갈등, 해결책 등의 좀 더 복잡한 이야기 지도 형식

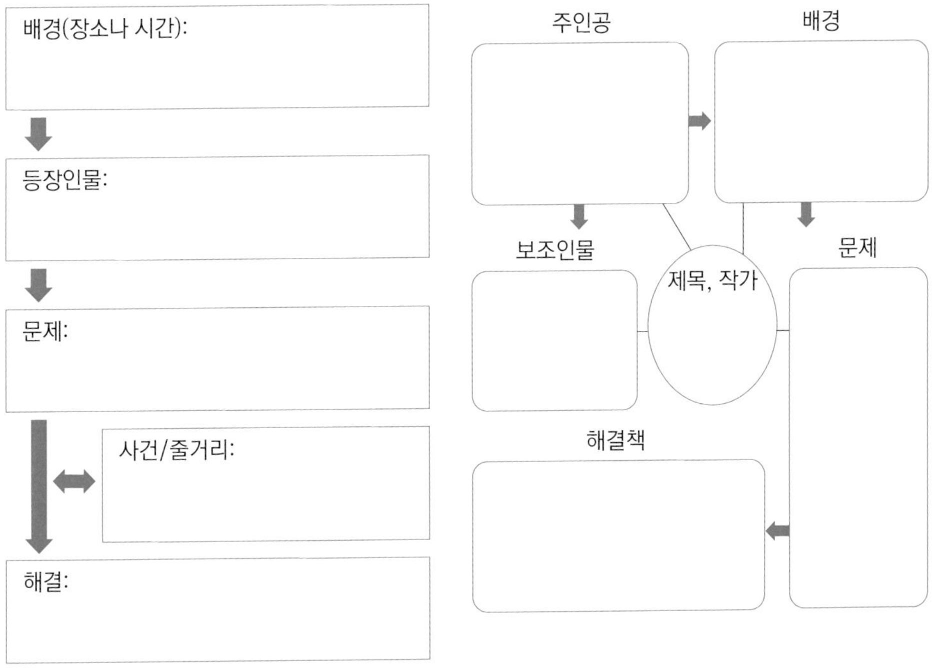

이야기 지도

❖ 이야기가 어떻게 전개되는지 상자를 채워 보여 주세요.

이름: ____________________

등장인물:	배경:	문제:

제목:

작가:

등장인물이 어떻게 문제를 해결하려고 했는가:	해결:

이야기 제목:

등장인물

배경(장소나 시간)

문제

사건/줄거리

해결

이야기 지도
사건/이야기 피라미드

____

주요 등장인물의 이름

________________ ________________

이 사람을 묘사하는 단어 두 개

________________ ________________ ________________

배경이나 장소를 묘사하는 단어 세 개

________________ ________________ ________________ ________________

중요한 사건을 묘사하는 단어 네 개

________________ ________________ ________________ ________________ ________________

이 사건의 주제나 중요함을 묘사하는 단어 다섯 개

이야기 지도
역사에 대한 틀

사건의 이름:

관련인/주요 인물:

문제 또는 목적:

어디서:

언제:

핵심적인 사건:

해결책 또는 성과:

주제/가르침/결과:

출처: www.readingrockets.org/strategies/story_maps에서 발췌 및 재구성.

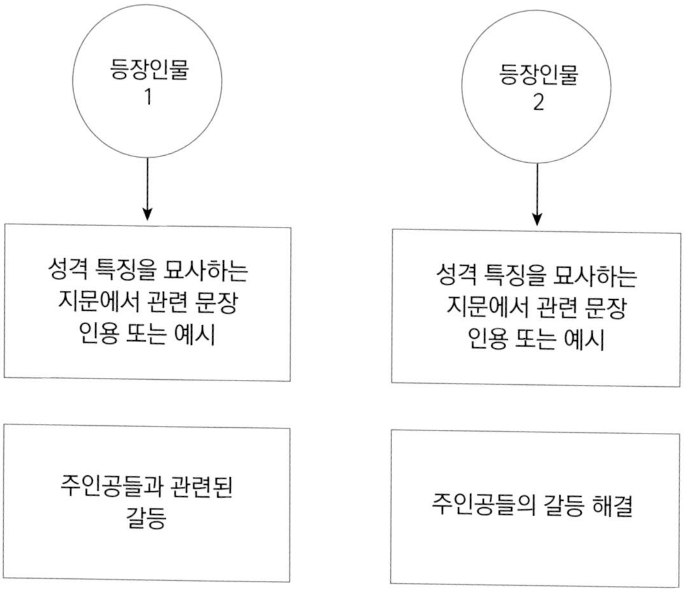

출처: Garwood et al. (2017), p. 398.

부록 11 제11장 이야기 지도: 중고등학생 대상 이야기 지도 예시

앵무새 죽이기(18장)	
등장인물	• 이 이야기에 나오는 아이들의 이름은? • 링크 씨는 누구인가요?
배경	• 법정에서 스카웃, 젬, 딜이 어디에 앉는지가 중요한 이유는 무엇인가요? • 메이콤 같은 마을에 가 본 적이 있나요?
딜레마	• 재판 전에 톰은 왜 체포되었고 어떻게 벌을 받았나요? • 애티커스는 왜 톰의 사건을 받아들였을까요?
결말	• 부래들리는 왜 이웰이 자신의 칼에 넘어졌다고 하면서 풀어 줬을까요? • 배심원들이 톰에 대해 유죄 평결을 내릴 거라고 생각하나요? 무죄 평결을 내릴 거라고 생각하나요?
교훈/가르침	• 애티커스는 "당신이 그의 관점에서 상황을 고려하기 전에는 결코 그 사람을 진정으로 이해할 수 없다."라고 말합니다. 이것은 무엇을 의미할까요? • 자신의 신념을 옹호하는 것이 어떤 면에서 문제를 일으킬 수 있나요? 여러분의 인생에서 이런 일이 있었나요? • 이상주의적인 것과 현실적인 것 중 어느 것이 더 나은가요? 근거를 제시하면서 대답해 보세요.

출처: Garwood et al. (2017), p. 397.

부록 12 제12장 또래지원 학습 전략: 2~6학년 대상 또래지원 학습 전략 질문 카드, 수정 카드, 짝 점수판, 유의 사항, 수업 규칙, 팀 점수표 예시

질문 카드

책이랑 읽기

독자 1이 읽는다. 독자 2가 코치다.

독자 2가 읽는다. 독자 1이 코치다.
독자 1이 시작한 데서 읽기 시작한다.

각 문장마다 1점

다시 이야기하기

독자 2가 다시 이야기한다. 독자 1이 묻는다.

1. 처음에 무슨 일이 있었나요?
2. 다음에 무슨 일이 있었나요?
3. 다음에 무슨 일이 일어날지 질문 계속하기

10점 모두 얻었나요?

질문 카드

문단 요약하기

독자 1이 읽는다. 코치가 말한다.

1. 가장 중요한 사람 또는 사물의 이름을 말하세요.
2. 그 사람 또는 사물의 가장 중요한 점을 말하세요.
3. 10단어 이내로 중심 생각을 말하세요.

각 단계마다 1점

독자 2가 읽는다. 코치가 말한다.

1. 가장 중요한 사람 또는 사물의 이름을 말하세요.
2. 그 사람 또는 사물의 가장 중요한 점을 말하세요.
3. 10단어 이내로 중심 생각을 말하세요.

각 단계마다 1점

질문 카드

예측 릴레이하기

코치가 독자 1에게 묻는다.

1. 다음에 무슨 일이 일어날 거라고 예측하나요?
2. 다음 장의 반쪽을 읽으세요.
3. 예측한 것이 맞았나요?

예측 1점
읽기 1점
확인 1점

코치가 독자 2에게 묻는다.

1. 다음에 무슨 일이 일어날 거라고 예측하나요?
2. 다음 장의 반쪽을 읽으세요.
3. 예측한 것이 맞았나요?

예측 1점
읽기 1점
확인 1점

수정 카드

짝을 돕는 방법

짝이 실수를 하거나 4초 동안 한 단어에 머물고 있을 때,

코치: "확인합시다!"

독자: "도움이 필요해요."
코치: 그 단어는 ________. 무슨 단어라고 했죠?
독자: (그 단어를 정확하게 말한다.)
코치: "좋아요. 그 문장을 다시 읽어요."
독자: (그 문장을 다시 읽는다.)

독자: (그 단어를 정확하게 말한다.)
코치: "잘했어요. 그 문장을 다시 읽어요."
독자: (그 문장을 다시 읽는다.)

수정 카드

문단 요약하기를 돕는 방법

짝이 대답을 잘못했다면

코치: "확인합시다!"
"힌트를 줄까요."
"그 답은 ______."

짝이 10단어 이상으로 중심 생각을 말한다면,

코치: "줄여 봅시다!"

친구야, 같이 읽자! 점수판

1	2	3	4	5	6	7	8	9	10	11	12	13	14	15
16	17	18	19	20	21	22	23	24	25	26	27	28	29	30
31	32	33	34	35	36	37	38	39	40	41	42	43	44	45
46	47	48	49	50	51	52	53	54	55	56	57	58	59	60
61	62	63	64	65	66	67	68	69	70	71	72	73	74	75
76	77	78	79	80	81	82	83	84	85	86	87	88	89	90
91	92	93	94	95	96	97	98	99	100	101	102	103	104	105
106	107	108	109	110	111	112	113	114	115	116	117	118	119	120
121	122	123	124	125	126	127	128	129	130	131	132	133	134	135
136	137	138	139	140	141	142	143	144	145	146	147	148	149	150
151	152	153	154	155	156	157	158	159	160	161	162	163	164	165
166	167	168	169	170	171	172	173	174	175	176	177	178	179	180
181	182	183	184	185	186	187	188	189	190	191	192	193	194	195
196	197	198	199	200	201	202	203	204	205	206	207	208	209	210
211	212	213	214	215	216	217	218	219	220	221	222	223	224	225
226	227	228	229	230	231	232	233	234	235	236	237	238	239	240
241	242	243	244	245	246	247	248	249	250	251	252	253	254	255
256	257	258	259	260	261	262	263	264	265	266	267	268	269	270
271	272	273	274	275	276	277	278	279	280	281	282	283	284	285
286	287	288	289	290	291	292	293	294	295	296	297	298	299	300
301	302	303	304	305	306	307	308	309	310	311	312	313	314	315
316	317	318	319	320	321	322	323	324	325	326	327	328	329	330
331	332	333	334	335	336	337	338	339	340	341	342	343	344	345
346	347	348	349	350	351	352	353	354	355	356	357	358	359	360
361	362	363	364	365	366	367	368	369	370	371	372	373	374	375
376	377	378	379	380	381	382	383	384	385	386	387	388	389	390
391	392	393	394	395	396	397	398	399	340	341	342	343	344	345
346	347	348	349	350	351	352	353	354	355	356	357	358	359	360
361	362	363	364	365	366	367	368	369	370	371	372	373	374	375
376	377	378	379	380	381	382	383	384	385	386	387	388	389	390
391	392	393	394	395	396	397	398	399	400	401	402	403	404	405
406	407	408	409	410	411	412	413	414	415	416	417	418	419	420
421	422	423	424	425	426	427	428	429	430	431	432	433	434	435
436	437	438	439	440	441	442	443	444	445	446	447	448	449	450
451	452	453	454	455	456	457	458	459	460	461	462	463	464	465
466	467	468	469	470	471	472	473	474	475	476	477	478	479	480
481	482	483	484	485	486	487	488	489	490	491	492	493	494	495
496	497	498	499	500		다시 시작								

도움을 줄 때 유의 사항 [짝이랑 읽기]

1. 짝에게 읽고 있는 곳을 가리켜 달라고 부탁하세요.
2. 책 가까이에 점수표를 놓으세요.
3. 연필을 점수표의 올바른 위치에 두세요.
4. 머리가 아니라 눈을 점수표에서 책으로 옮기세요.
5. 몇 점을 놓쳐도 걱정하지 마세요.

도움을 줄 때 유의 사항 [다시 이야기하기]

1. 짝이 사소한 부분을 건너뛰어도 괜찮습니다.
2. 짝이 무언가를 건너뛰거나 막히면, 놓친 사건을 짝에게 말하세요.
3. 계속하세요! 하나의 사건에 얽매이지 말고.

도움을 줄 때 유의 사항 [문단 요약하기]

1 짝이 읽을 때 조심스럽게 따라서 봅니다.

2 짝이 사람 또는 사물에 대해 정확히 말했는지 확인합니다.

3 짝이 사람 또는 사물에 대해 가장 중요한 것을 정확하게 말했는지 확인합니다.

친구야, 같이 읽자 수업의 규칙

1 짝이랑만 얘기하고 수업에 대해서만 얘기해요.

2 목소리를 낮추어요.

3 짝과 협력해요.

4 최선을 다해요.

짝이랑 팀이랑 과제 점수표

팀:

독자 1	독자 2	짝 점수
	합계	

팀:

독자 1	독자 2	짝 점수
	합계	

출처: https://iris.peabody.vanderbilt.edu/module/pals26/cresource/q3/p08/#content

부록 13 제13장 가스비 전략 학습지: 가로식

날짜: 월 일 요일	이름:

◉ 제재:

	가리고 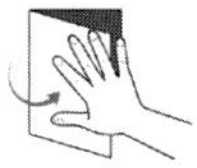		
1		1가	1나
2		2가	2나
3		3가	3나
4		4가	4나
5		5가	5나
6		6가	6나
7		7가	7나
8		8가	8나

출처: White, J. (2012). How to: Master math facts: Cover-Copy-Compare. Intervention Central. https://www.interventioncentral.org/sites/default/files/pdfs/pdfs_interventions/cover_copy_compare_math_facts_revised.pdf에서 발췌 및 재구성.

부록 14 제13장 가스비 전략 학습지: 세로식

날짜: 월 일 요일 이름:

◉ 제재:

가리고

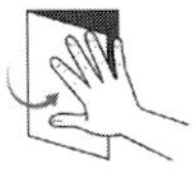

1 ______	1가	1나
2 ______	2가	2나
3 ______	3가	3나
4 ______	4가	4나
5 ______	5가	5나

출처: White, J. (2012). How to: Master math facts: Cover-Copy-Compare. Intervention Central. https://www.interventioncentral.org/sites/default/files/pdfs/pdfs_interventions/cover_copy_compare_math_facts_revised.pdf에서 발췌 및 재구성.

부록 15 제13장 가스비 전략: 공통교육과정과 수학과 계산 기술 범주의 관계

	덧셈	공통 교육과정 성취 기준 (수와 연산 영역)
1	한 자릿수+한 자릿수: 합이 10 이하	[2수01-05] 두 자릿수의 범위에서 덧셈과 뺄셈의 계산 원리를 이해하고 그 계산을 할 수 있다.
2	한 자릿수+한 자릿수: 합이 18 이하	
3	한, 두 자릿수+한, 두 자릿수: 받아올림 없음	
4	두 자릿수+두 자릿수: 받아올림 없음	
5	세 자릿수+세 자릿수: 받아올림 없음	[4수01-03] 세 자릿수의 덧셈과 뺄셈의 계산 원리를 이해하고 그 계산을 할 수 있다.
6	3~5개의 한 자릿수 덧셈 (예: 1+2+3= / 2+2+2+2= / 3+3+3+3+3=)	[2수01-08] 두 자릿수의 범위에서 세 수의 덧셈과 뺄셈을 할 수 있다.
7	3~5개의 두 자릿수 덧셈	
8	3~5개의 세, 네 자릿수 덧셈: 받아올림 없음	•
9	한, 두 자릿수+한, 두 자릿수: 받아올림 있음	[2수01-05] 두 자릿수의 범위에서 덧셈과 뺄셈의 계산 원리를 이해하고 그 계산을 할 수 있다.
10	두 자릿수+두 자릿수: 받아올림 있음	[2수01-05] 두 자릿수의 범위에서 덧셈과 뺄셈의 계산 원리를 이해하고 그 계산을 할 수 있다.
11	두, 세 자릿수+두, 세 자릿수: 일의 자리 받아올림 있음	[2수01-05] 두 자릿수의 범위에서 덧셈과 뺄셈의 계산 원리를 이해하고 그 계산을 할 수 있다. [4수01-03] 세 자릿수의 덧셈과 뺄셈의 계산 원리를 이해하고 그 계산을 할 수 있다.
12	두, 세 자릿수+두, 세 자릿수: 십의 자리 받아올림 있음	
13	두, 세 자릿수+두, 세 자릿수: 일의 자리 및 십의 자리 받아올림 있음	
14	세 자릿수+세 자릿수: 일의 자리 받아올림 있음	
15	세 자릿수+세 자릿수: 십의 자리 받아올림 있음	
16	세 자릿수+세 자릿수: 일의 자리 및 십의 자리 받아올림 있음	
17	네 자릿수+네 자릿수: 일의 자리, 십의 자리, 백의 자리 받아올림 있음	•
18	다섯, 여섯 자릿수+다섯, 여섯 자릿수: 받아올림 있음	•
19	3~5개의 두 자릿수 덧셈: 받아올림 있음	[2수01-08] 두 자릿수의 범위에서 세 수의 덧셈과 뺄셈을 할 수 있다.
20	3~5개의 세 자릿수 덧셈: 받아올림 있음	•

	뺄셈	공통 교육과정 성취 기준 (수와 연산 영역)
1	한 자릿수-한 자릿수	[2수01-05] 두 자릿수의 범위에서 덧셈과 뺄셈의 계산 원리를 이해하고 그 계산을 할 수 있다.
2	두 자릿수-두 자릿수: 받아내림 없음	[2수01-08] 두 자릿수의 범위에서 세 수의 덧셈과 뺄셈을 할 수 있다.
3	세 자릿수-세 자릿수: 받아내림 없음	[4수01-03] 세 자릿수의 덧셈과 뺄셈의 계산 원리를 이해하고 그 계산을 할 수 있다.
4	네 자릿수-네 자릿수: 받아내림 없음	•
5	두 자릿수-두 자릿수: 받아내림 있음	[2수01-08] 두 자릿수의 범위에서 세 수의 덧셈과 뺄셈을 할 수 있다.
6	세 자릿수-세 자릿수: 일의 자리만 받아내림 있음	[4수01-03] 세 자릿수의 덧셈과 뺄셈의 계산 원리를 이해하고 그 계산을 할 수 있다.
7	세 자릿수-세 자릿수: 십의 자리만 받아내림 있음	
8	세 자릿수-세 자릿수: 일의 자리와 십의 자리 받아내림 있음	
9	네 자릿수-네 자릿수: 일의 자리만 받아내림 있음	•
10	네 자릿수-네 자릿수: 십의 자리만 받아내림 있음	•
11	네 자릿수-네 자릿수: 백의 자리만 받아내림 있음	•
12	네 자릿수-네 자릿수: 모든 자릿수에 받아내림 있음	•
13	다섯 자릿수-다섯 자릿수: 일의 자리만 받아내림 있음	•
14	다섯 자릿수-다섯 자릿수: 십의 자리만 받아내림 있음	•
15	다섯 자릿수-다섯 자릿수: 백의 자리만 받아내림 있음	•
16	다섯 자릿수-다섯 자릿수: 천의 자리만 받아내림 있음	•
17	다섯 자릿수-다섯 자릿수: 모든 자릿수에 받아내림 있음	•
18	여섯 자릿수-여섯 자릿수: 모든 자릿수에 받아내림 있음	•

곱셈		공통 교육과정 성취 기준 (수와 연산 영역)
1	곱셈 구구(0 포함)	[2수01-11] 곱셈구구를 이해하고 한 자릿수의 곱셈을 할 수 있다.
2	두 자릿수×한 자릿수: 받아올림 없음	[4수01-05] 곱하는 수가 한 자릿수 또는 두 자릿수인 곱셈의 계산 원리를 이해하고 그 계산을 할 수 있다.
3	두 자릿수×한 자릿수: 받아올림 있음	
4	세 자릿수×한 자릿수: 받아올림 없음	•
5	세 자릿수×한 자릿수: 받아올림 있음	•
6	네 자릿수×한 자릿수: 받아올림 없음	•
7	네 자릿수×한 자릿수: 받아올림 있음	•
8	두 자릿수×두 자릿수: 받아올림 없음	•
9	두 자릿수×두 자릿수: 받아올림 있음	•
10	세 자릿수×두 자릿수: 받아올림 없음	•
11	세 자릿수×두 자릿수: 받아올림 있음	•
12	네 자릿수×두 자릿수: 받아올림 없음	•
13	네 자릿수×두 자릿수: 받아올림 있음	•
14	세 자릿수×세 자릿수: 받아올림 없음	•
15	세 자릿수×세 자릿수: 받아올림 있음	•
16	네 자릿수×세 자릿수: 받아올림 없음	•
17	네 자릿수×세 자릿수: 받아올림 있음	•
18	다섯 자릿수×세 자릿수: 받아올림 없음	•
19	다섯 자릿수×세 자릿수: 받아올림 있음	•

나눗셈		공통 교육과정 성취 기준 (수와 연산 영역)
1	일의 자리 나눗셈(0-9)	[4수01-08] 나누는 수가 한 자릿수인 나눗셈의 계산 원리를 이해하고 그 계산을 할 수 있으며, 나눗셈에서 몫과 나머지의 의미를 한다.
2	두 자릿수÷한 자릿수: 나머지 없음	[4수01-09] 나누는 수가 두 자릿수인 나눗셈의 계산 원리를 이해하고 그 계산을 할 수 있다.
3	두 자릿수÷한 자릿수: 나머지 있음	
4	세 자릿수÷한 자릿수: 나머지 없음	•
5	세 자릿수÷한 자릿수: 나머지 있음	•
6	네 자릿수÷한 자릿수: 나머지 없음	•
7	네 자릿수÷한 자릿수: 나머지 있음	•
8	세 자릿수÷두 자릿수: 나머지 없음	•
9	세 자릿수÷두 자릿수: 나머지 있음	•
10	네 자릿수÷두 자릿수: 나머지 없음	•
11	네 자릿수÷두 자릿수: 나머지 있음	•
12	다섯 자릿수÷두 자릿수: 나머지 없음	•
13	다섯 자릿수÷두 자릿수: 나머지 있음	•
14	네 자릿수÷세 자릿수: 나머지 없음	•
15	네 자릿수÷세 자릿수: 나머지 있음	•
16	다섯 자릿수÷세 자릿수: 나머지 없음	•
17	다섯 자릿수÷세 자릿수: 나머지 있음	•
18	여섯 자릿수÷세 자릿수: 나머지 없음	•
19	여섯 자릿수÷세 자릿수: 나머지 있음	•

출처: 교육부(2015). 수학과 교육과정. 교육부 고시 제2015-74 별책 8. 및 http://www.interventioncentral.org/tools/math-worksheet-generator에서 발췌 및 재구성

부록 16 제15장 자기조절 전략 개발: 설득, 비교, 분석 등의 글쓰기를 위한 기억술 학습지 - 라면사리(라먼사리)

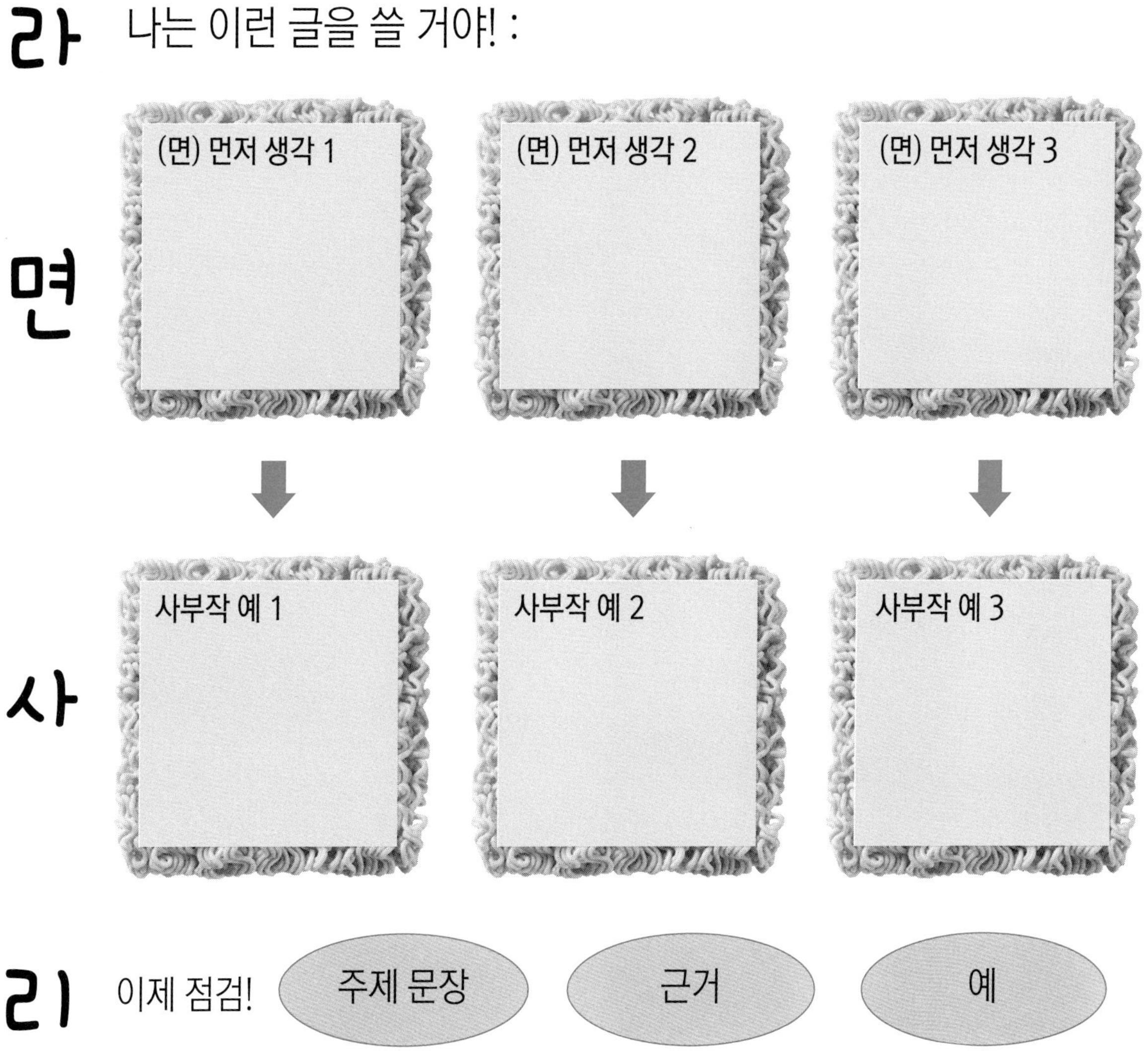

출처: Lesil, W. (2015). *POW TREE Graphic organizer*. Teachers pay teachers. https://www.teacherspayteachers.com/Product/POW-TREE-Graphic-organizer-2498886(웹페이지에서 발췌 및 재구성)

참고문헌

강현진, 최하영(2020). 강한 청소년 프로그램이 고등학교 특수학급 지적장애 학생의 사회정서적 역량에 미치는 영향. **특수교육논평**, 36(3), 135-158. http://doi.org/10.31863/JSE.2020.12.36.3.135

교육부(2015). **수학과 교육과정**. 교육부 고시 제2015-74호 [별책 8].

교육부(2021). **2021 특수교육연차보고서**.

구미숙(2015). 교실에서 살아남기 기술 교수가 통합학급교사가 인식하는 지적장애 학생의 교사-학생 관계 및 사회적 참여에 미치는 영향. 미간행 석사학위 청구논문. 한국교원대학교 대학원.

구미숙, 최하영(2016). 교실에서 살아남기 기술 교수가 지적장애 학생의 사회적 참여 및 통합학급교사-장애 학생 관계에 미치는 영향. **정서·행동장애연구**, 32(4), 1-21.

김길순(2000). 과정 중심 쓰기 지도가 학습장애아의 쓰기표현과 자기효능감에 미치는 영향. 미간행 석사학위 청구논문. 대구대학교 대학원.

김민진, 최하영(2019). Strong Kids 프로그램이 중학교 특수학급 지적장애 학생의 사회정서적 증상 및 기능에 미치는 영향. **특수교육연구**, 26(1), 41-68. http://doi.org/10.34249/jse.2019.26.1.41

김보라, 신현균(2017). 공격적인 초등학생에 대한 인지행동적 분노 조절 프로그램의 연습 회기 추가에 따른 효과: 10회기 집단과 16회기 집단의 공격성과 분노 조절력 비교. **청소년학연구**, 24(3), 61-82. http://doi.org/10.21509/KJYS.2017.03.24.3.61

김복남, 문현미(2015). 스마트기기 애플리케이션으로 구현한 CCC 전략이 지적장애 학생의 단어 철자와 읽기 유창성에 미치는 영향. **특수교육**, 14(1), 155-174. http://doi.org/10.18541/ser.2015.02.14.1.155

김빛이나(2021. 2. 18.). 서울시교육청, 전국 최초 '행동중재전문관' 도입. 천지일보. http://www.

newscj.com/news/articleView.html?idxno=830211

김수연, 이경화, 정가희, 최미진(2020). 특수교육 지원센터에서의 학습장애 및 정서장애 선정 현황과 문제점 분석. 한국특수교육학회 학술대회 자료집, 3-17.

김애화, 김의정, 강은영(2013). 이야기 지도 전략 교수가 읽기장애 학생의 읽기 이해 성취도에 미치는 효과. 특수교육저널: 이론과 실천, 14(2), 67-95.

김애화, 김의정, 김자경, 최승숙(2012). 학습장애 이론과 실제. 학지사.

김우리, 고혜정, 김동일(2013). 학습장애 및 학습부진 학생을 위한 그래픽조직자 중재 연구 분석. 특수교육학연구, 48(1), 229-251.

김진(2019). 『진로와 직업』 교과와 연계한 스킬스트리밍 프로그램이 지적장애 중학생의 사회성 기술 및 직업 준비도에 미치는 영향. 미간행 석사학위 청구논문. 이화여자대학교 대학원.

김진, 김유리(2019). '진로와 직업'교과와 연계한 스킬스트리밍 프로그램이 지적장애 중학생의 사회성 기술 및 직업 준비도에 미치는 영향. 특수교육, 18(1), 143-171. http://doi.org/10.18541/ser.2019.02.18.1.143

나경은(2010). 학습장애 학생의 수학문장제 해결 기술에 대한 도식기반중재의 효과. 학습장애연구, 7(1), 135-156.

문회원(2014). 확장된 스킬스트리밍 교수의 학급 차원 실행이 정서·행동장애 위험 유아의 사회성 기술, 문제 행동, 일반유아와의 상호작용에 미치는 영향. 미간행 박사학위 청구논문. 이화여자대학교 대학원.

문회원, 박지연(2014). 학급 차원의 확장된 스킬스트리밍 교수가 정서·행동장애 위험 유아의 사회성 기술, 문제 행동, 일반유아와의 상호작용에 미치는 영향. 특수교육, 13(1), 29-57. http://doi.org/10.18541/ser.2014.02.13.1.29

박애란, 김애화(2010). 도식을 활용한 표상 전략이 수학학습부진 학생의 곱셈과 나눗셈 문장제 문제 해결에 미치는 효과. 학습장애연구, 7(3), 105-122.

박명화(2013). 외현화 행동 문제를 가진 아동의 교우관계와 사회적 기술 향상을 위한 분노 관리 프로그램의 개발 및 적용. 정서·행동장애연구, 29(2), 45-67.

박현선(2001). 비행청소년의 공격성 대체를 위한 다중 모델적 개입의 효과. 한국아동복지학, 12, 160-184.

송서영, 허계형(2021). FIRST STEP Next 프로그램이 유아의 문제 행동 및 사회정서 역량과 교사의 사회정서 교수역량에 미치는 효과. 열린유아교육연구, 26(3), 285-311. http://doi.org/10.20437/KOAECE26-3-11

신재현, 정평강(2017). 쓰기에 어려움을 겪는 장애 및 장애 위험군 학생을 위한 자기조절 전략 개발(SRSD) 중재 문헌 분석. 학습장애연구, 14(1), 75-98.

옥민욱, 김애화, 윤나영(2020). 그래픽 조직자와 아이패드 애플리케이션을 활용한 이야기 다시 말하기 전략이 읽기장애 학생의 읽기 이해 성취도에 미치는 효과. 특수교육저널: 이론과 실천, 21(2), 81-108. http://doi.org/10.19049/JSPED.2020.21.2.04

이계경, 이명숙(2017). 협력적 행동컨설팅이 수업방해 행동과 주도적 공격 행동에 미치는 효과. 학교심리와 학습컨설팅, 4(2), 1-27.

이동형(2011). 가족-학교 협력에 기초한 자문 모델의 이해와 활용. 한국심리학회지: 일반, 30(2), 419-442.

이병기(2008). 학교 도서관 중심의 독서교육을 위한 독서 전략 범주화에 관한 연구. 한국도서관·정보학회지, 39(3), 139-159. http://doi.org/10.16981/kliss.39.3.200809.139

이상훈(2013). 정서·행동장애 학생의 교육 지원과 특수교육 지원센터의 역할. 정서행동장애 연구, 29(1), 1-21.

이성봉, 방명애, 김은경, 박지연(2021). 정서행동장애(제3판). 학지사.

이슬기, 손승현(2009). SRSD(자기조절 전략)을 활용한 쓰기 교수가 ADHD 아동의 쓰기 능력에 미치는 효과. 학습장애연구, 6(2), 43-67.

이정민, 김애화(2020). 시각적 단서를 활용한 이야기 지도 전략 교수가 경도 지적장애 학생의 읽기 이해성취도에 미치는 효과. 사고개발, 16(2), 137-159. http://doi.org/10.51636/JOTD.2020.08.16.2.137

이재욱, 정동영(2018). CCC 전략이 뇌성마비 학생의 과학 용어 학습에 미치는 영향. 특수교육교과교육연구, 11(4), 201-225. http://doi.org/10.24005/seci.2018.11.4.201

임선우(2002). 워드프로세서를 이용한 자기교시 쓰기 훈련이 학습장애아의 쓰기에 미치는 효과. 미간행 석사학위 청구논문. 청주교육대학교 교육대학원.

전윤희, 장경윤(2014). 학습부진 또는 학습장애 위험군 학생들의 비와 비례 문장제 문제 해결 향상시키기. 학교수학, 16(4), 659-675.

진미영(2011a). 장애 및 장애 위험군 학생의 읽기·쓰기 능력 향상을 위한 자기조절 전략 개발(SRSD) 모델의 연구 동향 분석. 특수교육, 10(1), 103-126. http://doi.org/10.18541/ser.2011.02.10.1.103

진미영(2011b). 자기조절 전략 개발(SRSD)을 활용한 반성적 쓰기 교수가 외현화된 정서·행동 문제를 가진 초등 특수학급 학생의 글쓰기 능력과 자기효능감 및 수업 참여 행동에 미치는 영향. 미간행 박사학위 청구논문. 이화여자대학교 대학원.

진미영, 박지연(2012). 자기조절 전략 개발(SRSD)을 활용한 반성적 쓰기 교수가 외현화된 정서·행동 문제를 가진 초등 특수학급 학생의 글쓰기 능력과 자기효능감 및 수업 참여 행동에 미치는 영향. 정서·행동장애연구, 28(1), 103-128.

천선희, 김정미(2007). 스토리맵 중심 언어중재가 정신지체아동의 이야기 이해와 산출에 미치는 효과. *Communication Sciences & Disorders*, *12*(3), 429-446.

천한나, 박지연(2013). 동영상을 활용한 분노 조절 프로그램이 통합학급 초등학생의 공격성, 분노 조절 능력, 사회적 기술에 미치는 영향. 정서·행동장애연구, 29(3), 61-84.

최나야, 정수정(2013). 그림책과 이야기 구조도식을 활용한 학교 도서관 프로그램의 효과: 초등학교 1학년 아동의 문해 능력과 도서 대출 빈도의 변화 및 프로그램 만족도 분석. 한국도서관·정보학회지, 44(4), 177-207. http://doi.org/10.16981/kliss.44.4.201312.177

최미라, 강옥려(2012). 동시를 활용한 또래 함께읽기 전략이 초등학교 읽기학습부진아의 읽기유창성과 읽기태도에 미치는 영향. 한국특수교육학회 학술대회, 389-411.

최재호, 이영주(2011). 동료 지원 학습 전략(PALS: Peer Assisted Learning Strategies)이 초등학생

의 읽기 능력과 독서 태도 향상에 미치는 영향. **열린교육연구**, 19(4), 69-85.

표소래, 김애화(2012). 그래픽조직자를 활용한 어휘 교수 프로그램이 학습장애 학생의 사회과 어휘 습득에 미치는 효과. **특수교육학연구**, 47(3), 161-182.

홍점숙, 방명애(2014). 도식기반 전략 교수가 자폐성장애 학생의 수학문장제 문제 해결 수행에 미치는 효과. **정서·행동장애연구**, 30(3), 203-236.

홍현주, 남궁환, 이인재(2020). 'Second Step'을 활용한 초등학생의 공감 및 자기조절 능력 함양 프로그램 개발. **초등도덕교육**, 70, 193-218. http://doi.org/10.17282/ethics.2020.70.193

Alnahdi, G. H. (2015). Teaching reading for students with intellectual disabilities: A systematic review. *International Education Studies*, *8*(9), 79-87. https://doi.org/10.5539/ies.v8n9p79

Alves, K. D., Kennedy, M. J., Brown, T. S., & Solis, M. (2015). Story grammar instruction with third and fifth grade students with learning disabilities and other struggling readers. *Learning Disabilities: A Contemporary Journal*, *13*(1), 73-93.

Ancora Publishing(2019, March). *First step next an evidence based tier 2 behavioral intervention for young students*[Video]. YouTube. https://www.youtube.com/watch?v=QRK0CxRjmFw

Ancora Publishing (n.d.). *Product*. https://ancorapublishing.com/product/first-step-next/

Barton-Arwood, S. M., Wehby, J. H., & Falk, K. B. (2005). Reading instruction for elementary-age students with emotional and behavioral disorders: Academic and behavioral outcomes. *Exceptional Children*, *72*(1), 7-27. https://doi.org/10.1177/001440290507200101

Beland, A. (1992). *Probability-based inference in a domain of proportional reasoning tasks*. Educational Testing Service.

Blankenship, T. L., Ayres, K. M., & Langone, J. (2005). Effects of computer-based cognitive mapping on reading comprehension for students with emotional behavior disorders. *Journal of Special Education Technology*, *20*(2), 15-23. https://doi.org/10.1177/016264340502000202

Boon, R. T., Paal, M., Hintz, A. M., & Cornelius-Freyre, M. (2015). A review of story mapping instruction for secondary students with LD. *Learning Disabilities: A Contemporary Journal*, *13*(2), 117-140.

Boxmeyer, C. L., Lochman, J. E., Powell, N., Yaros, A., & Wojnaroski, M. (2007). A case study of the coping power program for angry and aggressive youth. *Journal of Contemporary Psychotherapy*, *37*(3), 165-174. https://doi.org/10.1007/s10879-007-9051-3

Boyd, R. J., & Anderson, C. M. (2013). Breaks are better: A tier II social behavior intervention. *Journal of Behavioral Education*, *22*, 348-365. https://doi.org/10.1007/s10864-013-9184-2

Bywater, T., Hutchings, J., Whitaker, C., Evans, C., & Parry, L. (2011). The incredible years therapeutic dinosaur programme to build social and emotional competence in welsh primary schools: Study protocol for a randomized controlled trial. *Trials*, *12*(1), 1-8.

Campbell, A., & Anderson, C. M. (2008). Enhancing effects of check-in/check-out with function-based support. *Behavioral Disorders*, *33*, 233-245. https://doi.org/10.1177/019874290803300404

Campbell, A., & Anderson, C. M. (2011). Check-in/check-out: A systematic evaluation and component analysis. *Journal of Applied Behavior Analysis*, *44*, 315-326. https://doi.org/10.1901/jaba.2011.44-315

Cheney, D. A., Stage, S. A., Hawken, L. S., Lynass, L., Mielenz, C., & Waugh, M. (2009). A 2-year outcome study of the check, connect, and expect intervention for students at risk for severe behavior problems. *Journal of Emotional and Behavioral Disorders*, *17*(4), 226-243. https://doi.org/10.1177/1063426609339186

Coleman, M., Pfeiffer, S., & Oakland, T. (1992). Aggression replacement training with behaviorally disordered adolescents. *Behavior Disorders*, *18*(1), 54-66.

Collins, T. A., Gresham, F. M., & Dart, E. H. (2016). The effects of peer-mediated check-in/check-out on the social skills of socially neglected students. *Behavior Modification*, *40*, 568-588. https://doi.org/10.1177/0145445516643066

Commisso, C. E., Gaier, K., Kern, L., Majeika, C. E., Van Camp, A. M., Wehby, J. H., & Kelly, S. (2019). How to make adaptations to check in/check out to increase its effectiveness. *Teaching Exceptional Children*, *52*(1), 30-37. https://doi.org/10.1177/0040059919858329

Committee for Children(2008). *Second step*. http://www.secondstep.org/

Cook., C. R., Low, S., Buntain-Ricklefs, J., Whitaker, K., Pullmann, M. D., & Lally, J. (2018). Evaluation of second step on early elementary students' academic outcomes: A randomized controlled trial. *School Psychology Quarterly*, *33*(4), 561-572. http://doi.org/10.1037/spq0000233

Crone, D. A., Hawken, L. S., & Horner, R. H. (2010). *Responding to problem behavior in schools: The behavior education program*. Guilford Press.

Cuenca-Sanchez, Y., Mastropieri, M., Scruggs, T., & Kidd, J. K. (2012). Teaching students with emotional and behavioral disorders to self-advocate through persuasive writing. *Exceptionality: A Special Education Journal*, *20*, 71-93. https://doi.org/10.1080/09362835.2012.669291

Curulla, V. L. (1991). *Aggression replacement training in the community for adult learning disabled offenders*. [Unpublished doctoral dissertation]. University of Washington.

Dart, E. H., Furlow, C. M., Collins, T. A., Brewer, E., Gresham, F. M., & Chenier, K. H. (2015). Peer-mediated check-in/check-out for students at-risk for internalizing disorders.

School Psychology Quarterly, 30, 229–243. https://doi.org/10.1037/spq0000092

Dexter, D. D., & Hughes, C. A. (2011). Graphic organizers and students with learning disabilities: A meta-analysis. *Learning Disability Quarterly, 34*(1), 51–72. https://doi.org/10.1177/073194871103400104

Dunn, M. E., Shelnut, J., Ryan, J. B., & Katsiyannis, A. (2017). A systematic review of peer-mediated interventions on the academic achievement of students with emotional/behavioral disorders. *Education and Treatment of Children, 40*(4), 497–524. https://doi.org/10.1353/etc.2017.0022

Ennis, R. P., Jolivette, K., Swoszowski, N. C., & Johnson, M. L. (2012). Secondary prevention efforts at a residential facility for students with emotional and behavioral disorders: Function-based check-in, check-out. *Residential Treatment for Children & Youth, 29*, 79–102. https://doi.org/10.1080/0886571X.2012.669250

Espelage, D., Low, S., Polanin, J. R., & Brown, E. C. (2015). Clinical trial of second step middle-school program: Impact on aggression & victimization. *Journal of Applied Developmental Psychology, 37*, 52–63. https://doi.org/10.1016/j.appdev.2014.11.007

Fairbanks, S., Sugai, G., Guardino, D., & Lathrop, M. (2007). Response to intervention: Examining classroom behavior support in second grade. *Exceptional Children, 73*, 288–310. https://doi.org/10.1177/001440290707300302

Farley, C., Torres, C., Wailehua, C. T., & Cook, L. (2012). Evidence-based practices for students with emotional and behavioral disorders: Improving academic achievement. *Beyond Behavior, 21*(2), 37–43.

Feil, E. G., Frey, A., Walker, H. M., Small, J. W., Seeley, J. R., Golly, A., & Forness, S. R. (2014). The efficacy of a home-school intervention for preschoolers with challenging behaviors: A randomized controlled trial of preschool first step to success. *Journal of Early Intervention, 36*(3), 151–170.

Feil, E. G., Walker, H. M., Frey, A. J., Seeley, J., Small, J. W., Golly, A., & Forness, S. R. (2021). Efficacy validation of the revised first step program: A randomized controlled trial. *Exceptional Children, 87*(2), 183–198.

Frey, A. J., Kuklinski, M. R., Bills, K., Small, J. W., Forness, S. R., Walker, H. M., & Seeley, J. R. (2019). Comprehensive cost analysis of first step next for preschoolers with disruptive behavior disorder: Using real-world intervention data to estimate costs at scale. *Prevention Science, 20*(8), 1219–1232.

Frey, A. J., Walker, H. M., Seeley, J., Lee, J., Small, J., Golly, A., & Feil, E. (n.d.). *Tertiary first step to success resource manual*. First step to success. https://www.firststeptosuccess.org/pdf/resources/Tertiary%20First%20Step%20to%20Success%20Resource%20Manual.pdf

Fuchs, D., & Fuchs, L. S. (2005). Peer-assisted learning strategies: Promoting word recognition, fluency, and reading comprehension in young children. *The Journal of Special Education, 39*(1), 34–44.

Fuchs, D., Fuchs, L. S., & Burish, P. (2000). Peer-assisted learning strategies: An evidence-based practice to promote reading achievement. *Learning Disabilities Research & Practice, 15*(2), 85–91.

Fuchs, D., Fuchs, L. S., Mathes, P. G., & Simmons, D. C. (1997). Peer-assisted learning strategies: Making classrooms more responsive to diversity. *American Educational Research Journal, 34*(1), 174–206. https://doi.org/10.3102/00028312034001174

Garwood, J. D., Ciullo, S., & Brunsting, N. (2017). Supporting students with emotional and behavioral disorders' comprehension and reading fluency. *Teaching Exceptional Children, 49*(6), 391–401. https://doi.org/10.1177/0040059917707434

Gibbs, J. C., Potter, G. B., & Goldstein, A. P. (2007). *The equip program: Teaching youth to think and act responsibly through a peer-helping approach*. Research Press.

Glick, B., & Gibbs, J. C. (2011). *Aggression replacement training: A comprehensive intervention for aggressive youth* (3rd ed.). Research Press.

Goldstein, A. P., & Glick, B. (1987). *Aggression replacement training: A comprehensive intervention for aggressive youth*. Research Press.

Goldstein, A. P., & Glick, B. (1994). Aggression replacement training: Curriculum and evaluation. *Simulation & Gaming, 25*(1), 9–26. https://doi.org/10.1177/1046878194251003

Goldstein, A. P., Glick, B., & Gibbs, J. C. (1998). *Aggression replacement training: A comprehensive intervention for aggressive youth(revised edition)*. Research Press.

Goldstein, A. P., & McGinnis, E. (1997). *Skillstreaming the adolescent: New strategies and perspectives for teaching prosocial skills*. Research Press.

Graham, S., & Harris, K. R. (1989). Components analysis of cognitive strategy instruction: Effect on learning disabled students composition and self-efficacy. *Journal of Education Psychology, 81*, 353–361. https://doi.org/10.1037/0022-0663.81.3.353

Graham, S., & Mason, L. H., & Harris, K. R., & Friedlander, B. (2008). *Powerful writing strategies for all students*. Brookes.

Greenwood, C. R., Delquadri, J. C., & Hall, R. V. (1989). Longitudinal effects of classwide peer tutoring. *Journal of Educational Psychology, 81*(3), 371. https://doi.org/10.1037/0022-0663.81.3.371

Guli, L. A. (2005). Evidence-based parent consultation with school-related outcomes. *School Psychology Quarterly, 20*(4), 455–472. https://dx.doi.org/10.1521/scpq.2005.20.4.455

Harris, K. R., & Graham, S. (1992). Self-regulated strategy development: A part of the writing process. In M. Pressley, K. R. Harris, & J. T. Guthrie (Eds.), *Promoting academic competence and literacy in school* (pp. 277–309). Academic Press.

Harris, K. R., & Graham, S. (1996). *Making the writing process work: Strategies for composition and self-regulation*. Brookline Books.

Harris, K. R., & Graham, S., & Mason, L. H. (2006). Improving the writing, knowledge, and motivation of struggling young writers: Effect of self-regulated strategy development with and without peer support. *American Educational Research Journal*, *43*(2), 295-340. https://doi.org/10.3102/00028312043002295

Hasbrouck, J. (1989). *Training manual for direct, objective scoring of writing samples*. (Resource Consultant Training Program Module No.2). University of Oregon.

Hawken, L. S., Bundock, K., Kladis, K., O'Keeffe, B., & Barrett, C. A. (2014). Systematic review of the check-in, check-out intervention for students at risk for emotional and behavioral disorders. *Education and Treatment of Children*, *37*(4), 635-658. https://www.jstor.org/stable/44683941

Hutchings, J., Lane, E., Owen, R. E., & Gwyn, R. (2004). The introduction of the Webster-Stratton classroom dinosaur school programme in Gwynedd, North Wales: A pilot study. *Educational and Child Psychology*, *21*(4), 4-15.

Hutchings, J., & Williams, M. E. (2017). Taking the incredible years child and teacher programs to scale in wales, *Childhood Education*, *93*(1), 20-28.

Idol, L. (1987). Group story mapping: A comprehension strategy for both skilled and unskilled readers. *Journal of Learning Disabilities*, *20*(4), 196-205. https://doi.org/10.1177/002221948702000401

Idol, L., & Croll, V. J. (1987). Story-mapping training as a means of improving reading comprehension. *Learning Disability Quarterly*, *10*(3), 214-229. https://doi.org/10.2307/1510494

Jenkins, J. R., Heliotis, J. D., Stein, M. L., & Haynes, M. C. (1987). Improving reading comprehension by using paragraph restatements. *Exceptional Children*, *54*(1), 54-59. https://doi.org/10.1177/001440298705400107

Jitendra, A. K., George, M. P., Sood, S., & Price, K. (2010). Schema-based instruction: Facilitating mathematical word problem solving for students with emotional and behavioral disorders. *Preventing School Failure*, *54*(3), 145-151. https://doi.org/10.1080/10459880903493104

Jitendra, A. K., Star, J. R., Rodriguez, M., Lindell, M., & Someki, F. (2011). Improving students' proportional thinking using schema-based instruction. *Learning and Instruction*, *21*(6), 731-745.

Joseph, L. M., Konrad, M., Cates, G., Vajcner, T., Eveleigh, E., & Fishley, K. M. (2011). A meta-analytic review of the cover-copy-compare and variations of this self-management procedure. *Psychology in the Schools*, *49*(2), 122-136. https://dx.doi.org/10.1002/pits.20622

Kauttman, J. M., & Landrum, T. J. (2011). *Characteristics of emotional and behavioral disorders of children and youth* (10th ed.). Pearson.

Kaya, F., & Buzlu, S. (2016). Effects of aggression replacement training on problem solving, anger and aggressive behavior among adolescents with criminal attempts in Turkey: A quasi-experimental study. *Archives of Psychiatric Nursing*, *30*, 729-735. https://doi.org/10.1016/j.apnu.2016.07.001

Koposov, R., Gundersen, K. K., & Svartdal, F. (2014). Efficacy of aggression replacement training among children from North-West Russia. *The International Journal of Emotional Education*, *6*(1), 14-24.

Kristen, S. S., & Andrew, J. D. (2019). Cover-copy-compare for multiplication with students with emotional and behavioral disorders: A brief case. *Behavioral Disorders*, *45*(1), 22-28. https://dx.doi.org/10.1177/0198742918808484

LaBerge, D., & Samuels, S. J. (1974). Toward a theory of automatic information processing in reading. *Cognitive psychology*, *6*(2), 293-323. https://doi.org/10.1016/0010-0285(74)90015-2

Lane, K. L., Little, M. A., Redding-Rhodes, J., Phillips, A., & Welsh, M. T. (2007). Outcomes of a teacher-led reading intervention for elementary students at risk for behavioral disorders. *Exceptional Children*, *74*(1), 47-70. https://doi.org/10.1177/001440290707400103

Larson, J., & Lochman, J. E. (2014). 아동·청소년의 분노 조절 사회 기술 훈련. (김봉석 외 역). 서울: 학지사. (원저는 2010년에 출간).

Lochman, J. E. (1992). Cognitive-behavioral intervention with aggressive boys: Three-year follow-up and preventive effects. *Journal of Consulting and Clinical Psychology*, *60*(3), 426-432. https://doi.org/10.1037/0022-006X.60.3.426

Lochman, J. E., Boxmeyer, C., Powell, N., Qu, L., Well, K., & Windle, M. (2009). Dissemination of the coping power program: Importance of intensity of counselor training. *Journal of Consulting and Clinical Psychology*, *77*(3), 397-409. https://doi.org/10.1037/a0014514

Lochman, J. E., Boxmeyer, C., Powell, N., Roth, D. L., & Windle, M. (2006). Masked intervention effects: Analytic methods for addressing low dosage of intervention. *New Directions for Evaluation*, *2006*(110), 19-32. https://doi.org/10.1002/ev.184

Lochman, J. E., Nelson III, W. M., & Sims, J. P. (1981). A cognitive behavioral program for use with aggressive children. *Journal of Clinical Child & Adolescent Psychology*, *10*(3), 146-148. https://doi.org/10.1080/15374418109533036

Lochman, J. E., & Wells. K. C. (2002a). Contextual social-cognitive mediators and child outcome: A test of the theoretical model in the coping power program. *Development and Psychopathology*, *14*(4), 945-967. https://dx.doi.org/10.1017/S0954579402004157

Lochman, J. E., & Wells, K. C. (2002b). The coping power program at the middle-school transition: Universal and indicated prevention effects. *Psychology of Addictive Behaviors, 16*, S40-S54. https://doi.org/10.1037/0893-164X.16.4S.S40

Lochman, J. E., & Wells, K. C. (2004). The coping power program for preadolescent boys and their parents: Outcome effects at the 1-year follow-up. *Journal of Consulting and Clinical Psychology, 72*(4), 571-578.

Lochman, J. E., Wells, K. C., & Lenhart, L. A. (2008). *Coping Power: Workbook: Child group program*. Oxford University Press. https://doi.org/10.1093/med:psych/9780195327861.001.0001

Maheady, L., Harper, G. F., Mallette, B., & Winstanley, N. (1991). Training and implementation requirements associated with the use of a classwide peer tutoring system. *Education and Treatment of Children*, 177-198. https://www.jstor.org/stable/42899213

Majeika, C. E., Van Camp, A. M., Wehby, J. H., Kern, L., Commisso, C. E., & Gaier, K. (2020). An evaluation of adaptations made to check-in check-out. *Journal of Positive Behavior Interventions, 22*(1), 25-37. https://doi.org/10.1177/1098300719860131

Marshall, S. P. (1995). *Schemas in problem solving*. Cambridge University Press.

Mason, L. H., & Shriner, J. G. (2008). Self-regulated strategy development instruction for writing an opinion essay: Effects for six students with emotional/behavior disorders. *Reading and Writing: An Interdisciplinary Journal, 21*, 73-91. https://doi.org/10.1007/s11145-007-9065-y

Mathes, P. G., Fuchs, D., & Fuchs, L. S. (1997). Cooperative story mapping. *Remedial and Special Education, 18*(1), 20-27. https://doi.org/10.1177/074193259701800105

Mathes, P. G., Howard, J. K., Allen, S. H., & Fuchs, D. (1998). Peer-assisted learning strategies for first-grade readers: Responding to the needs of diverse learners. *Reading Research Quarterly, 33*(1), 62-94.

McDaniel, S. C., & Bruhn, A. L. (2016). Using a changing-criterion design to evaluate the effects of check-in/check-out with goal modification. *Journal of Positive Behavior Interventions, 18*(4), 197-208.

McDaniel, S. C., Lochman, J. E., Tomek, S., Powell, N., Irwin, A., & Kerr, S. (2018). Reducing risk for emotional and behavioral disorders in late elementary school: A comparison of two targeted interventions. *Behavioral Disorders, 43*(3), 370-382.

McGinnis, E. (2012a). *Skillstreaming the adolescent: A guide for teaching prosocial skills*(3rd ed.). Research Press.

McGinnis, E. (2012b). *Skillstreaming in early childhood: A guide for teaching prosocial skills*(3rd ed.). Research Press.

McGinnis, E. (2012c). *Skillstreaming the elementary school child: A guide for teaching prosocial skills*(3rd ed.). Research Press.

McGinnis, E., & Goldstein, A. P. (1997). *Skillstreaming the elementary school child: New strategies and perspectives for teaching prosocial skills*. Research Press.

McGinnis, E., & Goldstein, A. P. (2012). (초등학생의) 스킬스트리밍: 수업 계획과 활동. (한현민 역). 학지사. (원저는 1997년에 출간).

McGinnis, E., & Simpson, R. (2021). 자폐 아동 및 청소년을 위한 스킬스트리밍 프로그램 교육. (노승림, 전상신, 김은경 역). 에이스북. (원저는 2017년에 출간).

McGuigan, C. A. (1975). *The add-a-word spelling program*. Experimental Education Unit, University of Washington.

McIntosh, K., & Mackay, L. D. (2008). Enhancing generalization of social skills: Making social skills curricula effective after the lesson. *Beyond Behavior, 18*, 17-24.

McMaster, K. L., Fuchs, D., & Fuchs, L. S. (2006). Research on peer-assisted learning strategies: The promise and limitations of peer-mediated instruction. *Reading & Writing Quarterly, 22*(1), 5-25. https://doi.org/10.1080/10573560500203491

Mercer, C. D., & Mercer, A. R. (1989). *Teaching students with learning problems*. Merrill Publishing Co.

Merrell, K. W. (2014). 강한 아이: 초등고학년용. (김영래 역). 교육과학사. (원저는 2007년에 출간).

Merrell, K. W. (2015). 강한 청소년. (김영래 역). 교육과학사. (원저는 2010년에 출간).

Merrell, K. W., & Gueldner, B. A. (2011). 사회 · 정서학습: 정신건강과 학업적 성공의 촉진. (신현숙 역). 교육과학사. (원저는 2010년에 출간).

Merrell, K. W., Parisi, D. M., & Whitcomb, S. A. (2007). *Strong start: A social and emotional learning curriculum for students in grades K-2*. Paul H. Brookes Publishing.

Miller, L. M., Dufrene, B. A., Sterling, H. E., Olmi, D. J., & Bachmayer, E. (2015). The effects of check-in/check-out on problem behavior and academic engagement in elementary school students. *Journal of Positive Behavior Interventions, 17*, 28-38. https://doi.org/10.1177/1098300713517141

Montague, M. (1997). Cognitive strategy instruction in mathematics for students with learning disabilities. *Journal of Learning Disabilities, 30*, 164-177.

MU Center for SW-PBS(n.d.). *First step next: An intervention for young children with problem behavior*. https://pbismissouri.org/wp-content/uploads/2017/06/7B_STI2016.pdf

Negin, G. A. (1988). Story structure in basal readers. *Reading Horizons: A Journal of Literacy and Language Arts, 28*(2), 8. https://scholarworks.wmich.edu/reading_horizons/vol28/iss2/8

Nies, K. A., & Belfiore, P. J. (2006). Enhancing spelling performance in students with learning disabilities. *Journal of Behavioral Education, 15*(3), 163-170. https://dx.doi.org/10.1007/s10864-006-9017-7

Northfield Public Schools(n.d.). *Standard protocol intervention Cover-copy-compare.* https://www.interventioncentral.org/tools/math-worksheet-generator

Parker, R. I., Tindal, G., & Hasbrouck, J. (1991). Progress monitoring with objective measures of writing performance for students with mild disabilities. *Exceptional Children, 58*(1), 61-73. https://www.proquest.com/scholarly-journals/progress-monitoring-with-objective-measures/docview/201206692/se-2?accountid=10785

Peltier, C., & Vannest, K. J. (2018). The effect of schema-based instruction on the mathematical problem solving of students with emotional and behavioral disorders. *Behavioral Disorders, 43*(7), 227-289. https://doi.org/10.1177/0198742917704647

Rahill, S. A., & Teglasi, H. (2003). Processes and outcomes of story-based and skill-based social competency programs for children with emotional disabilities. *Journal of School Psychology, 41*(6), 413-429. https://doi.org/10.1016/j.jsp.2003.08.001

Ramsey, M. L., Jolivette, K., & Patton, B. (2007). Peer-assisted learning strategies(PALS) for reading in the EBD classroom. *Beyond Behavior, 17*(1), 2-6.

Reading Rockets. (2022). *Classroom strategies: Story maps.* https://www.readingrockets.org/strategies/story_maps

Research Press (2022). Skillstreaming. http://skillstreaming.com/

Riffel, L. A., & Mitchiner, M. (2014). 표적집단을 위한 긍정적 행동지원. (박지연, 김예리 역). 서울: 학지사. (원저는 2014년에 출간).

Ryan, J. B., Pierce, C. D., & Mooney, P. (2008). Evidence-based teaching strategies for students with EBD. *Beyond Behavior, 17*(3), 22-29.

Scott, T. M., & Shearer-Lingo, A. (2002). The effects of reading fluency instruction on the academic and behavioral success of middle school students in a self-contained EBD classroom. *Preventing School Failure: Alternative Education for Children and Youth, 46*(4), 167-173. https://doi.org/10.1080/10459880209604417

Sheridan, S. M., Eagle, J. W., Cowan, R. J., & Mickelson, W. (2001). The effects of conjoint behavioral consultation results of a 4-year investigation. *Journal of School Psychology, 39*(5), 361-385. https://doi.org/10.1016/S0022-4405(01)00079-6

Sheridan, S. M., Eagle, J. W., & Doll, B. (2006). An examination of the efficacy of conjoint behavioral consultation with diverse clients. *School Psychology Quarterly, 21*(4), 396-417. https://doi.org/10.1037/h0084130

Sheridan, S. M., & Kratochwill, T. R. (1992). Behavioral parent-teacher consultation: Conceptual and research considerations. *Journal of School Psychology, 30*(2), 117-139. https://doi.org/10.1016/0022-4405(92)90025-Z

Sheridan, S. M., & Kratochwill, T. R. (2007). *Conjoint behavioral consultation: Promoting family-school connections and interventions.* Springer Science & Business Media.

Shure, M. B. (1992). *I can problem solve(ICPS): An interpersonal cognitive problem-*

solving program: Preschool. Research Press.

Simonsen, B., Myers, D., & Briere, D. E. (2011). Comparing a behavioral check-in/check-out(CICO) intervention to standard practice in an urban middle school setting using an experimental group design. *Journal of Positive Behavior Interventions, 13*, 31-48. https://doi.org/10.1177/1098300709359026

Sinclair, A. C., Gesel, S. A., & Lemons, C. J. (2019). The effects of peer-assisted learning on disruptive behavior and academic engagement. *Journal of Positive Behavior Interventions, 21*(4), 238-248. https://doi.org/10.1177/1098300719851227

Skinner, C. H., Bamberg, H. W., Smith, E. S., & Powell, S. S. (1993). Cognitive cover, copy, and compare: Subvocal responding to increase rates of accurate division responding. *Remedial and Special Education, 14*(1), 49-56.

Skinner, C. H., Turco, T. L., Beatty, K. L., & Rasavage, C. (1989). Cover, copy and compare: A method for increasing multiplication performance. *School Psychology Review, 18*, 412-420.

Smith, E. V., Wakely, M. B., de Kruif, R. E. L., & Swarts, C. W. (2003). Optimizing rating scales for self-efficacy(and other) research. *Educational and Psychological Measurement, 63*(3), 369-391. https://doi.org/10.1177/0013164403063003002

SRSD Writing to LearnTM (2017). *SRSD writing to learn*. https://srsdonline.org/

Stetter, M. E., & Hughes, M. T. (2011). Computer assisted instruction to promote comprehension in students with learning disabilities. *International Journal of Special Education, 26*(1), 88-100.

Stone, R. H., Boon, R. T., Fore III, C., Bender, W. N., & Spencer, V. G. (2008). Use of text maps to improve the reading comprehension skills among students in high school with emotional and behavioral disorders. *Behavioral Disorders, 33*(2), 87-98. https://doi.org/10.1177/019874290803300203

Swoszowski, N. C., McDaniel, S. C., Jolivette, K., & Melius, P. (2013). The effects of tier II check-in/check-out including adaptation for non-responders on the off-task behavior of elementary students in a residential setting. *Education and Treatment of Children, 36*, 63-79. https://doi.org/10.1353/etc.2013.0024

The Incredible Years (n.d.). *Classroom dinosaur curriculum*. https://incredibleyears.com/programs/child/classroom-curriculum/

The Incredible Years (n.d.). *Series Building Blocks*. https://incredibleyears.com/about/incredible-years-series/

The Incredible Years (n.d.). *Series Goals*. https://incredibleyears.com/about/incredible-years-series/series-goals/

The Incredible Years (n.d.). *Small group dinosaur curriculum*. https://incredibleyears.com/programs/child/dinosaur-curriculum/

The Incredible Years (n.d.). *Supplementals Materials*. https://incredibleyears.com/programs/parent/supplementals/

Turtura, J. E., Anderson, C. M., & Boyd, R. J. (2014). Addressing task avoidance in middle school students: Academic behavior check-in/check-out. *Journal of Positive Behavior Interventions, 16*, 159-167. https://doi.org/10.1177/1098300713484063

Upshur, C. C., Wenz-Gross, M., Rhoads, C., Heyman., M., Yoo, Y., & Sawosik, G. (2019). A randomized efficacy trial of the second step early learning(SSEL) curriculum. *Journal of Applied Developmental Psychology, 62*, 145-159. https://doi.org/10.1016/j.appdev.2019.02.008

Vanderbilt University (2021). *PALS: A reading strategy for grades 2-6*. Iris Center. http://iris.peabody.vanderbilt.edu/module/pals26/#content

Van De Wiel, N. M., Matthys, W., Cohen-Kettenis, P. T., Maassen, G. H., Lochman, J. E., & Van Engeland, H. (2007). The effectiveness of an experimental treatment when compared to care as usual depends on the type of care as usual. *Behavior Modification, 31*(3), 298-312. https://doi.org/10.1177/0145445506292855

Walker, H. M., Feil, E. G., Frey, A. J., Small, J., Seeley, J., Golly, A., Crosby, S., Lee, J., Forness, S., Sprick, M., Coughlin, C., & Stiller, B. (2018). *First step next: An update version of the first step to success early intervention program*. https://files.eric.ed.gov/fulltext/ED602357.pdf

Walker, H. M., Feil, E. G., Golly, A., Severson, H., Soto, A., & Hamilton, K. (n.d.). *Head start adaption of first step to success: Preparing children for social/emotional success at school* [PowerPoint slides]. First step to success. https://www.firststeptosuccess.org/resources.html

Walker, H. M., Kavanagh, K., Stiller, B., Golly, A., Severson, H. H., & Feil, E. G. (1998). First step to success: An early intervention approach for preventing school anti-social behavior. *Journal of Emotional and Behavioral Disorders, 6*(2), 66-80.

Walker, H. M., Seeley, J. R., Small, J., Severson, H. H., Graham, B. A., Feil, E. G., Serna, L., Golly, A. M., & Forness, S. R. (2009). A randomized controlled trial of the first step to success early intervention. *Journal of Emotional and Behavioral Disorders, 17*(4), 197-212.

Walker, H. M., Stiller, B., Golly, A., Kavanagh, K., Severson, H. H., & Feil, E. G. (1997). *First step to success: Helping young children overcome antisocial behavior*. Longmont.

Webster-Stratton, C. (2014). 조기발병 품행 문제를 보이는 아동 치료하기: Incredible Year 프로그램 실시의 핵심 요소. In Neill, T. K. (Eds.). 아동청소년 심리치료 슈퍼비전의 실제. (김관웅, 김지연, 강민정, 차효정 역). 교육과학사. (원저는 2006년에 출간).

Webster-Stratton, C. (2020). The Incredible Years parent, teacher and child programs: Foundations and future. In M. E. Feinberg (Ed.), *Designing evidence-based public health and prevention programs* (pp. 57–71). Routledge.

Webster-Stratton, C., & Herman, K. C. (2010). Disseminating incredible years series early-intervention programs: Integrating and sustaining services between school and home. *Psychology in the Schools, 47*(1), 36–54.

Webster-Stratton, C., & McCoy, K. P. (2015). Bringing the incredible years® programs to scale. *New Directions for Child and Adolescent Development, 149*, 81–95.

Webster-Stratton, C., Mostyn, D., & Marie, J. S. (2005). *The incredible years: A trouble-shooting guide for parents of children aged 2–8 years*. The Incredible Years.

Webster-Stratton, C., & Reid, M. J. (2004). Strengthening social and emotional competence in young children–the foundation for early school readiness and success: Incredible years classroom social skills and problem-solving curriculum. *Infants & Young Children, 17*(2), 96–113.

Webster-Stratton, C., & Reid, M. J. (2008). Adapting the incredible years child dinosaur social, emotional, and problem-solving intervention to address comorbid diagnoses. *Journal of Children's Services, 3*(3), 17–30.

Webster-Stratton, C., & Reid, M. J. (2019). Incredible Years 부모, 교사, 아동 훈련 시리즈. In Weisz, J. R., & Kazdin, A. E. (Eds.). **아동 · 청소년을 위한 근거기반 심리치료** (pp. 135–155). (오경자, 강지현, 김현수, 배주미, 송현주, 양윤란, 이주영, 장혜인, 조아라, 최지영 역). 시그마프레스. (원저는 2010년에 출간).

Webster-Stratton, C., Reid, M. J., & Stoolmiller, M. (2008). Preventing conduct problems and improving school readiness: Evaluation of the incredible years teacher and child training programs in high-risk schools. *Journal of Child Psychology and Psychiatry, 49*(5), 471–488.

Wells, K. C., Lochman, J. E., & Lenhart, L. A. (2019). **아동 · 청소년의 분노 조절 부모교육**. (박준성 역). 서울: 학지사. (원저는 2008년에 출간).

WETA Washington, D. C. (2022). *Classroom strategies: Story maps*. https://www.adlit.org/in-the-classroom/strategies/story-maps

Whitcomb, S. A., & Merrell, K. W. (2012). Understanding implementation and effectiveness of strong start K–2 on social emotional behavior. *Early Childhood Education Journal, 40*, 63–71. https://doi.org/10.1007/s10643-011-0490-9

Whitcomb, S. A., & Parisi, D. M. (2016a). *Strong start: A social and emotional learning curriculum pre-K*(2nd ed.). Paul H. Brookes Publishing.

Whitcomb, S. A., & Parisi, D. M. (2016b). *Strong start: A social and emotional learning curriculum grade K–2*(2nd ed.). Paul H. Brookes Publishing.

Whitcomb, S. A., & Parisi, D. M. (2016c). *Strong kids: A social and emotional learning curriculum grade 3–5*(2nd ed.). Paul H. Brookes Publishing.

Whitcomb, S. A., & Parisi, D. M. (2016d). *Strong kids: A social and emotional learning curriculum grade 6–8*(2nd ed.). Paul H. Brookes Publishing.

Whitcomb, S. A., & Parisi, D. M. (2016e). *Strong teens: A social and emotional learning curriculum grade 9–12*(2nd ed.). Paul H. Brookes Publishing.

White, J. (2012). How to: Master math facts: Cover-Copy-Compare. Intervention Central. https://www.interventioncentral.org/sites/default/files/pdfs/pdfs_interventions/cover_copy_compare_math_facts_revised.pdf

Wilkinson, L. A. (2005). An evaluation of conjoint behavioral consultation as a model for supporting students with emotional and behavioral difficulties in mainstream classrooms. *Emotional and Behavioural Difficulties*, *10*(2), 119–136. https://doi.org/10.1177/1363275205054163

Wilkinson, L. A. (2006). Conjoint behavioral consultation: An emerging and effective model for developing home-school partnerships. *International Journal of Behavioral Consultation and Therapy*, *2*(2), 224–238. https://doi.org/10.1037/h0100778

Woodbridge, M. W., Sumi, W. C., Yu, J., Rouspil, K., Javitz, H. S., Seeley, J. R., & Walker, H. M. (2014). Implementation and sustainability of an evidence-based program: Lessons learned from the PRISM applied to first step to success. *Journal of Emotional and Behavioral Disorders*, *22*(2), 95–106.

Wright L. (2015). *POW TREE graphic organizer.* Teachers pay teachers. https://www.teacherspayteachers.com/Product/POW-TREE-Graphic-organizer-2498886

Yakimowski, M. E., Faggella-Luby, M., Kim, Y., & Wei, Y. (2016). Reading achievement in the middle school years: A study investigating growth patterns by high incidence disability. *Journal of Education for Students Placed at Risk*, *21*(2), 118–128. https://doi.org/10.1080/10824669.2016.1147962

Yojanna, C. C., April, L. M., Ruth, D. A., & Samuel, F. W. (2019). Writing for my future: Transition-focused self-advocacy of secondary students with emotional/behavioral disorder. *Remedial and Special Education*, *40*(2), 83–96. https://dx.doi.org/10.1177/0741932517751212

Zumbrunn, S. K. (2010). *Nurturing young students' writing knowledge, self-regulation, attitudes, and self-efficacy: The effects of self-regulated strategy development.* [Unpublished doctoral dissertation]. University of Nebraska at Lincoln.

찾아보기

〈인명〉

〈내용〉

저자소개

박지연(Park, Jiyeon)
현) 이화여자대학교 특수교육과 교수

〈연구관심분야〉
정서행동장애, 장애학생 가족지원

강하늘(Kang, Ha-Nul)
현) 용산고등학교 특수교사

〈연구관심분야〉
장애학생 전환교육, 교사교육

김나경(Kim, Na-Kyung)
현) 한국선진학교 특수교사

〈연구관심분야〉
장애학생 가족지원, 긍정적 행동지원

김소연(Kim, So-Yeon)
현) 용인강남학교 특수교사

〈연구관심분야〉
중도장애학생 자기결정, 중도장애학생 과학교육

박인선(Park, In-Sun)
현) 서울은로초등학교 특수교사

〈연구관심분야〉
정서행동장애, 장애학생 가족지원

위한영(Wi, Han-Yeong)
현) 서울은빛초등학교 특수교사

〈연구관심분야〉
정서행동장애, 통합교육

정혜림(Jung, Hea-Lim)
현) 서울탑산초등학교병설유치원 특수교사

〈연구관심분야〉
조기특수교육

최미진(Choi, Mi-Jin)
현) 인천서부특수교육지원센터 특수교사

〈연구관심분야〉
정서행동장애

정서행동장애 학생을 위한 증거기반의 실제 가이드북

A Guide to Evidence-Based Practices for Students with
Emotional and Behavioral Disorders

2022년 9월 25일 1판 1쇄 인쇄
2022년 9월 30일 1판 1쇄 발행

지은이 • 박지연 · 강하늘 · 김나경 · 김소연 · 박인선 · 위한영 · 정혜림 · 최미진
펴낸이 • 김진환
펴낸곳 • (주) 학지사

04031 서울특별시 마포구 양화로 15길 20 마인드월드빌딩
대표전화 • 02)330-5114 팩스 02)324-2345
등록번호 • 제313-2006-000265호

홈페이지 • http://www.hakjisa.co.kr
페이스북 • https://www.facebook.com/hakjisabook

ISBN 978-89-997-2747-4 93370

정가 18,000원

저자와의 협약으로 인지는 생략합니다.
파본은 구입처에서 교환해 드립니다.